KAIST

미래를 말하다

KAIST 문술미래전략대학원이 전하는
기술, 인간, 환경의 미래

카이스트 문술미래전략대학원 10주년 출판위원회

(주)광문각출판미디어
www.kwangmoonkag.co.kr

CONTENTS

기념사

꿈이 있으면 인생을 바꿀 수 있습니다. 이 믿음으로 부단히 노력하면 결국 성취합니다. 이제 10주년을 맞이한 미래전략대학원을 생각할 때 감회가 새롭습니다. 이 대학원도 제가 오래 전부터 가졌던 꿈이 실현된 것이기 때문입니다.

저의 꿈이 실현되는 데에는 미래를 꿈꾸던 또 다른 한 분, 정문술 전 이사장님의 혜안과 헌신이 있었습니다. 정문술 이사장님은 2001년 이미 KAIST의 뇌과학 연구를 위해 300억 원을 기부하셨습니다. 그런데 2014년 215억 원을 추가로 내주시면서 국가정책의 중심인 미래전략을 연구해 달라고 요청하셨습니다. 그 뜻을 기리고자 대학원을 '문술' 미래전략대학원으로 명명했습니다.

당시 저와 정문술 이사장님께 간직되어 있었던 꿈이 함께 수고해 온 동료 교수들과 미래전략대학원 석박사 과정에서 공부한 약 1,500명에 달하는 졸업생, 재학생들에게도 공유되었다고 믿습니다. 이들이 대한민국의 정부와 기업, 각 기관의 리더로 봉사하고 있음을 볼 때 감개무량합니다. 어느 곳을 방문하든지 미래전략대학원 졸업생들을 쉽게 만날 수 있습니다.

미래전략대학원은 국내 최초의 미래학 연구·교육기관입니다. KAIST의 과학기술 역량을 기반으로 과학적인 미래학 연구를 지향합니다. 이를 통해 대한민국의 발전과 인류의 행복을 목표로 미래전략을 연구해 제시하는 것이 우리의 사명입니다. 미래전략대학원은 생성형 인공지능의 등장과 같은 급격한 기술의 변화, 기후변화와 기후재난, 현재 국가 차원의 고충인 저출산과 인구구조 변화 등 핵심 미래 어젠다와 관련하여 대한민국이 나아갈 길을 제시해 줄 수 있는 국내 최고의 싱크탱크로 자리 잡아 가고 있습니다. 지난 10년간 국회, 법원, 정부기관들과의 협력관계가 이를 대변하고 있습니다.

KAIST는 지금도 세계 최고를 목표로 성장·발전해 가고 있습니다. KAIST는 반도체 분야 연구에서 17년 동안 부동의 세계 1위를 지키고 있으며, AI 분야에서도 국제머신러닝학회, 인공신경망학회 등의 논문 수 기준으로 아시아 1위 대학입니다. 이처럼 대한민국 과학기술의 요람인 KAIST에 미래전략대학원이 필요했던 이유가 무엇이었을까요? KAIST가 아니면 어느 대학이나 기관도 할 수 없는 일들이 있었기 때문입니다. 현재 미래전략대학원 안에는 기술, 인구구조, 기후변화를 연구하는 미래전략대학원 프로그램, 과학기술이 창출하는 무형의 가치를 지키고 활용하는 전략, 정책, 법을 연구하는 지식재산대학원 프로그램, 미디어와 저널리즘을 과학기술 기반으로 연구하는 과학저널리즘대학원 프로그램 등 3개의 석사과정, 각 영역의 박사과정, 국가미래전략고위과정 ASP, 지식재산전략최고위과정 AIP 등 최고위과정 프로그램들이 모여 있습니다. 이들 학문 영역에서 과학기술 기반으로 대한민국의 미래 정책 및 전략을 개발해 입법, 사법, 행정기관에 지속적으로 제시하는 일은 KAIST만이 할 수 있는 일이라 믿었고, 실제로도 그렇게 되고 있습니다.

그래서 미래전략대학원은 2013년 이후 기회가 있을 때마다 국회의원과 고위 공직자들을 대상으로 미래전략과 미래 과학기술 전망에 대한 강의를 운영했습니다. 대한민국의 법을 만들고 예산을 결정하고 정책을 집행하는 분들이 미래전략을 공부해야 대한민국의 미래가 있다는 생각이었습니다. 이러한 노력은 2023년 올해 초에도 계속되었습니다. 바이오의료, 양자, 모빌리티, 탄소중립, 반도체 등 미래 과학기술 분야의 최고 교수진을 모시고 국회의원, 고위 공직자들을 대상으로 미래전략을 교육했습니다. 또한, 미래전략대학원은 2015년부터 국가미래전략 정기 토론회를 개최하면서 이를 기반으로 미래전략 보고서 '문술리포트'를 매년 'KAIST 미래전략'이란 이름으로 발행하고 있습니다. 지금도 《카이스트 미래전략 2024》가 준비되고 있는 것으로 압니다. 지식재산, 과학저널리즘 분야에서 미래전략대학원이 국가적으로 기여한 일들을 설명하기에는 지면이 너무 부족합니다. 3개의 석사과정, 박사과정, 최고위과정 각 프로그램을 설명하는 일도 마찬가지입니다. 분명한 것은 미래전략대학원이 양적으로, 질적으로 지난 10년간 부쩍 성장했다는 것입니다. 10년 전 정문술 전 이사장님과 뜻을 모아 대학원을 만든 저로서는 기쁘고 감사하지 않을 수 없습니다.

이제 지나온 10년을 기념한 후, 우리는 다시 미래 100년을 내다보며 달려가야 합니다. 기술, 연구, 기후변화가 전 지구적인 규모로 일어나고 있고, 우리 대한민국은 여러 위기와 기회가 공존하는 미래를 준비하고 실행해 가야 합니다. KAIST가 과학기술 각 영역에서 세계 최고를 지향하듯이, 미래전략대학원도 KAIST의 일원으로서 대한민국의 미래를 제시하는 세계 최고의 미래전략 연구교육 기관으로 성장하기를 기원합니다.

2023년 10월 21일
KAIST 총장 이광형

편찬사

변화하는 한국사회, 미래전략의 필요성

한국사회는 지난 수십 년 동안 많은 국가를 매혹할 정도의 빠르고 압축적인 발전의 길을 걸어왔다. 경제에서부터 과학기술, 높은 민주주의, 그리고 최근은 K-컬처로 대표되는 문화적 성취에 이르기까지 한국은 그 발전의 과정 속에서 끊임없이 실패하면서도 지속적으로 변화와 혁신의 파도를 헤쳐 왔다. 언제나 미래로 나아가는 길목에는 환경의 불확실성과 정치적 도전은 항상 존재했었고 우리는 보란 듯이 그 험로를 헤치고 이 위치를 쟁취할 수 있었다. 하지만 현대사회가 숙성될수록 사회와 기술, 인구와 기후, 국가와 국가 간의 불확실성이 증가하고, 미래 예측을 위한 변수의 복잡성이 팽창되면서 한국이 미래 시대를 살아가기 위해 직면해야 하는 문제와 도전은 더 이상 과거의 방법론으로는 해결하지 못하는 수준에 이르게 되었다. 즉 복잡해진 미래에 대응하기 위한 새로운 전략적 사고가 절실하게 필요하게 되었다.

이러한 배경 속에서 탄생한 카이스트 문술미래전략대학원은 이 변화와 불확실성 속에서 한국사회의 미래를 예측하고, 이를 위한 전략을 세우는 전문가 양성을 목표로 하고 있고, 벌써 10년째를 맞이하고 있다. 문술미래전략대학원은 정형화된 지식과 방법론을 단순히 전달하는 교육 체계가 아니라, 끊임없이 변화하는 세상에 능동적으로 대응하고 새로운 가치와 가능성을 찾아내는 '미래전략'에 중점을 두는 혁신적인 교육을 목표로 하고 있다. 대학원의 창립 초기에는 화려한 출발은 아니었다. 이

대학원은 미래전략에 대한 연구가 미약한 한국에서 작은 씨앗을 뿌려, 많은 비판과 의문을 받았다. 그럼에도 불구하고 대학원은 독창적이고 전략적인 사고를 개발하는 데 주력했다. 10년간의 노력 덕분에 문술미래전략대학원은 다양한 전문 분야의 전임 교수님들과 다양한 배경을 가진 석사 및 박사생들을 양성할 수 있었다. 또한, 우리만의 독특한 통찰과 시각을 바탕으로 미래에 대한 심도 있는 연구와 고민을 공유할 수 있게 되었다.

또한, 대학원의 설립 당시부터 강조되었던 것은 '미존未存적 사고력'이었다. 이 세상에 존재하지 않는다는 의미의 '미존'은 미래의 특성 중 하나로써, 지금까지 우리가 보지 못하고 경험해 보지 못한 다양한 미래를 종합적으로 이해하고 통합하여 새로운 아이디어나 해결책을 제시하고 설명하기에 적합한 개념으로, 문술미래전략대학원을 설립하신 현 카이스트 이광형 총장님께서 이 사고력을 매우 강조하셨다. 미래의 도전 과제는 결코 과거의 방법론으로는 해결할 수 없는 문제들이라는 관점에서 바라본다면 미존적 사고력이란 미래 문제의 해결책을 제시하는 데 있어 매우 중요한 역량으로 간주되며, 문술미래전략대학원은 미존적 사고력을 기반으로 한 다양한 전략적 사고를 키우기 위한 교육 프로그램을 구축하기 시작하였다,

결국, 한국사회의 빠른 변화와 글로벌 환경의 도전 속에서 미래전략의 필요성의 외치는 소리는 커져만 갔고, 그 울림 속에서 카이스트 문술미래전략대학원은 급변하는 도전을 예측하고, 미래를 위한 전략을 수립하는 데 큰 울림을 주었으며, 울림이 닿는 곳까지 인력을 배양하였다. 그 결과 미약하지만 뚜렷한 발자취를 남겨왔다. 지난 10년 동안 문술미

래전략대학원은 한국사회가 앞으로 나아갈 방향과 그 방향을 결정하는 데 필요한 전략적 사고를 고민해 왔고, 미래전략의 허브로서 그 역할을 명백히 가시화할 수 있는 수준까지 도달하였다. 이제 한국의 미래를 위해 전략적 사고를 수행하고 미래 연구를 중심으로 하는 기관이 절실하게 필요하다는 것은 이제 누구도 부정할 수 없는 사실이다. 본 기념 출판을 통해 대한민국의 문술미래전략대학원이 지난 10년 동안 축적한 존재 의의를 다시 한 번 확인하고자 한다.

문술미래전략대학원에서 배출한 수많은 미래전략 전문가

한국사회의 변화 속에서, 카이스트 문술미래전략대학원이 기존의 학문적 경로를 답습해 왔다면 그저 변화의 관찰자로만 남았을 것이다. 본 대학원이 미래 변화에 주도적으로 대응하며 양성한 전문가들은 현재 다양한 분야에서 핵심 역할을 하고 있다. 이러한 성과의 배경에는 문술미래전략대학원의 혁신적 미래 철학이 기여하고 있다고 생각한다.

기업 CEO로 활약하는 졸업생들은 기업의 경영 전략을 설계하고 혁신적인 사업 모델을 창출하는 데 중요한 역할을 하고 있다. 이러한 업적은 문술미래전략대학원에서 배운 미래전략적 사고가 기업과 국가의 지속 가능한 성장을 위한 기반을 제공하는 데 큰 역할을 하고 있다.

고위공무원으로서의 졸업생들은 국민의 건강과 안전, 그리고 국가 정책 방향 설정에서 중요한 역할을 하고 있다. 이들은 문술미래전략대학원에서 쌓은 지식과 경험을 바탕으로 사회에 큰 기여를 하고 있다.

학계에서 활약하는 동문들은 다음 세대의 리더를 양성하는 과정에서 기존 전공 지식에 미래 연구와 방법론을 접목하고, 학문의 한계를 넘어 새로운 도전을 대비하는 전략과 해법을 제시하며 학문의 새 지평을 열고 있다.

군인으로서의 졸업생들은 국가 안보를 담당하는 전문가로서 미래전략에 대한 심도 있는 고민이 필요한 집단이다. 그들의 전략적 사고는 현재 국가의 안전을 확보하는 핵심 요소로 간주되고 있다.

이처럼 카이스트 문술미래전략대학원에서 배출된 전문가들은 사회의 다양한 분야에서 그들만의 미래전략적 사고와 통찰을 발휘하며 한국사회의 발전을 위해 앞장서고 있다. 그들은 단순히 자신의 분야에서만 능력을 발휘하는 것이 아니라 남녀 갈등, 북한 문제, 기업 생태계 등의 복잡한 사회 문제에 도전적으로 접근하여, 해당 분야의 그 누구보다 가장 빠르게 문제점을 공론화하여 우리가 맞닥뜨릴 미래의 고민에 해결책을 미리 제시하고 실행에 옮기는 데 큰 기여를 하고 있다. 이들의 활약은 카이스트 문술미래전략대학원의 교육 철학과 그 가치가 얼마나 중요하고 효과적인지를 증명하는 사례로 여겨지고 있다.

물론 졸업생들의 성취는 개인의 노력과 능력, 그리고 다양한 환경 요인들과의 상호작용 속에서 이루어진 것임에는 틀림없다. 이것에는 의심의 여지가 없다. 그러나 카이스트 문술미래전략대학원에서의 교육과 연구 환경은 그들이 그러한 성취를 이루는 데 있어 중요한 역할을 하였다는 것 또한 부인할 수 없는 사실이다.

향후 10년, 20년 대학원의 미래 유산과 기록

우리가 앞으로 진입할 10년, 20년의 미래는 현재보다 더욱 복잡한 변수들과 더욱 빠른 변화가 기다리고 있을 것이다. 디지털화, 인공지능의 발전, 환경 문제, 글로벌 경제의 변동 및 국제정치의 흐름 변화 등 다양한 요소가 복합적으로 얽혀 있을 향후 세대에는 우리가 가지고 있는 훌륭한 기술과 통찰로도 결코 쉽사리 풀 수 없을 것이다. 미래 시대에는 더욱 전략적이고 근거 있는 결정을 내릴 수 있는 능력을 사회가 요구하게 될 것이며, 카이스트 문술미래전략대학원은 미래전략의 요람으로서의 그 위치가 확고해질 것이다.

문술미래전략대학원은 미래의 다양한 문제와 도전에 대응할 수 있는 교육 및 연구 프로그램의 개발과 확장에 주력할 것이고, 현재의 프로그램을 넘어서 다양한 학문 분야와 산업 분야와의 융합을 통해 새로운 교육 및 연구 방향을 모색할 것이다. 특히 디지털 기술과 인공지능을 통한 미래 예측, 그리고 불확실성에 따른 사회와 경제의 변화를 주제로 한 연구가 지속적으로 축적될 것이다. 이러한 축적에만 머무르지 않고, 지속적인 혁신을 통해 그 자체로의 우수성을 유지하고 강화해 나아가며 교육, 연구, 방법론, 통찰, 교육 환경 등 모든 영역에서 혁신을 추구함으로써 대학원은 미래전략의 요람을 넘어서 국내외에서 인정받는 최고의 미래 연구 허브 위치를 더욱 공고히 할 것임에 의심하지 않는다.

결국 향후 10년, 20년 동안 카이스트 문술미래전략대학원은 한국사회의 미래를 위한 전략적 사고와 미래 통찰의 중심지로서의 역할을 계속해서 이어나갈 것이고, 대학원에서 배출된 수많은 전문가의 미래전략 능력과 지식을 바탕으로 미래 한국사회를 위한 중요한 자산으로 계속

인정받게 될 것이다.

이러한 미래 속에서 본 기념 출판은 대한민국을 위한 미래 유산인 동시에 문술미래전략대학원의 지난 수년간의 발자취와 그 연구 결과를 저장해두는 기록 창고로써, 그리고 지금을 살아가는 미래전략가들을 위한 소통창구로써 기획되었다.

문술미래전략대학원의 지난 10년간의 노력, 도전, 그리고 성취를 집대성한 이 출판물은 대학원의 정신과 가치를 다음 세대의 미래전략가들에게 전달하는 목적을 가지고 있다. 이 출판물은 단순한 과거 회고를 넘어 앞으로의 전략적 방향과 미래 도전과제를 제시하는 중요한 문서로서의 역할을 할 것이다. 따라서 이 책은 대학원의 미래를 위한 귀중한 유산으로 남을 것이며, 후손들에게 학문적 가치와 미래에 대한 지향점을 전달하는 데 크게 기여할 것이다.

KAIST 문술미래전략대학원 10주년 출판위원회

이규연

한승오

심진아

박성필

2023

2013

1장

/

문술미래전략대학원,
미래를 말하다

—

기술 진보와 도시의 미래, 그리고 우리의 도전과제

김승겸

KAIST 문술미래전략대학원 교수

기술의 진보는 경제, 문화, 사회 등 인류 삶의 다양한 부문에 영향을 미치면서 도시의 구조와 형태를 꾸준히 변화시켜 왔다. 과학기술의 진보는 도시의 생산성을 향상시키면서 우리에게 경제적 풍요를 가져왔으며 삶의 질을 향상시키는 데 큰 기여를 하고 있다. 또한 최근 4차 산업혁명, 디지털 대전환 등의 트렌드와 더불어 더욱 가속화되는 이러한 기술 혁신은 자원 및 에너지 소비의 효율성을 제고하고 교통 체증을 개선하는 등 도시화로 인해 발생할 수 있는 만성적인 문제들을 해결하는 데 기여하고 있다. 그러나 이러한 기술 진보는 도시의 비대칭적 성장, 기술 접근성 격차로 인한 사회 불평등, 도시의 초광역화로 인한 도시의 획일화 및 지방도시의 소멸, 지구온난화로 인한 기후변화의 촉진 등의 부정적인 결과도 함께 초래하고 있다. 최근 에너지 및 원자재 시장의 수급 불안, 환율 급등, 러시아-우크라이나 전쟁 등의 불안전한 세계 정세 속에서 도시는 저성장, 저출산, 고령화라는 또 다른 도시 문제에 직면하고 있다. 이러한 위기 속에서 우리는 고도의 자동화와 초연결 사회를 구현할 수 있게 하는 4차 산업혁명을 맞이하면서 도시는 다시 한 번 큰 변화를 맞이하고 있다. 그러나 도시 변화를 지원하는 환경, 인프라, 법규 등 다양한 도시 시스템의 개선 속도가 현재의 급격한 기술 발전 속도를 따라가지 못하고 있어서 이러한 기술 발전이 도시에 미치는 양면성은 더욱 두드러지고 있다. 따라서 우리가 지속가능한 도시를 만들어가기 위해서는 기술 발전이 미래 도시에 미칠 수 있는 양면성을 다각도로 고찰하여 건전하고 미래 지향적인 정책적 의제를 도출해 내야 할 것이다.

기술 진보에 따른 도시 구조의 변화

우리는 기술 진보의 단계마다 도시 구조의 변화를 목격해 왔다. 초기 산업화 시대에 공장을 중심으로 건설된 단핵 구조의 도시들은, 교통과 자동차 산업의 발전으로 도시가 확장되면서 난개발 문제를 겪어야 했고, 대량생산 산업 경제를 근간으로 번성한 도시에서는 근로자 노동 환경의 단순화, 인간성 상실, 도시 기능의 획일화 등의 문제가 대두되었다. 그 결과 포스트포디즘Post-Fordism 이후, 도시는 다양성을 증진시키기 위해 다핵구조, 복합용도, 도시재생과 같은 도시 공간의 다원화 전략들을 모색하였다. 그러나 사회·경제적 불평등이 현저하게 증가하면서 도시 양극화, 사회·경제 계층별 공간 분리 segregation 등의 또 다른 도시 문제에 봉착했다. 또한 통신 기술의 발전으로 인해 서비스 산업이 확장되고, 건축 기술의 발전으로 고층빌딩이 경쟁적으로 증가하면서 도시 과밀화 현상이 나타났다.

최근 인공지능, 가상현실, 사물인터넷 등 첨단 기술이 주도하는 제4차 산업혁명은 스마트팜, 스마트공장, 자율주행, 전자상거래, 원격근무 등을 가능하게 해주면서, 기존에 공간적으로 분리되었던 토지 용도의 물리적 경계를 허물었다. 이러한 초연결 도시의 구축은 복합용도 개발을 장려하면서 도시의 수평적 확장을 억제하고, 생산과 운송의 효율성을 향상시키면서 온실가스 배출 총량을 저감시키는 등 도시의 사회·환경 문제를 개선해 줄 수 있을 것으로 기대한다. 인공지능, 3D프린팅 기술 등의 진보로 촉발된 스마트 제조 혁신은 기존의 대량생산 제조 시스템을 주문형 소량생산 제조 방식으로 전환해 줌으로써 물류 유통에 필요한 공간을 혁신적으로 줄여 주고 있다. 또한 건설·통신·인프라 기술의 비약적 발전은 도시 내 많은 공간을 점유하던 도시기반시설의 양적·질적 변화를 촉진할 것이며, 자동차 기술의 혁신적 진보는 전기자동차, 수소자동차를 넘어서 UAM Urban Air Mobility이나 드론 자동차와 같이 다른 물리적 공간을 이용하는 교통수단을 상용화시키면서 머지않은 미래에 교통 인프라의 대변화를 초래할 것이다.

그러나 이러한 기술의 진보로 인한 자동화는 저숙련 노동자의 일자리가 첨단 기술로 대체되게 함으로써 기술 빈부 격차를 조장하고, 이로 인한 사회적 불평등을 야기할 수 있다. 또한, 모든 정보가 디지털화되고 통제되면서 개인의 모든 일상이 기록되고 전파될 수 있게 만들어 개인과 사회를 통제·억압하는 부작용을 초래할 수도 있다. 그러므로 우리는 이러한 기술 진보의 양면성과 역설 속에서 도시 시스템의 역동성과 회복탄력성 resilience을 유지해야 한다. 이를 위해서는 지역 불평등, 인구·사회·경제 구조의 변화, 인간 존중의 문제 등 기술 혁신으로 인해 야기될 수 있는 부작용을 도시 정책 및 거버넌스 차원에서 다면적으로 예측하고 대비해야 할 것이다.

기술 발전과 기후변화 적응

전 세계적으로 산업의 전 부문에서 저탄소·탈탄소화를 위해 노력하고 있지만 현재까지 글로벌 온실가스 배출량은 지속적으로 증가하고 있다. 반면 4차 산업혁명 기술의 비약적 발전과 서비스 수요의 증가는 당분간 계속되면서 이에 상응하기 위한 통신 인프라와 데이터 센터의 증축, 반도체, 스마트폰 등 정보통신 장비의 생산량도 지속될 것으로 전망하고 있다. 현재 초당 글로벌 데이터 사용량은 20년 전에 비해 무려 1,500배 이상 성장했고, 이러한 수요에 상응하기 위해 기하급수적으로 늘어난 데이터 센터의 소모 전력은 2030년까지 전 세계 전력 소비량의 8%를 넘어설 것으로 예측하고 있다. 과거의 세상이 석유로 운영되던 세상이라 한다면, 작금의 세상은 데이터로 운영되는 세상이라고 해도 과언이 아닐 만큼 데이터의 생산과 정보 이용량이 엄청나게 증가하고 있다는 것이다. 이에 따라 증가되는 온실가스 배출량과 에너지 소비량, 산업폐기물에 대한 해법을 적극적으로 제시하지 못한다면, 도시는 기후변화와 해수면 상승으로 인한 도시의 공간적 변화를 넘어 도시의 존립, 그 자체가 위협받게 될지도 모른다.

우리는 미국 휴스턴에서 500년 빈도의 홍수가 지난 3년간 3회 발생했던 것과 뉴올리언스에서 발생한 전례 없는 강도의 허리케인으로 인해 도시 전체가 물에 잠기게 된 것을 목격했다. 기후변화로 야기되는 이러한 극한의 이상기후 현상이 더 빈번하게 발생한다면, 도시는 도시로서의 기능을 상실하면서 우리는 지금까지 겪어보지 못했던 엄청난 변화에 직면하게 될지도 모른다. 부유한 사람들은 기후 위험으로부터 더 안전한 장소로 이주하고, 저소득 가구는 기후 위험이 도사리는 장소에 남게 되는 기후 젠트리피케이션 climate gentrification 이 촉진되면서 주거의 공간적 패턴이 영구적으로 변화될지도 모른다. 그러므로 우리는 신기술의 저탄소화·탈탄소화 방안 및 기후 적응 해법을 적극적으로 모색하여 도시가 기후 위기로부터 회복탄력성을 가질 수 있도록 노력해야 할 것이다.

지속가능한 미래 도시를 위한 제언

지속가능한 미래 도시를 담보하기 위해서는 기술의 진보에 도시 시스템이 적응할 수 있도록 정치, 문화, 사회적 고려가 뒷받침되어야 한다. 도시는 기술 그 자체를 위한 공간이 아니다. 인간이 공동체를 구성하여 소통하고 경제·문화·사회 활동을 하면서 삶을 영위하는 장소이다. 아무도 과학기술이 도시와 사회를 지배하는 디스토피아적 미래를 바라지는 않을 것이다. 과학기술의 진보는 인간이 더 건강하고 쾌적한 삶을 영위할 수 있도록 도시 환경을 조성하는 수단으로 활용되어야 한다는 것이다. 이러한 제안은 60년 전, 제인 제이콥스 Jane Jacobs의 '도시다움'과 그 맥락을 같이한다. 다양한 사람들이 다양한 직업을 가지고 다양한 활동을 할 수 있는 도시, 그들이 유기적으로 소통하고 상생하면서 활력 있는 도시 공간을 만들어가는 것이 미래 도시에서도 유지되어야 할 중요한 요소가 아닌가 생각한다.

최근 스마트시티 smart city 정책 등 기술 진보를 포용하는 정책들은 기술의 이용과 효율성 향상에 초점을 맞추는 경향이 있다. 그러나 기술이 진화하는 만큼이나 기후변화, 저출산·고령화, 산업경제 구조의 변화, 디지털 보안, 인간성 상실 문제 또한 가속화되고 있다. 이에 대한 정책적 포용이 적극적으로 고려되지 않는다면, 향후 더 발전될 신기술이 사회에 미치는 파장은 과거 기술 혁신에 의해 발생했던 어느 도시 문제들보다 훨씬 클 것이다. 우리는 도시에 거주하는 저숙련 노동자들이 기술 혁신으로 변화될 산업구조에 적응할 수 있도록 하는 사회적 시스템을 마련해야 할 것이다. 이들이 인공지능과 자동화에 의해 일자리를 뺏긴다면 사회·경제적 공간 분리에 의한 도시 양극화는 더욱 심화될 것이다. 그리고 고령화로 인한 기술 학습 능력의 격차 또한 더욱 커질 것이다. 도시는 더 스마트하게 진화하고 있으나 이러한 신기술을 따라잡지 못하는 사람이 늘어나면서 서비스 제공에 대한 혜택을 받는 사람과 못 받는 사람 간의 격차가 더 커질 수 있다는 것이다. 디지털 대전환 시대에 기술 접근의 불평등과 예상되는 일자리 구조 변화에서 야기되는 문제를 해소하기 위해서 도시는 다양한 교육 지원 및 평생교육 등의 기회를 확대해야 할 것이고, 동시에 스타트업을 육성하면서 지속적인 일자리 창출을 위해 노력해야 할 것이다.

이러한 관점에서 미래 도시 정책은 기술만능주의를 넘어 수천 년간 인류가 이루어낸 도시의 역사와 문화를 보존하고, 도시 공동체에 영향을 미치는 사회·환경적 요인들도 동시에 고려되어야 한다. 또한, 기술 발전의 사회·경제적 혜택에서 소외되는 자들을 포용할 수 있는 사회 시스템을 구축하여 기술 진보 속에서 다양성과 창조성이 유지되는 도시다운 도시로 발전할 수 있도록 하는 도시 전략이 마련되어야 할 것이다.

문술미래전략대학원과 관련한
세 가지 오해와 편견

서용석

KAIST 문술미래전략대학원 교수

가끔 문술미래전략대학원에 입학을 원하는 예비 학생들로부
터 이런 질문을 받는다. 미래전략대학원에서 공부하면 미래
에 대해 잘 알 수 있는 무언가 신묘하고 놀라운 비법을 전수
받을 수 있냐고. 결론부터 말하자면 그런 것은 존재하지 않
는다. 이것이 문술미래전략대학원에 대한 첫 번째 오해이다.

일단, 미래를 정확히 예측하는 것은 불가능에 가깝다. 미
래는 수많은 불확실성과 변수에 따라 달라질 수 있기 때문이
다. 그중에서도 인간의 마음과 행동이 가장 불확실한 변수이
다. 즉 미래가 예측의 대상이 되는 순간 사람들의 반응에 의
해 그 대상 자체가 굴절屈折되기 때문이다. 한 예로 1990년대
말 '밀레니엄 버그' 때문에 온 세계가 시끌벅적한 적이 있었
다. 컴퓨터가 2000년을 1900년과 동일하게 인식해서 대혼란
이 일어날 것이라는 경고가 연일 미디어를 뒤덮었다. 그러나
대혼란은 일어나지 않았다. 우리가 이러한 혼란에 대비하고

방책을 마련했기 때문이다. 결국 아무리 정확한 예측이라 하더라도 그것이 공개되고 사람들이 그에 대한 대책과 행동을 취하면 결국 틀린 것이 되어 버린다.

과거 1970년대만 하더라도 정교한 방법론, 풍부한 정보와 데이터, 안정적인 재정 지원만 있다면 미래를 정확히 예측할 수 있다고 믿는 사람들이 있었다. 그러나 이들의 예측은 대부분 빗나갔으며, 이후 미래 연구의 쇠퇴로까지 이어지게 된다. 최근 들어 인공지능과 빅데이터가 활용되면서 다시 한 번 이러한 논의들이 고개를 들고 있다. 데이터는 과거와 현재의 환경 구조에서 생성된 것이라는 것을 상기할 필요가 있다. 만약 미래가 현재와 같은 환경 구조라면 데이터는 미래를 예측하는 데 매우 유용할 것이다. 하지만 세상은 하루가 다르게 변하고 있고, 불확실성은 그 어느 때보다 높아지고 있다. 데이터나 데이터 과학이 중요하지 않다는 이야기가 아니다. 미래 예측에 적용함에 있어서 데이터에 대한 과도한 의존을 경계하자는 것이다.

문술미래전략대학원과 관련한 두 번째 오해는 대학원이 '미래학futures studies'만을 교육하고 연구하는 곳이라는 생각이다. 물론 〈미래학 개론〉이라는 수업이 전공 필수과목이기는 하다. 그러나 미래학이 문술미래전략대학원의 한 부분은 될 수 있을지언정 전체는 아니라는 것이다. 현재 문술미래전략대학원에는 12명의 전임교수가 있으며 법학, 경제학, 경영학, 정치학, 언론학, 물리학, 도시계획 등 각자 다른 전공 분야를 가지고 있다. 12명의 교수들은 각자 갖고 있는 학문적 배경과 방법론을 기반으로 장기적인 시계에서 인류가 당면한 난제와 우리 사회가 요구하는 여러 문제를 해결하기 위한 연구를 수행하고 있다.

마지막으로 미래학에 대한 오해와 편견이다. 2000년대 중반부터 미래학이 한국에서 유행하기 시작하면서 일부 사람들에 의해 상업적으로 이용되기도 하고 왜곡도 있었다. 문술미래전략대학원에서도 미래학을 가르치고 있으며, 학생들은 미래학적 방법론을 적용해 논문을 쓰고 있다. 그럼에도 불구하고 미래학은 줄곧 학내외적으로 오해와 편견을 마주하고 있다.

먼저 미래학이 '사이비' 또는 '유사과학'이라는 편견이다. 이러한 편견은 미래학을 '과학'의 관점에서만 바라볼 때 생기는 문제이다. 미래학은 인문학의 영역일 수도 있고, 사회과학의 영역일 수도 있고, 예술의 영역일 수도 있다. '과학적이고 정교한 예측'이 자연현상에는 적용될 수 있으나 인간 사회는 다르다. 미래학에 과학을 무리하게 붙이려다 보면 사이비, 유사과학 논쟁에서 자유로울 수 없다. 미래학은 미래를 기계적으로 예측하는 학문이 아니다. 미래는 현재 존재하지 않기 때문에 실증의 대상이 될 수 없다. 그러나 변화를 견인할 동인들과 사람들이 갖고 있는 미래에 대한 이미지, 생각, 계획 등은 현재 존재하며 연구의 대상이 될 수 있다. 다시 말해 미래학은 변화에 대한 다양한 가능성을 탐색하고 규범적 대안을 제시하는 학문이다.

미래학과 종종 혼동해 사용되는 'Forecasting 미래예측'과 'Foresight 미래전략'이라는 개념이 있다. Forecasitng은 과거로부터의 경로와 데이터, 현재의 추세를 미래로 연장해 미래를 예측한다. 통계청에서 발표하고 있는 장래 인구추계가 대표적인 Forecasting이다. 반면 Foresight는 장기적인 방향 설정을 포괄하는 모든 노력들을 포괄하는 개념이다. Foresight는 목적정책 지향적이고, 예측과 전망에 기반을 둔 의사결정에 전략적 행위전략적 사고, 계획, 실행가 수반되는 개념이다.

정부나 기업에서 진행하고 있는 미래예측 활동이 Foresight 에 해당된다. Forecsting ^{미래예측}, Foresight ^{미래전략}, Futures Studies ^{미래학}를 통칭해서 '미래 연구^{Future Research}'라고 부르기도 한다.

요약하자면 문술미래전략대학원은 미래를 연구하고 교육하는 곳이다. 즉 미래학을 포함해 미래예측과 미래전략이라는 개념적 틀을 토대로 다양한 영역에서 미래를 조망하고 문제에 대한 해결책과 새로운 대안을 제시하는 것을 목표로 한다. 또한, '미래'라는 키워드와 관점을 바탕으로 기존의 학술 영역에 새로운 질문을 제기하고 학문적 지평을 넓히는 것도 중요한 목표이다.

문술미래전략대학원은 지난 10년 동안 앞서 언급한 세 가지 오해와 편견에 맞서면서 대학원의 정체성을 만들어 왔다. 대학원의 정체성은 아직 현재진행형이며 학생과 교직원, 동문들이 함께 지혜를 모아 만들어가야 할 것이다.

점점 복잡해지는 사회와 미래전략

양재석

KAIST 문술미래전략대학원 교수

세상은 점점 연결되고 있다. 동굴에 거처를 정해 살던 원시시대에는 소수의 인원이 집단을 이루어 그 안에서 서로 소통하며 작은 사회를 이뤘다. 교통과 통신을 비롯한 여러 관련 기술이 발전함에 따라 이웃한 동굴과 소통하게 되고, 나아가 더 큰 집단을 이루며 더 많은 소통이 이뤄지게 된다. 지금은 지구촌이라는 말이 이미 옛말이 됐을 정도다. 지구가 하나의 큰 동굴처럼 하나의 큰 공동체를 이뤘다. 페이스북이나 인스타그램과 같은 사회연결망서비스를 통해 지구 건너편의 소식도 실시간으로 전달된다.

복잡계란?

복잡계라는 말이 있다. 영어로는 Complex System이다. 이를 그대로 번역하면 복잡한 시스템계이다. 그렇다면 도대체 무엇이 복잡계를 일컫는 말일까? 그리고 계를 복잡하게 만드는 것은 무엇일까? 복잡계를 정의하는 여러 가지 방법이 있겠으나 가장 중요한 요소는 두 가지 정도로 압축할 수 있다. 우선, 계를 구성하는 요소의 숫자가 충분히 커야 한다. 그 다음으로 계를 구성하는 요소들 간의 상호작용이 활발히 이루어져야 한다. 위에서 예로 들었던 소수의 인원으로 구성된 동굴이나 현재 사회연결망서비스로 연결된 지구촌을 비교해 보자. 현재 사회는 더욱 많은 인원이 더욱 활발한 정보 교류와 의사소통 등의 상호작용을 대면, 화상회의, 전화통화, 문자 메시지, SNS 등 여러 채널을 통해 하고 있으니, 과거보다 더욱 복잡계라는 말에 더 잘 어울린다고 할 수 있다.

만일 상호작용을 하지 않는 두 개의 집단이 있다고 하자. 하나는 2명으로 구성되었고, 다른 한 집단은 4명으로 구성되었다고 하자. 두 집단을 정확히 잘 이해하기 위해서 우리는 각 구성원의 대한 정보를 수집하면 된다. 예를 들어 학력, 성별, 연령, 취미, 정치 성향, 전공 등과 같은 정보를 수집하면 된다. 따라서 4명으로 이루어진 집단을 이해하기 위해서는 2명으로 이루어진 집단에 비해 딱 두 배의 정보량이 필요하다.

이제 상호작용을 여기에 추가해서 고려해 보자. 어떤 두 사람은 서로 매우 친한 관계로 서로 좋아하며, 어떤 두 사람은 원수지간일 수도 있다. 그 외에도 어떤 두 사람은 서로 개인적으로는 좋아하지 않지만 업무 관련해서는 소위 일궁합이 잘 맞아서 사무적 관계만 유지할 수도 있다. 이제 이 집단을 이해하기 위해서는 우리가 추가적으로 알아야 할 정보가 추가됐다. 2명, 4명 각각의 정보뿐 아니라 이들 간의 관계가 어떠한지 모두 조사해야 한다. 이때 2명으로 이뤄진 집단은 그 관계의 경우의 수가 1개이지만, 4명으로 이뤄진 집단은 모두 6쌍의 관계가 있다. 좀 더 큰 규모의 집단으로 8명으로 이루어진 사회가 있다고 할 때 이들의 관계는 28개가 된다. 집단의 규모가 2배, 4배 커짐에 따라 우리가 습득해야 할 정보의 양이 같이 2배, 4배로 선형적으로 증가하는 것이 아니라, 그보다 훨씬 더 빠른 속도로 증가한다. 이것이 바로 복잡계가 갖고 있는 아주 중요한 성격이다.

이번에는 같은 수인 10명으로 이루어진 두 개의 집단이 있다고 하자. 하나의 집단은 서로 상호작용이 없어나 덜 활발하고, 다른 집단은 상호작용을 활발히 한다고 하자. 같은 규모의 두 집단이지만 두 집단의 복잡도^{복잡한 정도}는 당연히 상호작용을 활발히 하는 집단임을 이젠 쉽게 눈치 챌 수 있다.

더욱 복잡해지는 사회

우리가 사는 사회는 위의 복잡계 논의로 비춰봤을 때 분명 복잡한 사회가 맞다. 거기에 한발 더 나아가 더욱 복잡해지고 있는 사회이다. 최근 한국을 비롯한 몇몇 국가들은 인구 절벽으로 인구 증가세가 꺾이고 심지어 인구가 줄어드는 곳도 있지만, 지구 전체로는 여전히 인구가 증하고 있다. 여기서 복잡계의 첫 번째 조건이 맞아 떨어진다. 둘째로는 교통 및 통신 기술의 발전으로 사람들 사이의 상호작용의 양과 질이 모두 폭증하고 있다. 교통수단의 발전으로 쉽게 먼 나라도 방문할 수 있으며, 통신 기술의 발달로 실시간으로 지구 구석구석에 있는 친구들과 소통하며 정보를 공유한다.

이렇듯 사회는 더욱 복잡해지고 있다. 위에서 기술한 바와 같이 구성원의 수가 증가하고 구성원 간의 상호작용이 활발한 경우 이 사회를 이해하기 위해서는 기하급수적으로 증가한 많은 정보를 습득하고 분석하고 이해해야 한다. 여기에 한 가지 더해 사회라는 계는 복잡성을 늘리는 한 가지 요소가 더 있다. 사회를 구성하는 개별 인간 스스로도 하나의 복잡계이다. 야구공은 동일한 힘과 에너지를 가해 줄 경우 항상 같은 궤적으로 운동한다. 반면 인간은 동일한 입력에 대해 항상 같은 반응을 보이지 않는다. 그날의 기분에 따라 호오가 변하기도 한다. 같은 입력이 반복될 경우 스스로 학습하여 지난번 반응과 다르게 반응을 하는 게 좋다고 판단하여 다른 반응을 하기도 한다.

복잡한 사회의 미래전략

과거 사회과학 연구에서는 관계에 대한 관심이 덜 했다. 관계를 규정할 수 있는 데이터 수집이 어려운 것이 하나의 이유일 것이고, 한

편으로 집단의 구성원만 잘 관찰해도 관계로 인한 영향이 이미 반영되어 있으니 이는 무시할 수 있는 요소로 간주했을 수도 있다. 실제로 이렇게 해도 우리를 둘러싼 많은 의문에 대한 답을 하는데 충분했다. 그러나 위에서 기술한 바와 같이 우리 사회 구성원 간의 상호작용은 더욱 강해지고 빈번해지고 있다. 복잡계적 관점의 연구가 최근 활발히 진행되고 앞으로 더욱 확대될 것은 자명하다.

우리가 사는 세상은 선형적이지 않으며 현재의 추세가 지속되어 미래를 소위 외삽으로 전망할 수도 없다. 대신 우리가 꿈꾸는 미래를 상정하고 이를 실현하고 구현하기 위한 적절한 전략과 정책이 만들어져야 한다. 이때 복잡계적 사고가 필요하다. 복잡계적 사고를 위해 현란한 수학이나 컴퓨터 코딩 실력이 필요하지 않다. 우리가 사는 이 세상을 바라볼 때 모든 구성원들 간의 관계에 집중하는 것으로도 충분하다. 인간 간의 관계뿐 아니라 인간, 기업, 자연환경, 가축, 자원, 각종 시설물 등 모든 것들과의 관계를 모두 고려해야 한다. 인간이 기후에 영향을 미치고 다시 기후는 인간에게 영향을 미치고 있다. 이런 이유로 인간은 화력발전을 줄이고 신재생 에너지를 증대한다. 관련된 발전 시설물이 부서지고 새로 건축된다. 또한 이로 인해 희토류 소비가 증대되고 석탄 연료의 소비는 줄게 된다. 희토류가 빠르게 고갈될 경우 우리 인간의 경제 및 산업은 어떻게 변화할 것인가?

세상은 점점 예측 불가능해지는 사회로 변하고 있다. 이들은 모두 과학기술의 발전과 직간접적으로 관련이 있다. 과학기술의 발전이 우리가 고려해야 하는 정보의 양_{구성요소의 수 및 상호작용의 수}을 늘리는 데 기여하고 있는 것도 그 원인 중 하나로 볼 수 있다. 현재를 이해하는 사고틀로 복잡계가 유용하다. 더 나아가 미래를 전망하고 희망 미래를 설계하고 이를 실현하기 위한 전략과 정책을 수립하기 위해 복잡계적 사고가 조금이라도 더 보탬이 될 수 있으리라 확신하며 카이스트 문술미래전략대학원이 이에 작은 기여를 하고 있으며 앞으로도 더 큰 기여를 하게 되리라 확신한다.

카이스트의 선비정신

박태정

KAIST 문술미래전략대학원 교수

카이스트 문술 미래전략대학원은 선비정신을 줄곧 강조해 왔다. 대학원을 설립하신 이광형 총장님께서도 항상 선비정신의 중요성을 주장하시고 2016년 카이스트의 미래전략대학원에서 출간한 《국가 미래전략》이라는 책에서도 선비정신의 계승을 대단히 강조하고 있다. 도대체 선비정신이란 구체적으로 무엇인가? 더 나아가 카이스트 문술미래전략대학원에서의 선비정신이란 무엇인가?

나는 이 세상에 두 가지 유형의 학자가 있다고 생각한다. 한자로 표현하면 하나는 서생이고 다른 하나는 선비이다. 서생은 생계형 학자로서 이미 다 정리되고 표준화된 지식을 학생들에게 가르치며 생활을 하는 사람들이다. 즉 직업으로서의 학자를 일컫는다. 지금처럼 지식 전달이 매우 중요한 세상에서 지식 전달을 업으로 사는 서생들은 실제 사회적으로 큰 봉사와 기여를 하는 것이다. 하지만 이분들을 선비라고 보기는 어렵다.

그러면 선비는 누구인가? '선비'는 서생의 지식 전달 역할도 수행하지만 기본적으로 수기修己와 치인治人을 인생 목표로 하는 자들을 말한다. 우선 수기란 자신의 개인적인 욕심을 누르고 선공후사 하는 자세와 항심恒心할 수 있는 자세를 말한다. 아무리 세상이 어렵고 자신의 처해진 상황이 안 좋더라도 자신을 위해서가 아닌 세상을 위해 공부하며 마음이 편한 상태를 유지해야 것이 선비인 것이다. 선비는 이처럼 수기를 한 후 치인, 즉 국가발전전략, 국가미래전략 혹은 경제안민經世安民의 방략을 연구하는 사람들이다. 불교식으로 표현하면 무주상보시無主相布施를 통해 국리민복國利民福을 실현하는 사람들이다.

즉 선비의 사명은 자신을 닦은 후 '국가가 나아가야 할 방향'에 대한 공론公論을 세우는 데 있다. 여기서 공론이란 선비들이 나라를 사랑하는 마음으로 심사숙고하여 제시한 견해로서 개인의 이익이 아닌 국가의 이익을 중심에 두고 감정적이 아닌 이성적으로 제시하는 견해이다. 사회의 지배적 견해인 여론이나 다수의 견해인 중론과는 다른 개념을 뜻한다. 이는 그 시대 집단지성의 공적 판단public judgement으로서 그 시대의 나침반 역할을 하는 정론正論이다.

한 나라가 제대로 발전하려면 선비들 사이에서의 공론이 바로서야 한다. 국가 지도자들은 포퓰리즘적인 정책 혹은 여론과 중론으로부터 흔들리면 안 된다. 지도자들은 지식인이 목숨을 바쳐 준비한 공론을 하늘처럼 떠받들고 국민을 섬겨야 한다. 일시적 여론과 중론에 따라 수시로 흔들려선 안 된다. 그래서 율곡 이이는 "공론이 조정에 모아질 때 나라는 잘 다스려지지만, 만약 항간에 흩어져 있다면 나라는 어지러워질 것이며, 양쪽에도 없다면 나라는 망한다"라고 말하였다.

앞으로 우리나라 학자들은 선비정신을 계승해야 한다고 생각한다. 많은 대학 교수가 신의 직장이라 불리며 시대적인 소명을 외면하며 적당히 사회적 부러움과 존경을 받으며 서생의 길을 걷고 있는 것은 아닌가? 선비정신이 흥하던 조선시대가 망하였다고 선비정신까지 폄하할 이유는 없다.

나는 올해 카이스트 문술미래전략대학원 전임교수로 부임하기 오래 전부터 문술미래전략대학원은 선비정신을 가진 학자들이 국가의 미래를 연구하는 곳이라고 들었다. 실제 우리나라 다수의 중도 성향의 Think Tank들이 정책 연구를 하는 과정에서 카이스트 미래전략대학원에서 출간하는 《카이스트 미래전략》이라는 책을 참고하고 있다고 들었다. 내가 문술미래전략대학원 교수로 부임하여 보니 실제 동료 교수님들과 학생들은 자신의 연구가 이 사회의 정론이 되기를 바라는 마음으로 세계 최고 수준의 연구를 해오고 있었다. 교수님들과 학생들은 실제 선비정신을 가지고 애국하는 마음으로 하루하루 정진하고 계셨다. 내가 평소 주변에서 보던 교수님들과는 다른 모습이었다.

특히 문술미래전략대학원을 세우신 이광형 총장님과 정재민 학장님은 선비정신이 투철한 분들이다. 공대 출신의 이광형 총장님은 국회 내 플랫폼을 만들어 국회의원을 설득하여 우리나라에 반드시 필요한 지식재산권 입법을 통과시키고 의과학 대학원을 설립하고자 한다. 우리나라 법대 의대 교수들은 도대체 어디서 무엇을 하고 있는가? 공대 출신 교수가 법학과 의학 분야의 정론을 세우고 있는 것이 감사하면서도 한편으로는 이것이 얼마나 안타까운 일인가? 이광형 총장님은 선비정신을 가지고 있는 분이다.

정재민 학장님도 마찬가지이다. 미래전략대학원을 이렇게 성장시킨 정재민 학장님의 스토리를 들으면 눈물겹다. 학장님이 하는 일들 하나하나에는 '학장님 자신'은 없고 다 남을 위한 것뿐이다. 이제 그 역할을 희생의 아이콘인 박성필 원장님이 대신해 주고 계신다. 박 원장님이 진두지휘하는 문술호도 선비정신 계승의 아이콘으로 급부상할 것으로 강력하게 믿는다.

미래전략대학원 동료 교수님들도 자신의 분야에서 정론을 세우기 위해 불철주야 고민하고 연구하고 계신다. 남을 위해서 사는 것은 말은 쉽지만 행동은 무척이나 어렵다.

여하튼 나도 동료 교수님들 곁에서 잘 보고 배운다면 나 또한 내 분야에 정론을 세우는 데 일조할 수 있지 않을까 하는 조심스러운 생각을 해보았다. 카이스트 미래전략대학원 교수님들의 지도를 받는 미래전략대학원 학생들도 자기 분야에서 선비정신을 계승할 수 있다고 생각한다.

　미국의 개척정신, 프랑스의 똘레랑스, 일본은 무사도 정신, 독일의 장인정신, 영국의 신사도 정신과 같이 선진국일수록 국가 브랜드가 확고하다. 우리나라의 선비정신이 그 역할을 할 것이라고 생각하며, 카이스트 미래전략대학원은 앞으로 대한민국의 선비정신을 계승하는 뿌리이자 앞으로 선비정신을 발전시키는 본고지가 될 것이라고 강력하게 믿는 바이다.

미래전략 구축과 지식재산의 중요성

전우정

KAIST 문술미래전략대학원 교수

현대 사회는 빠르고 지속적인 변화의 흐름 속에서 기술 발전, 사회구조 변화, 환경 문제 등 다양하고 복잡한 이슈로 가득하다. 이로 인해 새로운 도전과 기회가 동시에 제시되며, 이런 변화의 속도 속에서 미래를 정확하게 예측하고 전략을 설정하는 것이 매우 중요하다.

10년 전 KAIST에 문술미래전략대학원이 설립되었을 당시, '미래'는 첨단 기술과 정보화 사회 그리고 그 안에서의 생존 전략에 주요 초점이 맞춰져 왔으나, 지금의 '미래'는 당시와는 비교하면 상당히 복잡하고, 다양한 도전과 기회가 형성되고 있다.

인공지능 윤리, 딥페이크 가짜뉴스, 가상자산, 해킹, 메타버스에서의 상표권, 저작권, 코로나 백신 특허권 유예 등의 문제는 기존의 패러다임과 해결 방식으로는 다루기 힘든 새로운 문제들을 제기하고 있다.

이에 따라 지금 우리에게 제기되는 핵심적인 질문은 '어떻게 우리가 미래전략을 효과적으로 구축할 수 있을까?' 그 해답은 변화를 전략의 중심 요소로 삼고 변화에 유연하게 대응하는 것이고, 이를 위해서는 혁신적인 접근과 기존의 지식과 경험을 넘어서 창조적인 해결책을 모색하는 것이 필요하다. '변화'와 '혁신', 이 두 가지 원칙은 현재 우리가 추구해야 할 핵심 가치이다. 변화는 이미 일어나고 있으며, 우리는 그 변화 속에서 새로운 방향을 발견하고 그것을 기회로 받아들여 새로운 도전을 해야 한다.

인공지능 시대에서 인간의 역할은 창의력과 창조적 사고에 있다. 데이터 분석은 이미 인공지능이 능숙하게 수행하고 있기 때문에 창조적 사고를 발전시키고, 그를 바탕으로 새로운 아이디어와 접근법을 도출해야 할 것이며, 이 목적을 이루기 위해서는 다양한 사람들과의 만남과 정보 교류는 필수적이 되었다.

KAIST 문술미래전략대학원은 미래전략, 과학 저널리즘, 지식재산 등 다양한 분야의 전문가들과의 만남과 학문적 교류의 장을 제공하고 있다. 이곳에서는 행정부, 기업, 언론계, 법조계, 변리사 등 다양한 다른 분야의 전문가들과의 교류를 통해 새로운 아이디어와 접근법, 시각, 관점이 탄생하는 데 이상적인 환경을 제공하고 있으며, 더 나아가 미국 노스웨스턴 로스쿨과의 복수학위 과정을 통해 국제적인 시각도 넓힐 수 있다.

현재 구글, 아마존, 메타 등 기업은 전통적인 제조설비가 없음에도 불구하고 엄청난 가치를 창출하고 있으며, 전 세계 시가총액에서 최고위를 차지하고 있다. 또한 에어비앤비는 호텔 건물 하나 없이 힐튼, 메리어트, 하얏트의 시가총액을 모두 합친 것보다 큰 가치를 지니고 있다. 이러한 현상은 기업의 무형자산과 유형자산 비율이 과거 20 대 80에서 이미 80 대

20으로 역전되었다는 사실을 시사한다. 삼성전자는 2021년 기준 6,366개의 특허를 보유했고, 애플은 6,429개의 특허로 세계 1위, 마이크로소프트는 5,221개의 특허로 세계 3위를 차지했다. 삼성은 지난 10년간 한 번도 세계 2위 자리를 내주지 않았다. 하지만 삼성은 2017년부터 2023년 9월까지 미국에서만 총 498건의 특허 침해 관련 소송을 당했고, 이 중 2023년에는 134건의 소송이 제기되었다. 특허 침해 소송은 기업의 성장에 큰 위협이 될 수 있다. 따라서 기업들은 특허 출원 및 관리에 만전을 기해야 하며, 특허 침해 소송에 대비한 체계적인 대응 전략을 마련해야 할 것이다.

KAIST 문술미래전략대학원의 MIP 과정은 이러한 도전에 대응할 수 있는 지식과 기술의 토대를 제공한다. 지식재산 영역에 대한 깊이 있는 이해와 분석 능력의 함양을 지원하며, 여기서 얻은 지식과 경험은 지식재산 전문가로서 큰 역량이 될 것이다. KAIST 문술미래전략대학원 동문들이 대한민국 세계특허IP허브국가 추진위원회, 지식재산단체총연합회, 한국라이센싱협회, 한국지식재산기자협회, 한국지식재산서비스협회에서 주도적인 역할을 하고 있다. 뿐만 아니라 MIP 과정은 인공지능 윤리, 가상자산, 메타버스 등에 관해서도 심도 깊은 논의의 장을 마련하고 있다.

KAIST 문술미래전략대학원이 설립된 지 10년 동안 그 가치와 방향성은 지속적으로 변화하고 발전해 왔다. 우리 모두는 이 변화와 성장의 주체가 되어, 다음 10년 그리고 그 이후의 미래전략을 함께 구축해 나가는 데 중요한 역할을 할 것이다.

KAIST 문술미래전략대학원의 미래

정재민

KAIST 문술미래전략대학원 교수

문술미래전략대학원이 10주년을 맞았다. 2010년 봄, 지식재산대학원 프로그램과 과학저널리즘대학원 프로그램 1기가 입학했고, 미래전략대학원 프로그램은 2013년 봄학기에 첫 입학생을 맞이했다. 세 개의 석사 프로그램이 모여서 '미래전략대학원'이라는 하나의 학과로 승격한 것이 2013년 9월이다. 2023년 가을 대학원 설립 10주년은 학과 승격을 기준으로 한다. 이후 2015년 3월 박사과정 1기생이 입학했고, 학과의 이름이 '문술미래전략대학원'으로 변경되었다. 정문술 전 카이스트 이사장님께서 미래 교육과 연구를 위해 큰 돈을 기부하셨고, 이에 그 뜻을 기리기 위해 '문술'이라는 명칭을 붙인 것이다. 문술미래전략대학원은 그동안 법조인 165명, 변리사 97명, 미국변호사 50명, 언론인 319명, 공무원 240명 등 1,000여 명의 카이스트 동문을 배출해 냈다.

미래를 이야기하면서 왜 과거를 이야기하나 하겠지만 과거 없이는 현재가 없기 때문이다. 그동안 숨 가쁘게 달려 왔고 탄탄해졌다. 오늘의 문술미래전략대학원은 이제 미래로 이어진다. 20주년, 30주년, 100주년을 맞게 될 것이다. 미래는 오지만 어떤 미래가 올 것인지는 아무도 모른다. 문술미래전략대학원의 미래는 '우리'에게 달려 있다. '우리'는 동문과 재학생, 직원, 교수진이다. 나 자신이 나의 현재이고, 내가 오늘 하는 일에 따라 나의 미래는 바뀐다. 개인도, 조직도, 국가도 오늘 무엇을 어떻게 하느냐에 따라 미래가 결정된다. 문술미래전략대학원의 미래 역시 주인공인 우리에게 달려 있다.

핵심은 주인의식이다. 동문이 재학생이 직원이 교수가 우리 대학원의 주인이다. 모두가 주인으로 문술미래전략대학원을 지키고 가꿔가면 미래는 밝다. 동문들이 모교와 대학원을 사랑으로 지원해 주고, 학생들은 열심히 공부해서 수준을 끌어올리고, 직원들이 최고의 행정력과 친절로 일하고, 교수들은 열정과 헌신으로 강의하고 연구하고, 학과 일에 하나 되어 나설 때 우리의 미래는 걱정할 필요가 없다. 우리 모두가 주인으로 살아가야 한다. 그것이 우리의 미래를 결정한다.

카이스트의 오늘이 대한민국과 인류의 미래를 결정한다. 새는 하나의 날개로만 날 수 없듯이 카이스트도 과학기술만으로 날 수 없다. 인간과 사회에 대한 통찰, 미래를 향한 전략과 정책이 필요하다. 과학기술과 대중을 이어주는 소통의 가교가 필요하고, 미래의 핵심 분야인 지식재산과 특허 전문가가 필요하다. 문술미래전략대학원의 존재 이유이다.

활시위를 뒤로 당길수록 화살은 멀리 간다. 힘껏 당겨야 한다. 멀리만 보내서는 안 된다. 허공에 날리는 화살이 아닌 목표물을 맞혀야 한다. 10주년에 다시 활을 조준한다. 숨을 고르고 정확하게 바라보고 있는 힘껏 시위를 당기자. 힘껏 당길수록 멀리 간다. 우리는 할 수 있다.

나의 사랑, 나의 자랑, 문술미래전략대학원이 있어 내가 있다.

과학 저널리즘으로 본
가짜 뉴스와 언론의 역할

한지영

KAIST 문술미래전략대학원 교수

과학적 발명 혹은 발견은 불확실성 uncertainty을 동반한다. 예를 들면, 백신 예방접종은 질병을 예방하는 데 도움이 되지만 백신 접종을 했다고 병에 걸리지 않는 것은 아니다. 예외가 있기 때문이다. 부작용이 발생할 수도 있다. 이런 사례들이 백신이 갖는 과학적 불확실성이다. 문제는 백신 접종에 따른 부작용 비율이 5%라고 했을 때, 과학자들은 95%의 백신 안전성을 강조하지만 일반인들은 내가 그 5%에 해당할 불확실성 때문에 불안해한다는 점이다.

오레스케스와 콘웨이 Oreskes & Conway, 2010는 이런 과학적 불확실성을 파는 사람들에 대한 책 Merchants of Doubt: How a Handful of Scientists Obscured the Truth on Issues from Tobacco Smoke to Global Warming을 출판한 바 있다. 저자들이 지목한 대표적인 예가 기후과학이다. 지난 60년간 진행돼 온 과학적 연구들은 탄소 배출과 관련된 인간 활동이 지구온난화 현상을 야기했다는 데 일관된 지지를 표명해 왔다. 하지만 예외적인 연구 결과를 바탕으로 지구온난화는 거짓이라고 주장하는 사람들이 있다. 이를 반영하듯 2018년 갤럽조사에 따르면 미국인의 45%만이 인간 활동이 기후온난화의 원인이라는 과학적 합의에 동의하고 있다.

그뿐만 아니라, 지난 3년여간 전 세계는 코로나19 팬데믹이라는 공통된 문제를 겪어 왔고, 세계보건기구WHO의 지적대로 바이러스만큼이나 코로나19와 관련된 허위 정보 확산이 초래하는 사회적 혼란을 목도했다. 이란에서는 코로나19 치료를 위해 메탄올을 마셔 700여 명이 사망하는 사건이 있었고, 미국에서도 트럼프 대통령의 살균제 인체 주입 발언 이후 중독 사고가 폭증하기도 했다.

그렇다면 허위 정보 확산에 대한 언론의 책임은 어디까지일까? 이에 대한 우리 연구팀의 설문조사 결과를 보면, 사람들은 기성언론에게 허위정보 유포 방지prevention 책임을 가장 중요하게 묻고 있었다. 허위정보를 검증하고 이를 교정하는 언론의 사회적 책무가 중요하다는 의미다. 하지만 사람들은 기성언론이 허위정보의 생성creation과 유포dissemination에도 상당한 역할을 하고 있다고 응답했다. 실제 정보의 진위를 검증하는 팩트체크 보도가 오히려 허위정보 확산에 기여한다는 연구 결과도 있다.

코로나19 팬데믹 상황에서 허위정보 확산과 관련한 언론 노출 효과를 살펴보기 위해 우리 연구팀은 한국과 미국에서 각각 설문조사를 실시했다. 우리나라 설문조사는 리서치 기업인 엠브레인 https://

embrain.com/을 통해 한국인 1,343명, 미국 설문조사는 클라우드 소스 플랫폼인 프롤리픽 https://www.prolific.co을 통해 미국인 1,106명을 모집했다. 표본의 대표성을 높이기 위해 각 설문조사는 2022년 1월 행정안전부 주민등록 인구통계자료 그리고 2020 미국 센서스 자료에 기반을 두어 설문 참가자를 할당 표집다. 설문조사는 오미크론 변이가 횡행하던 2022년 1월 10일부터 14일까지 진행됐으며 동일한 설문 문항을 사용했다.

조사 결과, 한국인[N=1,343]의 76.1%, 미국인[N=1,106]의 72.4%가 코로나19를 심각한 공중보건 위기로 인식하고 있었다[그림 1 참고]. 특히 한국인의 74.0%가 코로나19 관련 뉴스를 자주[47.2%] 혹은 매우 자주[26.8%] 접한다고 응답한 데에 반해, 코로나19 뉴스를 자주[25.9%] 혹은 매우 자주[13.6%] 접하는 미국인은 39.5%였다. 설문조사 당시[2022년 1월 10일 기준] 미국의 코로나19 누적 확진자 수는 5,650,933명, 한국의 누적 확진자 수는 28,644명이었음을 고려할 때, 한국인의 코로나 19에 대한 위기의식과 관심도가 미국보다 상대적으로 높았음을 알 수 있다.

질문: 코로나 19 팬데믹은 우리 사회의 공중보건에 심각한 위협이 된다

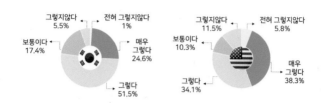

질문: 얼마나 자주 코로나 19 팬데믹 관련 뉴스를 접하십니까?

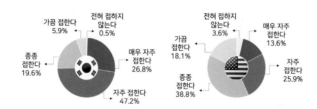

질문: 귀하는 코로나 19 백신을 접종한 적이 있으십니까?

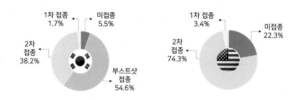

[그림 1] 코로나19 팬데믹 인식 차이

이를 반영하듯, 백신 접종도 한국에서 더 적극적이었다. 설문조사에서 한국인의 5.5%가 아직 백신을 맞지 않았다고 응답했고, 코로나19 백신을 접종한 바 있는 나머지 94.5% 중 절반 정도 54.6%는 부

스타샷 접종까지 마쳤다고 응답했다. 반면 미국의 코로나19 백신 미접종률은 22.3%로 한국보다 4배 정도 높았다. 백신을 1회 이상 접종한 미국인 77.6% 중 부스터샷을 맞았다고 보고한 사람은 단 한 명도 없었다.

코로나19 팬데믹과 관련해 한국과 미국 모두 정치적 양극화 문제가 대두됐는데, 조사 결과 한국보다는 미국에서 보수와 진보 사이에 코로나19 팬데믹 인식 차이가 강하게 나타났다[그림 2 참고]. 예를 들면, 미국에서는 코로나19가 심각한 공중보건 위기라고 응답한 비율이 공화당 지지자[51.9%]보다 민주당 지지자[94.0%] 사이에서 높게 나타났다. 지지하는 정당에 따라 코로나 위기 인식 차이가 무려 42.1% 포인트나 났다. 하지만 국민의힘 지지자[69.2%]와 더불어민주당 지지자[81.9%] 사이에 코로나19 위험 인식 차이는 12.7%포인트로 상대적으로 작았다. 코로나19 뉴스 노출도 한국에서는 지지 정당에 따른 차이[1.1%포인트]가 거의 없었지만, 미국에서는 코로나19 뉴스에 자주 혹은 매우 자주 노출되는 민주당 지지자 비율[47.7%]이 공화당 지지자[31.9%]보다 15.8%포인트 높았다. 백신 접종과 관련해서도 미국에서는 공화당 지지자들의 백신 미접종률[37.9%]이 민주당 지지자[6.0%]에 비해 31.9%포인트 높았다. 한국에서도 국민의힘 지지자의 백신 미접종률[8.8%]이 더불어민주당 지지자[3.2%]보다 높았지만 그 치이는 5.6%포인트였다.

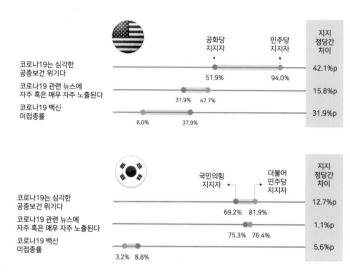

[그림 2] 지지 정당 별 코로나19 팬데믹 인식 차이

뉴스 노출 정도와 코로나19 관련 허위정보 수용도 사이의 상관관계를 알아보기 위해 우리 연구팀은 여러 개의 허위정보를 제시하고 이에 대한 신뢰도를 5점 척도 1=전혀 신뢰하지 않는다, 5=전적으로 신뢰한다로 측정했다. 조사에 사용된 허위정보는 (1) 코로나19 오미크론 변이는 독감보다 덜 치명적이다. (2) 오미크론 변이는 정치적 속임수다. (3) 코로나19 백신 접종을 통해 코로나19에 감염될 수 있다. (4) 코로나19 백신 접종은 불임을 유발한다. (5) 코로나19 백신 접종은 DNA 변형을 유발한다. 이렇게 5개다. 백신 관련 3개의 허위정보는 높은 문항 간 신뢰도 Krippendorff's alpha=.78를 보여 '코로나19 백신 관련 허위 정보'라는 하나의 문항으로 통합했다.

분석 결과, 한국인들은 코로나19 뉴스 노출이 증가할수록 코로나19 허위정보를 더 많이 믿는 것으로 드러났다. 미국인들의 경우는 반대로 코로나19 뉴스 노출이 많은 사람들은 코로나19 허위정보 수용도가 낮았다. 그뿐만 아니다. 한국에서는 뉴스 노출이 많은 경우, 코로나19 허위정보 수용도에 있어 국민의힘 지지자와 더불어민주당 지지자 사이의 차이가 더 커졌다^{그림 3 참고}. 반대로 미국에서는 뉴스 노출이 많은 경우 지지 정당에 따른 코로나19 허위정보 수용도 차이가 줄어들었다.

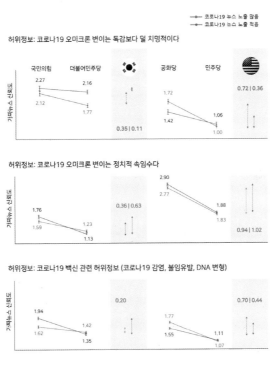

[그림 3] 뉴스 노출에 따른 코로나19 팬데믹 허위정보 수용도

요약하면, 미국인들은 코로나19 팬데믹 심각성 인식, 관련 뉴스 노출 및 허위정보 수용도에 있어 한국인들보다 더 뚜렷한 정치적 양극화 경향을 보였지만, 관련 뉴스를 많이 접할수록 정치적 양극화 정도가 완화되었다. 이는 미국 언론의 코로나19 팬데믹 보도가 관련 사안에 대한 '주류 인식'을 형성하는 데 성공했다는 의미다. 주류화 mainstreaming란, 사람들이 미디어가 가장 보편적으로 그리고 반복적으로 보여주는 현실을 사실로 받아들임으로써 미디어 노출이 많을수록 정치적 이념, 성별, 연령, 인종 및 소득 및 교육 수준에 따른 개인별 현실 인식 차이가 줄어드는 현상이다. 실제 코로나19 팬데믹 보도 내용을 분석한 연구들은 미국 언론이 코로나19 확진자 수나 매체의 이념적 성향과는 무관하게 코로나19로 인한 사망 사건 및 사망률과 같은 부정적인 내용을 주로 다뤄왔다고 밝히고 있다. 미국 언론의 코로나19 팬데믹 주류화 효과에 대한 우리 연구팀의 연구 결과는 지난 7월 〈Science Communication〉 IF=9.0, 인용지수 상위 1.6%에 게재되었다.

반면, 한국 언론의 코로나19 팬데믹 보도 내용 분석 연구들은 매체의 이념 지향에 따른 차이를 보고하고 있다. 이러한 연구 결과는 뉴스 노출이 많을수록 보수와 진보주의자 사이에 코로나19 팬데믹 관련 현실 인식 괴리가 커지는 우리 연구팀의 설문조사 결과와 호응한다. 언론이 다양한 관점과 문제의식을 보여주는 것은 건강한 민주

사회 발전에 필수 요소다. 그럼에도 코로나19 팬데믹과 같은 위기 상황에 효율적으로 대처하기 위해서는 현실 문제에 대한 공중의 공유된 현실 인식 역시 필요하다.

한국 언론이 한국사회가 코로나19 팬데믹을 극복하는 데 얼마나 기여했는가에 대해 질문해 본다. 언론 노출이 많을수록 코로나19 허위정보 수용도가 높아지며 지지 정당에 따른 인식의 차이가 커진다는 연구 결과는, 코로나19 팬데믹이라는 전대미문의 위기 상황에서 한국 언론이 얼마나 신종 바이러스에 대한, 또 이 바이러스 백신에 대한 과학적 불확실성을 소비해 왔는가를 방증한다.

참고문헌

Oreskes N and Conway EM(2010). Merchants of Doubt: How a Handful of Scientists Obscured the Truth on Issues from Tobacco Smoke to Global Warming. London: Bloomsbury Press.

Nuccitelli D(2016, October 6). Pew survey: Republicans are rejecting reality on climate change. The Guardian.

Gallup(2018). Global Warming Concern Steady Despite Some Partisan Shifts. Washington, DC: Gallup.

Forrest, A. (2020, April 28). Coronavirus: 700 dead in Iran after drinking toxic methanol alcohol to 'cure Covid-19.' The Independent.

Kluger, J.(2020, May 12). Accidental poisonings rise after Trump disinfectant comments. Time.

Lima, G., Han, J., & Cha, M.(2022). Others Are to Blame: Whom People Consider Responsible for Online Misinformation. Proc. ACM Hum.-Comput. Interact., 6(CSCW1), 1-25.

Tsfati, Y., Boomgaarden, H. G., Str□mb□ck, J., Vliegenthart, R., Damstra, A., & Lindgren, E.(2020). Causes and consequences of mainstream media dissemination of fake news: literature review and synthesis. Annals of the International Communication Association, 44(2), 157-173.

세계보건기구(WHO) 코로나19 상황판. https://covid19.who.int/

Gerbner, G., Gross, L., Morgan, M., & Signorielli, N.(1980). The "mainstreaming" of America: Violence Profile No. 11. Journal of Communication, 30(3), 10-29.

Sacerdote, B., Sehgal, R., & Cook, M.(2020). Why is all COVID-19 news bad news? In National Bureau of Economic research working paper(No. w28110).

Basch, C. H., Hillyer, G. C., Erwin, Z. M., Mohlman, J., Cosgrove, A., & Quinones, N.(2020). News coverage of the COVID-19 pandemic: Missed opportunities to promote health sustaining behaviors. Infection, Disease & Health, 25(3), 205-209.

Han, J., & Lee, E.-J.(2023). Polarization or Mainstreaming? How COVID-19 News Exposure Affects Perceived Seriousness of the Pandemic and the Susceptibility to COVID-19 Misinformation? Science Communication, 45(3), 367-401.

박주현.(2020). 언론의 이념성향에 따른"코로나19" 보도 프레임 비교연구. 한국언론학보, 64(4), 40-85.

함승겸, 김혜정, 김영욱.(2021). 코로나19 언론보도 경향에 대한 빅데이터 분석. 한국언론학보, 65(1), 148-189.

2023

2013

2장
/
기술, 인간, 환경의
미래를 말하다
—

탄소중립과 에너지의 미래를 말하다

김종남

한국에너지기술연구원 원장(전)
미래전략프로그램 1기

21세기의 대전환, 화석연료 문명에서 무탄소 에너지 문명으로

산업혁명 이후 인류 문명의 발전은 화석연료 사용 확대에 따라 이루어졌다. 지난 200년 동안 세계 인구는 8배, GDP는 120배 증가하였고, 에너지는 30배 더 사용하였다. 인류가 사용하는 에너지의 83%는 석탄, 석유, 천연가스와 같은 화석연료이다. 화석연료 사용으로 배출된 온실가스로 인해 대기 중 이산화탄소 농도는 산업혁명 이전 280ppm에서 417ppm으로 증가하였고, 지구 평균온도는 1.2℃ 상승하였다. 그 결과 대형 태풍과 홍수, 가뭄, 폭염, 대형 산불 등의 자연재해가 더 자주 더 크게 발생하고 있으며, 극지방과 고산지대의 빙하가 점점 더 많이 녹아서 해수면의 상승 속도가 높아지고 있어 해안 지역의 침수로 큰 피해가 예상되고 있다.

기후변화에 관한 정부 간 협의체 IPCC, Intergovernmental Panel on Climate Change는 2018년 특별보고서에서 기후변화를 막기 위해 2100년까지 지구 평균기온 상승을 산업화 이전 대비 1.5℃ 이내로 억제해야 한다고 권고했다. 이를 위하여 전 지구 차원에서 2030년 이산화탄소 배출을 2010년 대비 45% 이상 감축하고 2050년까지 탄소중립carbon neutrality, 즉 인간 활동으로 발생된 온실가스를 최대한 줄이고 남은 온실가스를 흡수삼립 등 또는 제거CCUS, Carbon Capture Utilization and Storage하여 대기 중으로 순배출이 '0zero'이 되는 Net-zero를 이루어야 한다고 제안하였다. 지난 200년 동안 구축된 화석연료 문명을 향후 30년 내에 무탄소 에너지 문명으로 전환해야 하는 매우 어려운 일을 하여야 한다. 현재까지 독일, 영국, 프랑스, 일본, 미국, 중국을 비롯한 130여 개국이 2030년에서 2060년 사이에 탄소중립을 이루겠다고 선언하였으며, 한국도 2021년 10월에 2050 탄소중립을 선언하였다. 2030년 국가별 온실가스 감축 목표NDC로 미국은 2005년 대비 50~52%, EU는 1990년 대비 55%, 일본은 2013년 대비 46%, 우리나라는 2018년 대비 40%를 설정하였다. 세계적으로 탄소중립을 위한 노력이 더욱 강화되고 있으며 기후위기 대처는 향후 30년 동안 정치, 경제, 사회의 핵심이 될 것이다.

탄소중립은 국가 경제와 기업에게도 성장과 생존이 걸린 문제가 되고 있다. EU와 미국 등은 2024~26년부터 온실가스 배출이 많은 국가나 기업에서 생산된 제품에 탄소 관세를 부과하는 무역 규제가 현실화되고 있다. 그리고 미국은 인플레이션감축법IRA, 프랑스는 녹색산업법, 유럽은 그린딜 산업계획 등으로 자국의 친환경 산업을 육성하고 에너지 안보를 강화하려고 한다. 400개 이상의 세계적인 기업들이 2050년까지 기업 소비전력의 100%를 재생에너지 전력으로 전환하는 RE100 캠페인에 참여하고 있으며, 이들 기업에 부품을 납품하는 협력업체에게 2030년 이후부터 재생 전력 100%로 물건을 생산할 것을 요구하는 기업들이 증가하고 있다.

탄소중립을 위한 대전환

우리나라의 온실가스 배출량은 2018년을 기준으로 7.3억t-CO_2이며, 이 중 87%인 6.3억t-CO_2가 에너지 사용으로 배출되었다. 2021년에 사용한 에너지의 83.7%가 화석연료이고 해외에서 94.8%를 수입하여 에너지 안보가 매우 취약하다. 최종 에너지는 전기로 20.8%, 나머지 79.2%는 열과 원료로 소비되었고, 전기의 64%, 열과 원료의 94%가 화석연료에서 얻어졌다. 전기는 재생에너지 발전, 원자력, 화석발전에서 이산화탄소를 포집하여 저장함으로써 이산화탄소가 배출되지 않게 생산할 수 있지만 열과 원료는 대부분 화석연료로만 생산이 가능하다. 따라서 탄소중립을 위해서는 재생 발전과 원자력 발전을 늘리고 화력발전 배기가스에서 이산화탄소를 포집하여 처리해서 무탄소 전기를 많이 생산해야 한다. 그리고 산업, 수송, 건물 부문에서 쓰이는 열에너지를 무탄소 전기로 대체하는 전기화가 필요하다. 전기화가 어려운 분야는 탄소중립 원료이자 연료인 수소, 암모니아, 바이오매스, e-fuels 등을 활용한다. 무탄소화가 어려운 석유화학/정유, 시멘트, 철강 등과 LNG 발전에서 배출되는 온실가스는 포집해서 처리한다. 또한 태양광이나 풍력으로 생산하는 무탄소 재생 전기는 간헐성이 있어서 현재의 전력망으로는 많이 받아들이기 어렵기 때문에 새로운 에너지 통합 인프라가 구축되어야 한다. 그리고 무엇보다 중요한 것은 에너지를 가능한 한 효율적으로 사용하고 폐자원을 순환하여 에너지 수요를 줄이는 것이다.

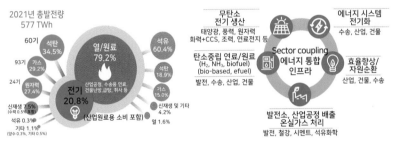

[그림 1] 최종 에너지 소비 형태와 탄소중립을 위한 대전환

국제에너지기구[IEA]의 〈World Energy Outlook 2022〉에서는 탄소중립을 위해 2050년 최종에너지 중 전기 비율을 현재 19.8%에서 52.6% 재생전기 비중 88.1%로 높이고, 바이오에너지 14%, 수소에너지 7.5%, 기타 재생에너지 5.1%, 석유 12.7% 등을 사용할 것을 제안하였다. 우리나라의 〈2050 탄소중립 시나리오 B안〉에서는 최종 에너지의 구성이 전기 45.1% 재생전기 비중 60.9%, 수소 22%, 재생에너지 16.9%,

석유 11.8% 등으로 제안하였다. 전기 수요는 2021년 577TWh에서 2050년 1,209TWh로 두 배 이상 증가한다.

무탄소 전기 생산

전 세계에서 화석연료 발전을 탈피하여 무탄소 전기를 생산하는 에너지 전환이 활발히 이루어지고 있다. 무탄소 전기는 태양광, 풍력, 수력, 원자력, 수소 발전과 화력발전에 온실가스 포집 및 저장 설비 CCS를 붙이면 생산된다. 2022년에 독일은 전체 발전량의 43%, 영국 42.3%, 스페인 42.2%, 이탈리아 34.4%, 중국 31%, 일본 23.4%, 미국 22.1%를 재생에너지로 생산하였다. 한국은 아직 7.7% 수준이나 에너지 전환 정책에 따라 2030년까지 21.6%로 확대할 계획이다. 석탄 발전은 현재 58기가 가동 중인데 2036년까지 28기를 폐지하고 2050년 이전에 모두 퇴출된다.

우리나라 무탄소 전기 생산의 핵심은 태양광, 풍력, 원자력이고 신발전으로 수소 및 암모니아 발전이 있다. 원자력발전소는 25기가 가동 중이고 5기가 건설 중에 있다. 2022년에 원자력발전으로 176TWh의 전기를 생산하여 29.6%의 발전 비율을 담당하였다. 전기가 지금보다 두 배 이상 필요한 2050년에 원전으로 발전 비율 30%를 유지하려면 현재보다 두 배 이상의 원자력발전소를 건설해야 하고 기존 원전 중 18기의 수명을 연장해야 한다. 원전의 가장 큰 문제는 신규 건설이 가능하도록 주민 수용성을 높이는 것과 아직도 없는 고준위 방사선 폐기물 저장소를 확보하는 것이다. 대형 발전소에서 전기를 생산하여 소비처로 보내기 위한 고압 송전탑도 주민 수용성이 낮아서 설치가 어려우므로 분산 발전용으로 300MW 이하의 소형 원자로 SMR가 개발되고 있으나 이 또한 주민 수용성이 문제가 될 것이다. 2050년 필요 전기의 10%를 SMR로 공급하기 위해서는 300MW급 60기가 필요하다.

우리나라의 태양광 이용률은 15%로서 사우디아라비아의 23%보다는 낮지만 11%인 독일보다 높다. 이용률이 낮은 독일은 태양광 비율이 10.2%인데 우리는 4.5%이다. 한국은 산지가 63.4%라서 태양광 발전 설치 면적이 충분치 않으므로 태양광 모듈 효율을 높이고, 다양한 장소에 설치 가능한 박막 태양전지를 개발하여야 한다. 현재 시장의 중심인 실리콘 태양광 모듈의 효율은 20~22% 정도이고 이론 효율이 29.4%로서 효율을 높이는 데 한계가 있다. 실리콘 태양전지에 페로브스카이트 태양전지를 접목하여 효율을 34% 이상으로 높인 탠덤 태양전지가 2030년 이후에 개발될 것이다. 그리고 기존 태양전지의 응용성 및 심미성의 한계를 극복하고 건물은 물론 차량과 이동전원에 적용이 가능한 가볍고 유연하면서 30% 이상의 효율을 낼 수 있는 박막 태양전지 기술도 개발되고 있다. 이러한 고효율 태양전지를 국토 면적의 2%와 건물의 50%에 설치하면 400GW에서 연간

500TWh의 전기가 생산되어 2050년 필요량의 40% 이상 전력 생산이 가능하다. 풍력발전량은 풍속의 3승에 비례한다. 우리나라는 해발 700m 이상의 산등성이에서 초속 8미터, 고정식 해상 풍력에서 초속 7미터, 부유식 해상 풍력에서 초속 8미터 이상의 바람이 불어서 유럽 북해의 10~11m/s보다는 낮지만 어느 정도의 풍력 자원이 있다. 풍력발전은 발전 단가를 낮추기 위하여 초대형, 장수명 발전기가 개발되고 있다. 한국은 8MW급이 외국은 15MW급이 상용화되었다. 국내 기업들은 독일, 중국 등의 기업과 협업하여 2030년까지 20MW급 발전기를 개발하려고 한다. 우리나라는 바람이 좋은 평지가 적고 주민 수용성이 낮아서 해상 풍력을 많이 설치할 수밖에 없다. 육상과 해상을 합친 풍력발전 최대 시장 잠재량은 연간 248TWh로 예측되며 2050년 전기 수요의 20%에 해당한다. 우리나라는 인구가 급속히 줄고 있고 특히 지방 소멸이 심각해지고 있다. 지역 주민 참여형 재생 발전을 확대하여 주민들의 소득을 높이고 재생 발전량이 많은 지역에 RE100 참여 기업들의 공장을 짓도록 유도하면 탄소중립과 지역 균형 발전이 동시에 이루어질 수 있다.

해외의 햇볕과 바람이 좋은 지역에서 저렴하게 생산된 전기로 생산한 그린 수소나 그린 암모니아 또는 해외의 천연가스에서 생산된 블루 수소나 블루 암모니아를 국내로 수입하여 발전을 하는 설비도 도입될 것이다. 우리나라는 2030년에 발전의 2.1%를 수소/암모니아 발전으로 할 계획이다. 석탄에 암모니아를 20% 섞는 혼소 발전에 필요한 연간 300만 톤의 암모니아가 도입될 예정이다.

에너지 통합 인프라

하지만 태양광, 풍력과 같은 간헐성, 변동성이 있는 전기가 증가하면 전기 품질이 떨어지고 기존 전력망으로는 감당이 어려워진다. 2022년에 태양광 발전 비중이 4.5%이었는데도 4월 9일 낮 12시~1시 사이의 태양광 발전량이 전체 전력 수요의 39.2%를 담당하였다. 재생전기의 비중이 20%를 넘는 2020년대 후반부터는 버려지는 재생전기가 많이 증가하므로 전력망을 보완하여야 한다. 앞으로 단계적으로 재생에너지 수용 한계 증대, 계통 신뢰성 강화 및 자율운전 전력망 등에 대한 핵심 기술을 미리 개발하고 보급하여야 할 것이다. 재생 자원의 공급량 증대에 대응하기 위한 수요와 공급 최적화, 그리드 스케일 전력 저장, P2X$^{열, 수소 등}$, AI 기반 수요자원 최적 관리, 분산자원 네트워크 운영, 전기차를 활용한 그리드 운영^{V2G} 등의 기술 개발이 요구된다. 앞으로는 대형 발전소를 활용한 집중형 통합 전력망이 소규모 자급자족 기반 분산형 전력망으로 바뀌어야 한다, 정부도 분산에너지 활성화 특별법을 제정하여 에너지가 생산된 지역에서 소비를 유도하는 지역별 전기요금제를 2024년 6월부터 시행한다. 재생전기를 버리지 않고 활용하기 위해서는 재생전기 발전 예보 기술이 정교하게 개발되어야 한다. 잉여 전력 저장을 위하여 미국은 10시간 이상 전기를 공급할 수 있는 그리드 규모 전력 저장 시스템의 가격을 향후 10년 내에 90% 이상으로 줄이는 장기 에너지 저장 프로그램 LDES을 2021년부터 시작하였다. 장기 전력 저장에는 기계적, 열적, 전기화학적 방법이 개발되고 있다. 배터리 저장에는 LFP, 플로우배터리 등으로 저장설비 가격을 낮추고 저장 용량과 안전성을 높이려는 연구가 진행되고 있다. LFP 배터리를 활용한 전력 저장 시스템의 시장이 최근 급속히 커지고 있다. 잉여 전기를 열로 저장하였다가 스팀을 발생하여 기존 화력발전소의 터빈을 활용하여 전기를 생산하는 열 저장설비 TES 개발이 미국, 독일에서 진행되고 있다. 중국에서는 양수 발전 원리와 같이 대형 건물에서 수많은 무거운 블록을 올렸다가 내리면서 전기를 생산하는 중력에너지 저장 시스템 GESS도 100MWh 규모로 실증 연구가 진행되고 있다. 이탈리아에서는 잉여 전기로 이산화탄소를 액화하여 저장하였다가 기화시켜 터빈을 돌려 발전을 하는 200MWh 규모의 CO_2 배터리 연구가 진행되고 있다. 미국에서는 잉여 전기를 1000℃ 이상의 열로 전환하여 저장하였다가 고온이 필요한 산업에 활용하는 열 배터리 Heat battery 연구가 진행 중이다. 잉여 재생전기를 수소로 전환하여 활용하는 기술도 활발히 개발되고 있다. 천연가스를 유통하는 도시가스망에 수소를 일부 섞어서 활용하는 연구도 국내외에서 진행되고 있다.

에너지 시스템의 전기화

무탄소 전력 생산이 많이 되면 수송, 산업, 건물 부분을 전기화하여야 한다. 20여 개 국가에서 2035년 이후부터 신규 내연기관차 판매를 금지하는 정책을 수립하였다. 전기차는 2022년에 약 1,000만 대가 판매되었고 2030년에는 4,000만 대를 예상하고 있다. BloombergNEF는 2040년 글로벌 자동차 판매의 54%가 전기차일 것으로 전망하였다. 우리나라도 2030년까지 전기 및 수소차를 450만 대 보급하는 계획을 세웠다. 전기차 생산 원가의 40%가 배터리이다. 2030년까지 에너지밀도를 500Wh/kg으로 높이고 가격을 $90/kWh 이하로 하면서 5분 내에 급속 충전이 가능하면서도 안전성이 높은 배터리 개발이 진행되고 있다. 대형 트럭, 선박 등에 적용될 저비용 고효율 연료전지도 개발되고 있다. 산업 분야에는 전기보일러, 전기 가열 시스템, 전기 구동 히트펌프, 전기화학공정 등이 도입되어야 한다. 산업 분야 가열공정 전기화를 위한 신개념의 고효율 전기 가열 기술이 개발될 것이다. 국제에너지기구는 현재 20% 정도인 산업 분야 전기화율을 2050년까지 65% 정도로 높일 것과 33% 정도인 건물 분야 전기화율을 66% 정도로 높이는 것을 제안하였다. 독일은 2024년부터 네덜란드는 2026년부터 화석연료 난방설비 판매 금지 정책을 수립하였고, 미국의 뉴욕, LA 등의 도시에서는 신축 주택에 가스스토브 설치 금지 조례가 통과되었다. 많은 나라들이

냉·난방 및 급탕에 전기 구동 히트펌프 설치 시 보조금을 지급하는 정책을 시행하고 있다. BNEF는 히트펌프 수요가 2030년 1.87억 대, 2050년 13.7억 대로 확대될 것으로 전망하였다. 그리고 재생전기 생산이 증가함에 따라 직류를 직접 활용하는 DC 공장, DC 빌딩도 도입될 것이다.

탄소중립 연료/원료 – 수소, 암모니아, 바이오 연·원료, e-Fuels
전기화가 어려운 대형 트럭, 항공, 선박, 산업 분야 가열공정 등에는 수소, 암모니아, 바이오연료, e-fuels 같은 탄소중립 연료를 사용할 수 있다. 재생전기를 활용하여 수소와 이산화탄소를 반응시켜 생산한 합성가스나 e-메탄올 등은 석유화학 원료로 그리고 e-메탄은 도시가스로 활용이 기대된다. 생산 시 온실가스 발생이 적은 청정수소는 수송용, 수소환원제철, 암모니아 생산, e-fuels 생산, 수소화공정 원료, 가열공정 등에 활용될 것이다.

국제에너지기구^{IEA}와 국제재생에너지기구^{IRENA}는 탄소중립을 위해 수소가 세계 에너지의 10~12%를 담당해야 한다고 제안하였다. IEA에서는 화석연료 기반 에너지 무역 대신 재생에너지 무역의 시대를 준비해야 하며, 재생전기의 캐리어^{carrier}로 수소 또는 암모니아를 지목하고 있다. 햇볕과 바람이 풍부한 지역인 중동, 호주, 칠레, 몽골, 아프리카 북부 등에서 생산된 재생전기를 이용하여 수전해 설비로

그린수소를 생산하거나 천연가스 또는 석탄이 풍부한 곳에서 블루수소를 생산하여 이들을 액체수소, 암모니아, LOHC ^{액상유기수소운반체}, e-fuels ^{e-메탄, e-메탄올 등} 형태로 이송하여 활용하는 기술이 개발되고 있다. 하지만 해저 케이블 기술이 발전하면 재생전기의 장거리 이송에 수소계 연료와 경쟁할 것이다. 2050년 세계 수소 필요량은 연간 4억~8억 톤이다. 우리나라의 〈2050 탄소중립 시나리오 A안〉에서는 2,740만 톤의 수소가 필요하고 이 중 20%인 550만 톤을 국내에서 생산하는 것으로 계획했다. 현재 1kg 그린수소 생산에 50~55kWh의 전기가 사용된다. 기술 개발로 43kWh까지 떨어진다고 했을 때에 550만 톤의 수소를 생산하기 위하여 235TWh의 전기가 필요하다. 2022년 25기의 원전에서 생산한 전기 176TWh가 모두 수전해에 사용되어도 모자란다. IEA의 탄소중립 보고서에서는 2050년 3.224억 톤의 그린수소가 필요하다고 하였는데 이를 위해서는 현재 세계 전력량의 57%가 필요하다. 이와 같이 그린수소를 대량으로 생산하기 위해서는 태양광과 풍력발전에 막대한 투자가 수반되어야 한다. 포스코와 현대제철의 수소환원제철에는 500만 톤 이상의 저렴한 수소가 필요한데 국내에서 수급은 불가능 할 것이고 해외 도입도 수소 가격 측면에서 쉽지 않을 것으로 보인다.

물을 전기분해하여 그린수소를 생산하는 기술로 알칼라인 수전해, 양성자교환막 수전해 ^{PEM}, 음이온교환막 수전해 ^{AEM}, 고체산화물 수전해 ^{SOEC} 기술들이 개발되고 있다. 현재 그린수소 1kg 생산에 5~7달러가 드는데, 미국은 향후 10년 내에 1kg 생산단가를 1달러로 하는 목표를 수립하였다. 현재 그린수소 생산단가의 55% 이상이 전기 가격이므로 이를 위해서는 재생전기의 가격이 낮아져야 하고 장치비 80% 절감과 운전유지비 90% 절감이 이루어져야 한다. 노르웨이의 Nell사는 2GW 공장에서 수전해 설비를 대량생산하고 1kWh 전기 가격이 2센트이면 1.5달러에 1kg의 그린수소 생산이 가능하다고 제시하였다. 천연가스를 개질하면 생산되는 가스 $^{수소와 CO_2에서 CO_2를 포집하여 저장하고 추출한 수소}$가 블루수소이다. 국내 S사는 호주에서 LNG를 수입하여 블루수소를 생산하고 포집된 이산화탄소는 호주의 폐가스전으로 이송하여 저장하는 사업을 시작하였다. 2026년부터 연간 25만 톤의 블루수소를 생산할 계획이다. 해외 청정 수소 $^{그린수소, 블루수소}$를 공기 중의 질소와 반응시켜 암모니아 ^{NH_3}로 저장하여 국내로 도입하는 데에 많은 기업들이 사업 기회를 찾고 있다. 2030년 석탄-암모니아 혼소 발전에 연간 300만 톤의 청정 암모니아를 수입하여야 한다. 국제해사기구 ^{IMO}는 국제 항해 선박의 온실가스 배출량을 2050년에 제로로 하는 규제를 제정하였다. 이에 대응하기 위해 국내 조선 3사에서는 암모니아 추진 선박과 e-메탄올 추진 선박을 개발 중이다. 일본에서는 기존 천연가스 나프타 크래커를 대체할 암모니아 버너를 개발 중이다. 현재 암모니아 합성은 고온 $^{400°C}$, 고압

200bar의 하버-보쉬공정이 사용되는 데 촉매화학적 저온, 저압 암모니아 합성 기술과 전기화학적 암모니아 합성 기술이 개발되고 있다.

　수송용 바이오 연료에는 바이오-항공유, 경유, 중유가 있고 석유화학용 바이오 원료는 바이오 납사, 에탄올 등이 있는데 대량의 원료 확보가 쉽지 않다. 항공 및 해운 분야는 도로 운송에 비해 탈탄소화가 어려운 분야로서 비식용유, 목질계 원료로부터 바이오 항공유 및 중유를 생산하는 기술이 유망해 보인다. 유기성 폐기물을 혐기 발효하여 생산되는 바이오가스는 탄소중립 연료이다. 바이오가스를 정제하면 고순도의 바이오 메탄이 생산되어 CNG 차의 원료나 도시가스로 쓸 수 있다. 유럽은 탄소중립을 달성하고 러시아의 천연가스 의존도에서 벗어나기 위해 2050년 가스 수요의 35~62%를 바이오 메탄으로 대체하려고 한다. 우리나라도 2022년에 유기성 폐자원을 활용한 바이오가스의 생산 및 이용 촉진법을 제정하였다. 건물 분야에서는 건축 원자재를 바이오 기반재로 교체하는 운동이 진행되고 있다.

효율 향상/자원순환

탄소중립을 위해서는 에너지를 효율적으로 사용하고 폐자원을 순환하여 에너지 수요를 줄이는 노력이 선행되어야 한다. 한국은 최종 에너지의 61.7%가 산업 부문, 그리고 21.3%가 건물 부문_{가정, 상업, 공공}

에서 소비되고 있다. 이들 부문에서 사용되고 있는 수많은 에너지 설비 및 기기들의 효율을 향상시켜 에너지 수요를 줄이는 것은 가장 실현 가능이 높고 비용 대비 효과적인 탄소중립 기술이다. IEA의 〈에너지 기술 전망〉에 따르면, 2050년까지 지구 기온 상승을 1.5℃ 이내로 억제하는데 에너지 효율 향상의 기여도를 37%로 가장 높게 평가하고 있다. 산업공정 및 산업용 기기의 고율화, 탄소중립 건물, 미활용 에너지의 활용 확대, 친환경 고효율 냉난방, 고효율 조명, 저전력 반도체 등과 같은 기술들이 보급되어야 한다. 아울러 향후의 에너지 효율 향상은 D.N.A.[Data, Network, AI] 기술과 융합한 공장에너지 관리시스템[FEMS], 건물에너지관리시스템[BEMS]이 많이 적용되어야 한다. 우리나라에는 약 720만 동의 건물이 있는데 20년 이상 된 노후 건물이 50%가 넘는다. 노후 건물의 에너지 절감을 위한 시장이 크게 형성되어야 한다. 효율 향상 기술이 적극적으로 적용되기 위해서는 에너지 가격을 높이거나 세액 공제, 교체 예산 지원 같은 정책이 수반되어야 한다. 폐배터리를 재활용하거나 부품을 회수하는 기술이 개발되고 있고, 폐태양광 패널의 95%를 유용 자원으로 회수하는 기술이 개발되어 공장이 가동되고 있다. 폐플라스틱을 회수하고 처리하여 플라스틱 원료로 순환하거나 수소를 생산하는 기술도 활발히 개발되고 있다. 앞으로는 탄소중립을 위해 우리가 사용한 모든 제품을 재활용하는 시대가 열릴 것이다.

발전, 산업공정 배출 온실가스 처리(CCUS)

2050년이 되어도, 가동이 예상되는 LNG 발전과 전기화가 진행되더라도 공정 특성상 어쩔 수 없이 CO_2를 발생하는 철강, 시멘트, 석유화학 산업에서 상당한 양의 이산화탄소가 배출될 것으로 전망된다. 탄소중립을 실현하기 위해서는 배출되는 이산화탄소를 포집하여 지중에 저장하거나 다른 물질로 전환하여야 한다. 우리나라는 2050 탄소중립 시나리오에서 연간 55~85백만 톤의 이산화탄소를 포집하여 처리하는 것으로 되어 있다. IEA의 탄소중립 시나리오에서도 2050년에 연간 62억 톤의 CO_2를 포집하여 이 중 95%는 지중에 저장^{CCS}하고 5%는 다른 물질로 전환^{CCU}하는 방안을 제안하였다. 수백 MW 규모의 석탄 화력발전소 배가스에서 이산화탄소를 포집하여 저장하는 실증 플랜트들이 가동되고 있다. 현재의 이산화탄소 포집 및 저장^{CCS} 비용은 110달러/톤－CO_2 수준으로 아직 비싸다. CCS를 국내 석탄 화력발전에 적용하면 발전단가가 2.3배, 시멘트 생산에 적용하면 원가가 2.1배 증가한다. 따라서 혁신적인 CCS 기술의 개발이 요구된다. 그리고 이산화탄소를 묻을 장소가 국내에는 아직 확보되지 않아서 바다 밑 지중에 10억 톤 규모의 이산화탄소 저장소를 찾는 연구가 진행되고 있다. 국내 저장소가 충분치 못하면 해외의 폐가스전, 폐유전에 저장소를 확보하는 방안도 검토되고 있다. CO_2를 유용한 물질로 전환하기 위해서는 청정 수소와 무탄소 에너지가 필요하고 활용 가능한 제품의 시장 규모나 가격 경쟁력 측면에서 혁신적인 기술이 개발되어야 한다. 이산화탄소와 물을 전기화학적으로 반응하여 유용한 물질을 생산하는 기술이 개발되면 유용할 것이다.

　탄소중립은 매우 힘들고 어려운 길이다. 하지만 지속가능한 인류의 미래를 위해서는 피할 수 없는 길이다. 탄소중립으로 국내 무탄소 에너지 생산량이 증가하면 94.8%의 에너지 수입의존도가 획기적으로 낮아져서 에너지 안보가 높아지고 무역수지 개선이 가능하다. 지방 소멸 지역이 재생에너지 생산으로 소득이 높아지고 이를 활용하는 공장들이 들어서면 지역 균형 발전도 가능할 것이다. 세계적으로 무탄소 에너지로의 전환에 투자하는 자금이 급속히 증가하여 2022년에는 전통 화석에너지 투자액과 같은 1.1조 달러에 도달하였다. 우리나라가 개발한 탄소중립 혁신 기술로 경제도 활성화하고 지구도 더 맑게 하는 날이 다가오기를 기대해 본다.

의사 창업가를 위한
기업가정신 교육의 필요성을 말하다

고락현

정형외과전문의·의학박사·원장
미래전략프로그램 1기

수조 원대 기업을 이끄는 의사 창업가의 등장

루닛, 박셀바이오, 오트템임플란트, 클래시스, 메디포스트, 안랩, 파미셀, 비바리퍼블리카, 웰마커바이오, 차바이오텍, 코렌텍 등은 상장·비상장 기업으로, 그 기업가치가 수천억 원에서 수조 원에 이르는 국내 기업들이다. 이들 기업의 공통점은 창업자가 의사라는 점이다.

세계 주요 국가들은 글로벌 금융위기 이후, 생존 전략으로 창업 및 기업가정신 강화를 강조하고 있다. 예컨대, 오바마 미국 대통령은 '창업 국가 미국Startup America'을 국가 비전으로 제시했으며, 유럽연합은 벤처 창업 및 기업가정신 활성화를 위한 10대 강령을 추진하고 있다. 세계 최고의 창업 국가 중 하나인 이스라엘도 '일자리를 찾는 대신, 직접 만들도록 돕는다'는 기조 아래 창업 지원을 아끼지 않는다. 인구 780만 명의 이스라엘에서는 벤처기업 수가 3,800여 개에 이르며, 인구 2,000명당 1명이 벤처기업 사장으로 창업이 매우 활발하다.

선진국들이 창업 및 기업가정신 활성화를 강조하고 대대적으로 지원하는 첫 번째 이유는 고용률 저하 때문이다. 글로벌 금융위기 후 취업의 어려움과 고학력 실업이 사회 문제로 대두되어 그 해결책으로 창업을 지향하고 있다. 두 번째 이유는 창업 및 기업가정신을 통한 국가 차원의 새로운 성장 동력 확보가 가능하기 때문이다. 국민소득 3만 달러까지는 생산요소의 투입으로 성장이 가능하지만, 그 이상의 성장은 기업가정신의 확산이 핵심이다.

미국에서는 국민소득 2만 달러를 달성한 시점[1988년]에 기업가정신 교육 확산과 함께 대학에서 정규 창업 교과목을 편성하기 시작했다. 밥슨대학이 기업가정신 학부를 신설한 뒤[1989년], MIT와 스탠퍼드대학을 포함한 400개 이상의 학교에서 기업가정신을 정규 교과목으로 도입했다. 카우프만 재단의 리더십센터 설립[1992년]도 기업가정신 확산에 기여했다. 애플, 구글, 페이스북 같은 대학원생 창업의 성공 사례가 미국의 신성장 동력이 되었다는 점은 잘 알려져 있다. 한국도 국민소득 4만 달러 시대로의 진입을 위해서는 창업 및 기업가정신의 확산이 매우 중요하다.

우리나라 의사 창업가가 적은 이유

해외 선진국에서는 국내처럼 '의사=진료'라는 유일한 등식만 있지 않다. 세계적인 제약 및 바이오 회사에서 일하는 의사들도 많으며,

혁신적인 아이디어나 특허로 창업하여 기업가로서 사회와 국가 경제에 기여하는 의사들도 많이 있다.

그러나 우리나라에서는 고등학교 이과 분야 상위 1% 안에 속하는 인재들이 대부분 의학과에 진학하고, 졸업 후에는 안정된 수입이 보장되는 진료 분야에서만 활동하고 있다. 의학과에 진학한 우수한 인재들이 의료 산업의 혁신과 발전을 위해 활동하지 않고, 단순히 안정된 수입을 추구하는 진료 분야에만 머무는 것은 아쉬운 상황이다.

과거에는 조선공학과, 금속공학과, 화학공학과, 기계공학과, 전자공학과, 컴퓨터공학과 같은 학과가 인기가 있었다. 이러한 학과에서 나온 인재들은 현재 국가의 주요 산업인 석유화학, 조선, 자동차, 철강, IT^{정보기술} 분야에서 국제 경쟁력을 강화하며 국부를 창출하는 데 크게 기여하고 있다.

이런 배경을 감안할 때, 의사들의 창업과 기업가정신을 유도하고 지원하기 위한 '의사 혁신가^{MD Innovator}' 프로그램의 도입이 시급하다. '의사 혁신가^{MD Innovator}'란, 창조적이고 혁신적인 의료 기술과 지식을 활용하여 경제적 가치를 창출하며, 그를 통해 인도적, 경제적, 국가적 차원에서 기여할 수 있는 혁신적인 의사를 의미한다. 이들에게 기업가정신을 깨우쳐 창업을 통한 혁신 활동을 촉진하는 것이 국가 경제 발전과 일자리 창출의 관점에서 중요하다.

첨단 기술과의 융합이 중요해지는 의료 산업

생명공학 기술과 정보 기술의 발전은 현대 사회의 핵심 원동력 중 하나로 각광받고 있다. 특히 의료 산업에서 이 두 기술의 접목은 그 중요성이 더욱 부각되고 있다. 의료 산업은 단순히 사람들의 건강을 회복시키는 것을 넘어, 국가 경제의 핵심 분야로 부상하고 있음을 확인할 수 있다.

전통적으로 의료 서비스 산업은 인력 중심의 노동집약적 산업으로 인식되어 왔다. 병원에서의 직접적인 진료, 수술, 간호 서비스 등은 전문적이고 숙련된 인력을 필요로 한다. 그러나 그뿐만이 아니다. 의료 서비스 산업은 지식 집약적인 특성도 갖추고 있다. 의학자나 전문가의 연구, 진단 및 치료 방법 등은 그 지식의 깊이와 폭을 필요로 한다.

이러한 특성 때문에 의료 서비스 산업의 고용 창출 효과는 상당하다. 실제로 여타 산업과 비교할 때 그 효과는 약 3배에 이른다고 한다. 이는 의료 산업이 단순한 서비스 제공을 넘어, 국가의 주요 경제 부문으로서의 역할을 하고 있음을 의미한다. 인구 고령화와 함께 전 세계적으로 의료 서비스에 대한 수요는 계속해서 증가할 것으로 전망되며, 이에 따라 의료 산업의 중요성은 더욱 커질 것이다.

생명공학 기술과 정보 기술의 접목은 이러한 의료 산업의 성장을 더욱 가속화시킬 것으로 보인다. 첨단 기술을 통해 더욱 효과적이고 효율적인 진료 방법, 치료제, 장비 등이 개발될 것이며, 이를 통해 더 많은 사람들이 더 나은 의료 서비스를 받을 수 있게 될 것이다. 또한, 이러한 기술적 발전은 의료 산업의 확장과 함께 국가 경제 발전과 일자리 창출에도 큰 기여를 할 것으로 기대된다.

의료 산업 변화를 위한 국가적 지원의 필요성

의료 산업이 변화를 달성하기 위해서는 의료 산업의 특성을 철저히 이해하고 국가적 지원을 결합시켜야 한다. 첫째, 의료 산업 내에서의 안전성과 신뢰성은 핵심적인 가치다. 따라서 신규 업체나 제품이 이 산업에 성공적으로 진입하려면 그 자체로 큰 도전이다. 선진국과의 기술력을 극복하기 위해서는 국가의 지원 정책이 필요하다. 둘째, 의료 산업은 정보의 비대칭성이 큰 산업이다. 주요 정보를 독점하는 공급자들이 수요자보다 우월적 위치에 있어 독과점 특성이 강화된다. 이로 인해 발생하는 문제들을 극복하고 산업을 변화시키려면 국가적 정책과 지원이 필요하다. 셋째, 의료 서비스는 공공재의 성격을 지니며, 이에 따른 정부 규제도 강하다. 규제의 영향으로 인해 산업의 성장이 제한될 수 있다. 산업의 지속적 발전과 변화를 추구하려면, 국가는 적절한 지원을 제공하며, 규제 환경을 재조정해야 한다.

결국 의료 산업이 진정한 변화와 발전을 추구하려면 국가의 강력한 지원이 필요하다는 것이 명확하다. 이를 통해 산업의 성장을 촉진하고 국민의 건강과 안전을 보호하는 새로운 패러다임을 구축해야 한다.

의사가 창업가로서 성공하기 좋은 장점

의료 ICT 융합 산업, 의료관광 산업, 의료 수출 등 의사를 필요로 하는 신산업이 등장하면서 의사 창업의 성공 사례는 국내외로 점차 늘어나고 있다. 의사들이 창업가로서 가진 장점을 살펴보면 다음과 같다.

첫째, 의사들은 긴 기간 동안 깊은 교육을 받아왔다. 이를 통해 축적된 지식을 기반으로 다양한 아이디어를 발굴할 수 있다. 둘째, 고령화 사회에서 환자와의 접점이 더욱 빈번하게 이루어진다. 이로 인해 '시장 = 환자'의 요구를 가장 정확하게 파악하는 집단이며, '공급자 = 기업가'로서의 역할을 언제든 수행할 준비가 되어 있다. 셋째, 의사는 의료 산업에서의 주요 수요자로서 제약, 의료기기, 의료 IT 서비스 등의 사용 경험을 통해 그 특성과 문제점을 직접적으로 파악하고 있다. 넷째, 의사들은 전문가 집단으로서의 특성을 갖추고 있음에도 다른 전문 직종에 비해 시장에 대한 반응성이 뛰어나다. 대다수의 의사는 개업을 통해 위험을 감수하고 불확실성에 도전한다. 소규모 팀부터 수백 명의 직원을 이끄는 대규모 팀까지 다양한 상황에서 책임감을 가지고 시장 상황에 민첩하게 대응한다. 이러한 경험을 바탕으로 과학적이면서도 직관적인 판단 능력을 보유하고 있다.

의과 대학에도 '기업가정신' 교육이 필요하다

미국 의사기업인협회 회장인 알린 메이어스는 말한다, "의사 중 소수의 1%만이 진정한 기업가정신을 지니고 있다." 이러한 소수의 의사가 의료 생태계를 혁신할 수 있는 열쇠를 가지고 있음을 인지하며, 그들을 선별하고 지원하는 것이 중요하다고 강조한다. 그렇다면, 이런 기업가정신이란 무엇일까?

유명 경제학자 슘페터는 창조적 파괴의 과정에서 기업가를 리더로 정의하며, 기업가에 의해 주도되는 새로운 혁신이 경제 발전의 중심이라고 주장했다. 피터 드러커는 기업가를 새롭고 이질적인 가치를 창조하는 경영자로 보았고, 기업가정신을 혁신적인 경영의 실천으로 정의하였다. 론스타드 교수와 스티븐슨은 기업가정신의 본질을 새로운 사업을 개척하거나 위험을 감수하는 정신으로 규정했다.

이렇게 다양한 정의 속에서 기업가정신의 핵심을 3가지로 압축해 보면, 첫째 '혁신', 둘째 '리더십', 그리고 셋째 '책임감'이다. 혁신적인 사고는 무에서 유를 창조하고 지속적인 변화를 추구하는 정신이다. 리더십은 타인을 독려하고 꿈과 비전을 공유하는 능력이며, 책임감은 주도적으로 행동하고 위험을 감수하는 태도를 의미한다.

이제 우리는 다시 의과 대학의 교육 체계로 돌아와, 이러한 기업가정신이 어떻게 통합될 수 있을지 고민해야 한다. 의사들은 지금 의료 생태계의 변화와 혁신을 주도해야 하는 중요한 주체이다. 의대 교육과정에서 기업가정신을 반드시 이수하는 과목으로 포함시킴으로써 의사들이 이러한 정신을 체득하고 의료 분야의 혁신 주도자로 성장할 수 있도록 해야 한다.

각국의 '기업가정신' 교육과 창업 지원을 위한 정책적 노력

주요 선진국들은 오랜 시간 동안 기업가정신 교육과 창업 지원에 큰 정책적 노력을 기울였다. 먼저 미국에서는 오바마 행정부 시절인 2011년 1월 31일에 기업가정신을 강화하고 창업 활동을 촉진하기 위한 민관합동 프로젝트인 'Startup America Initiative'를 발표했다. 이 프로그램의 주요 내용은 다음과 같다:

▷ 벤처 캐피털리스트와 투자자들은 20억 달러의 매칭 펀드를 구축했다.
▷ 창업 기업이 마주하는 규제를 줄이기 위해 노력하며, 기업가정신의 발전을 방해하는 요소를 제거하였다. 또한, 모든 국민이 참여할 수 있도록 온라인 플랫폼도 제공하고 있다.
▷ 해외 기업가들이 미국에서 창업을 하도록 유도하기 위한 정책을 시행했다. 2011년에는 국토안보부와 이민국이 고용 창출을 위한 외국 기업가 유입 방안을 발표하였다.
▷ 창업을 지원하기 위해 비즈니스 멘토들이 참여하는 프로그램을 확대하였다. 이 중에서 케이스재단(Case Foundation)과 커프만재단(Kauffman Foundation)은 창업 기업을 위한 멘토링 서비스를 제공하고 있다.
▷ 창업가들에게는 다양한 세제 혜택을 제공하며, 대학에서의 기업가정

신 교육도 강화하고 있다. 예를 들어, 스탠퍼드 대학의 STVP Stanford Technology Venture Program 와 샌디에이고 주립대학의 커넥트 CONNECT 프로그램과 같은 교육 프로그램은 2010년을 기준으로 3,000여 개에 이르고 있다.

둘째로, 이스라엘이 주목할 만한 모델을 제공하고 있다. 이스라엘은 20대 청년층에게 창업 교육에 특별한 투자를 하고 있다. 한국과 다르게 이스라엘 군 복무 기간 동안에는 군사훈련 외에도 다양한 교육의 기회를 제공한다. 예를 들어, 군대 내에서 수학적 재능을 가진 병사는 컴퓨터 관련 정보부대에 배치되어 프로젝트 그룹을 구성하고 고도의 시스템 개발 작업을 수행할 수 있다. 이로 인해 군대는 창업을 위한 인적 네트워크를 구축하는 장으로도 기능하고 있다.

이스라엘의 주요 대학들은 특허와 창업의 중심지로 작용하고 있다. 테크니온 공대와 히브리 대학을 비롯한 여러 대학에서는 학문적 성과를 상업화하고 학생 창업을 지원하기 위해 자체 자회사를 설립하고 운영하고 있다. 이밖에 이스라엘의 창업보육센터는 정부 주도로 설립되지만 실제로는 산업계에서 경험이 풍부한 민간인 매니저가 경영한다. 보육센터에 입주하게 될 창업팀은 유한책임회사 형태로 설립하며, 주식 배분은 창업주 50%, 종업원 10% 이상, 투자자 20% 이내, 그리고 보육센터 20% 이내로 지침을 설정하고 있다. 또한, 헤즈넥 펀드와 요즈마 펀드와 같은 기관을 통해 창업자들에게 자금과 멘토링 지원을 병행하여 제공하고 있다.

셋째로, 일본도 창업 활성화를 위한 다양한 제도와 정책을 도입하고 있다. 먼저 신 창업융자제도는 예비 창업자의 사업계획서를 평가한 후, 상업적 가치가 있는 것으로 판단될 경우 무담보, 무보증으로 대출을 지원하는 제도다. 이 제도의 주요 대상은 제조업 분야에서 고용 창출이 예상되는 예비 창업자와 기술적 아이디어를 사업화하려는 예비 창업자들이다.

투자 연계형 멘토링 제도도 운영 중이다. 중소기업 투자육성주식회사는 주식 인수, 신주 인수권 및 신주 인수권부 사채 인수, 그리고 컨설팅을 통해 중소기업의 재무 건전성뿐만 아니라 지속적인 성장을 도모하도록 지원한다. 이러한 멘토링 서비스는 창업 기업에게 다양한 상담 창구를 제공하여 창업 과정에서의 필요한 조언, 다른 분야와의 연계, 비즈니스 매칭 기회 및 전문가의 지도를 제공하며, 필요한 경우에는 투자를 통한 자금 지원도 함께 제공한다.

재도전 지원 제도는 창업 실패 경험이 있는 기업가가 다시 창업을 시도하려 할 때 필요한 자금을 지원하는 제도다. 특히 재도전 보증 제도는 재창업을 위한 자금 보증을 제공하며, 재도전 지원 융자 제도는 창업 실패 후 어려운 상황에 처한 기업가에게 재창업을 위한 자금 융자를 지원하는 제도로 운영되고 있다.

넷째로, 독일의 사례를 살펴보면, 2002년에 출범한 슈뢰더 정부는 대량 실업 문제를 해결하기 위해 '하르츠 노동시장 개혁'을 시행하여, 구명자금 제공 및 개인기업 창업 지원을 강화하였다. 해당 개혁의 일환으로, 실업자가 개인 기업을 창업할 때 그 소득이 25,000유로를 초과하지 않으면 최대 3년 동안 고용안정센터에서 창업보조금을 지원받을 수 있다. 더불어 창업 환경을 개선하기 위한 규제 완화 정책도 도입하였다.

과거 독일은 수공업이 국내총생산의 8%를 차지하는 등 경제에서 중추적인 역할을 하였다. 하지만 1990년대에 수공업이 쇠퇴하면서 기존에 강하게 요구되었던 마이스터 자격이 창업의 장애물로 작용하기 시작했다. 이에 따라 독일 정부는 마이스터 제도를 포함하여 여러 규제를 완화하는 방향으로 정책을 수정하였다.

다섯째로, 영국 정부는 1997년 '서드 스트림 미션Third Stream Mission' 정책을 통해 대학들이 지역사회와 산업과 더 밀접하게 협력하도록 권장하였다. 이로 인해 대학들은 자신들의 연구를 실제 사업으로 전환하고 확장하는 데 더욱 집중하게 되었다. 이를 지원하기 위한 '서드 스트림 펀딩Third Stream Funding' 프로그램은 기술 기반의 스타트업 지원, 창업 교육, 기업과의 협력 강화, 그리고 대학과 산업 간 협력을 위한 다양한 프로그램으로 구성되어 있다.

기업가정신 교육 프로그램은 무엇인가

기업가정신은 개인적 특성 영역에 속한다고 할 수 있으며, 이는 기업가정신이 학습될 수 있고 훈련될 수 있음을 의미한다. 최근 많은 대학과 비즈니스 관련 훈련 기관에서 창업과 기업가정신 관련 교육 프로그램을 운영하고 있다. 특히 미국에서는 기업가정신에 대한 교육이 굉장히 활성화되어 있다. 미국의 창업 관련 인구는 전체 인구의 10~22%에 달하며, 대부분의 미국 대학에서는 기업가정신 교육 프로그램을 제공하고 있다. 최근 미국 고등교육 관련 데이터에 따르면 석·박사 과정 둘 다 있는 총 888개의 미국 대학 중 90% 정도가 기업가정신에 대한 학위과정을 가지고 있다. 미국 대학생들의 기업가정신 혹은 창업에 대한 니즈가 증가함에 따라 전통적으로 기업가정신 교육 프로그램을 운영하던 비즈니스 스쿨뿐만 아니라 공과대학, 의과대학, 간호대학, 농과대학, 법과대학까지 거의 모든 단과대학에서 창업과 기업가정신 관련 과목들이 개설되는 추세다.

새로운 비즈니스를 시작하고 새로운 시장에 진입하는 것은 이미 시장 내에서 자리를 잡고 있는 기업 혹은 사업을 관리하는 것, 즉 기존의 경영학 석사과정^{MBA}과는 다르다. 실제 기업가정신 교육 프로그램을 살펴보면, 크게 사업계획 및 비즈니스 모델 작성, 창업에 필요한 역량 개발, 기업가적 사고방식 교육, 그리고 실제 경험을 통한 학습에 중점을 둔 프로그램으로 구성되어 있다. 따라서 대부분의 기업가정신 교육의 목적은 창업의 어려움과 시장 진입의 불확실성을 포함하며, 교육을 받은 학생들과 수강생들이 기업가정신 프로그램 이수를 통해 실제 창업할 수 있도록 지식과 역량을 개발하는 데 중점을 둔다.

기업가정신 교육을 통해 얻을 수 있는 것

기업가정신 교육은 창업과 새로운 사업을 시작하는 데 필요한 다양한 지식과 스킬을 제공한다. 이러한 교육은 협상, 리더십, 신제품 및 신서비스 개발, 창의적 사고, 그리고 기술 혁신과 같은 필수 요소에 중점을 둔다. 그러나 교육의 범위는 이러한 기본적인 요소들만으로 제한되지 않는다.

최근 기업가정신 교육은 기회 인식 및 평가, 위험 관리, 자기효능감, 네트워크 능력, 가치 창조, 창의적 문제해결과 같은 기업가 역량 개발에 더욱 초점을 맞추고 있다. 이러한 역량은 창업자나 기업가로서 성공하기 위한 핵심 요소로 여겨진다.

또한, 교육 프로그램은 단순한 지식 전달에 그치지 않고 경험적 학습을 강조한다. 사업계획 수립, 신사업 컨설팅, 컴퓨터 시뮬레이션, 행동 시뮬레이션, 실제 기업가와의 인터뷰, 사례 연구, 비디오를 활용하는 방법 등을 통해 학습자는 실질적인 경험을 얻게 된다.

이러한 교육을 통해 개인들은 창업에 필요한 동기와 자신감을 갖추게 된다. 실제로 기업가정신 교육에 참가한 많은 사람들이 기본적인 사고방식과 더불어 창업에 필요한 자신감을 키울 수 있다는 것이 여러 연구를 통해 밝혀졌다.

고령화 시대, 기업가로서 의사의 새로운 역할

미래학적 관점에서 볼 때, 다가올 20년은 대한민국에 큰 변화를 가져올 것이다. 특히 고령화와 그로 인한 사회적, 경제적 영향은 중대한 고려사항으로 떠오르고 있다. 고령화는 단순히 인구의 구성 변화만을 의미하는 것이 아니라 생산성의 저하, 연금 체계의 변화 등 다양한 사회적 위험요소를 수반한다.

그러나 이러한 고령화가 가져오는 변화와 위기 속에서도 새로운 기회와 가능성이 엿보인다. 고령화 사회에서 의사는 단순한 치료자의 역할을 넘어서 환자와 그 가족, 그리고 사회 전체에게 건강한 노후 생활을 제공하는 역할을 할 수 있다. 스마트 헬스케어나 맞춤형 건강관리와 같은 혁신적인 의료 기술이나 서비스는 고령자의 삶의 질을 향상시키는 데 기여할 수 있다. 이러한 변화의 중심에서 의사들은 그 지식과 전문성을 활용하여 산업의 중심 플레이어로 부상할 수 있다.

따라서 미래를 대비하여 의사들의 교육 과정에는 기업가정신과 창업 관련 교육이 포함되어야 한다. 이는 미래의 고령화 사회에서 의사들이 새로운 시장 기회를 파악하고 이를 통해 신성장 동력을 창출하는 데 중요한 역할을 할 것이다.

결국 미래의 대한민국은 고령화를 맞이하며 다양한 위기와 기회를 동시에 경험하게 될 것이다. 이러한 변화 속에서 의사의 역할은 더욱 중요해질 것이며, 그들의 새로운 역할은 대한민국의 미래 신성장 동력으로써 큰 기대를 모으게 될 것이다.

기후변화 대응과 블루카본을 말하다

안진우

해양수산부 사무관
미래전략프로그램 9기

도전적인 탄소중립, 정의로운 탄소중립을 그리는 연구를 꿈꾸다

IPCC는 1990년 제1차 보고서부터 기후변화의 원인이 인간 활동일 수 있다는 가능성을 제기하고 점차 그 가능성을 높게 판단하였으나, 6차 보고서는 그 원인을 인간 활동으로 단정지었다. 정확히는 의심의 여지가 없다고 표현하였다. 따라서 기후변화 연구의 패러다임은 그 원인을 규명하는 것에서, 기후변화에 대응하기 위해 어떻게 사회와 기술을 바꿔나가야 하고 얼마나 갈등을 잘 관리하며 기후변화 대응 활동을 해나가야 하는지에 대한 연구가 더 활발해질 것이라고 생각한다. 특히 도전을 기대하는 분야는 두 가지로 생각한다.

첫째, 도전적인 온실가스 감축 기술 개발을 위한 연구가 활발해지길 기대한다. 탄소 포집·이용 및 저장CCUS, 직접 공기 포집DAC, 지구공학Geoengineering과 같이 지구에 배출된 온실가스를 감축하는 보완적인 기술의 개발이 병행되어야 한다고 생각한다. 물론 화석연료에만 의존한 기존의 인간 활동을 바꾸지 않는 것은 지속가능하지 않다는 의견에 공감한다. 다만, 현재의 전력 생산 방식을 단번에 개혁하고 화석연료 사용을 완전히 종식하기란 아직은 먼 이야기라고 생각한다. 지구에는 다양한 국가와 삶의 양식이 있으며 그 차이는 가까운 시일 내에 좁히기 어려울 것으로 생각한다. 보완적 의미에서 혁신적인 온실가스 감축 기술을 도입하고 적절한 기회에 활용할 수 있다면 오히려 온실가스 감축 사회로의 전환 과정에서 종종 불거지는 국가, 사회, 지역 간의 불공정 문제를 해결하는 데에도 기여할 수 있을 것으로 본다.

둘째, 기후변화 대응 전략을 수립하고 이행해 나가는 과정에서 이행 방안과 이행이 이뤄지는 집단, 지역사회의 특성을 고려한 상생 방안을 고민하는 연구가 활발해지길 기대한다. 2021년 제정된 '기후위기 대응을 위한 탄소중립·녹색성장 기본법'에 따르면 '정의로운 전환'이라는 개념이 있다. 이는 탄소중립 사회로의 이행 과정에서 직간접적인 피해를 입을 수 있는 집단이나 지역의 취약성을 최소화하고 보호하며 탄소중립을 이행하자는 의미이다. 블루카본 증진 방안을 사례로 들면, 국가는 구체적인 이행 방안으로 연안 습지를 복원하고 해양 보호구역을 확대할 수 있다. 다만 이 과정에서 복원 지역과 보호구역이 설정된 연안 지역과 연안에서 여러 활동과 경제적 이익을 향유하는 사람들은 직간접적인 손실을 입게 될 우려가 분명히 있다. 화력발전소의 폐쇄, 해상풍력 발전단지 건립 등 사례를 찾고자 하면 아마 거의 모든 분야에 잠재적 갈등 또는 이미 현실이 된 갈등이 있을 것이다. 따라서 이행 방안이 얼마나 효과적인지에 더하여, 예상되는 갈등과 갈등 해결 방안에 대한 연구까지도 이뤄지면 좋겠다는 기대가 있다.

기후변화 대응의 숨은 보물, 블루카본

블루카본은 해양 생물체가 흡수하고 저장하는 탄소를 의미한다. 육상의 나무가 이산화탄소를 흡수하여 줄기와 뿌리, 인근 토양에 저장하는 것은 많이 알려진 사실이다. 유사하게 연안 습지의 염생식물과 해초대, 맹그로브 숲, 해조류와 같은 해양 생물체도 탄소를 흡수하며, 그 탄소가 체내에 축적된 상태로 해저 퇴적물이 되면, 인위적인 개입이 없는 한 오랜 기간 동안 바다에 저장된다. 지구의 허파로 알려진 열대우림의 탄소 흡수와 저장 능력과 비교한 여러 연구에 따르면 맹그로브와 연안 습지는 성숙한 열대우림보다 열 배 빠른 속도로 탄소를 흡수하고 제거한다. 또한, 같은 면적을 비교했을 때 열대우림보다 3배에서 5배까지 더 많은 탄소를 저장한다. 이로써 기후변화를 완화하기 위한 하나의 수단으로 블루카본을 활용하려는 추세가 높아지고 있다. 많은 국가가 NDC에서 블루카본에 대해 언급하고 있으며, 우리나라도 연안 습지를 복원하고 보호하여 해양 생태계를 건강하게 유지하여 블루카본을 확충하고자 하며, NDC뿐만 아니라 여러 국가의 계획에 이를 포함하고 있다. 기후변화가 매우 빠른 속도로 진행되고 있기 때문에 도전적으로 기후변화 완화 수단을 도입해야 하는 시점에서 블루카본을 증진하는 일은 그 중요성이 크다.

2013년 IPCC는 습지의 흡수량 산정에 관한 지침을 만들었는데, 이때 포함된 블루카본은 연안 지역의 맹그로브 숲, 염생식물 서식지, 해초대 서식지 3개였다. 본 지침에 따라 미국, 호주, 우리나라만이 연안 생태계의 탄소 흡수량, 즉 블루카본을 산정했다. 구체적인 국가 통계로 산정하지 않더라도 중국, 인도네시아, 베트남 등 여러 국가가 블루카본에 큰 관심을 두고 있다. 다만, 현재까지 블루카본에 대한 관심은 대부분 맹그로브에 집중되어 있다. 열대 및 아열대 지역의 연안에 폭넓게 분포하며 탄소 흡수량이 많기 때문에 실제로 맹그로브 서식지가 있는 국가든, 혹은 없더라도 블루카본에 관한 국제 협력을 준비하는 국가들은 맹그로브를 가장 주된 블루카본으로 보고 있다. 그러나 우리나라의 연안이라 하면 모두가 떠올리는 그림에는 맹그로브는 없다. 염생식물 서식지나 해초대는 우리나라 연안에도 분포하고 있지만 아마 익숙하지 않을 것이다. 우리나라 연안 습지의 가장 큰 특징은 바로 식생이 없는 갯벌이 광활하게 펼쳐져 있다는 것이다. 또한 바닷속을 들여다보면 익숙한 것이 해조류이다. 대한민국이 지닌 자연환경적 맥락에서 가장 큰 차이점은 바로 식생이 없는 갯벌과 해조류처럼 기존에 국제사회가 합의된 산정 근거를 아직 마련하지는 않았으나 향후 유력한 블루카본의 원천으로 판단되는 생태계가 주류라는 것이다. 따라서 주류 블루카본인 맹그로브가 아니라 연안의 갯벌, 해조류로 이뤄진 바다숲 등을 적극 활용하고 포함하고자 한다는 차이가 있다.

블루카본에 관한 거시환경 요인의 통합적 접근(STEEP 분석)

STEEP는 거시환경 요인을 분석하는 데 유용하게 쓰이는 도구로, STEEP은 각각 사회 Social, 기술 Technological, 경제 Economic, 환경 Environmental, 정치 Political 영역의 외부 요인을 의미한다. 거시환경 요인을 종합적으로 고려하고 의사결정에 활용하여 미래전략을 수립하기 위한 도구로 사용되기도 한다. 특히 블루카본과 같이 과학기술과 정치사회적 의미를 다각적으로 지니는 주제에서 유용성이 있다고 생각한다. 블루카본 증진을 위한 국가 전략을 수립하기 위한 연구를 진행하면서 선행 연구를 탐색해 보았는데, 전략에 대한 남긴 전략들은 매우 다양한 영역에서 이뤄진 연구로부터 도출되었음을 알 수 있었다. 한 국가에 분포한 블루카본 생태계와 탄소 흡수량에 초점을 둔 연구, 탄소시장의 새로운 온실가스 감축 수단으로 초점을 둔 연구, 개도국 사례 분석을 통해 주민 복지 향상과 주민 참여 강화에 초점을 둔 연구 등 방향이 매우 폭넓었다. 따라서 블루카본을 둘러싼 거시환경과 밀접하게 연관되어 제기된 전략들을 자의적으로 분류하고 묶는 것보다는 STEEP의 틀을 이용하는 것이 효과적이며 효율적이라고 판단했다. STEEP을 틀로 삼아 선행 연구의 관점들을 나누다 보니, 블루카본이 과학적으로, 사회적으로, 경제적으로 어떤 미래 이슈들을 안고 있는지 조망하는 작업이 기존에 비해 수월했다.

전문가들의 눈을 통해 블루카본 전략 아이디어를 엿보다

델파이 방법론은 관련 분야 전문가들에게 최소 2회 이상의 질문을 통해 합의점을 도출하고 인사이트를 발견하는 작업이다. 특히 충분한 데이터가 부족한 미래 연구에서 종종 사용된다. 델파이를 통해 미래에 대한 합의점을 찾기도 하고, 적합한 미래전략의 방향성을 도출하기도 한다. 필자는 기후변화 완화 수단으로써 블루카본을 증진하기 위해 델파이 방법론을 사용했다. 특히 대한민국의 맥락에 적합할 수 있도록 국내 전문가 집단을 대상으로 실시했다. 이러한 델파이를 통해 전략 초안의 타당성을 검증하면서 기대했던 것은 선행 연구에서 얻을 수 있는 방향의 한계를 넘는 것이었다. 그리고 실제로 몇 가지 답변은 우리나라의 맥락에서 나아가야 할 방향에 좋은 통찰을 제공해 주었다고 생각한다. 먼저 블루카본 국제 공인에 관한 점이다. 우리나라는 기존 IPCC 지침에 포함되지 않은 갯벌, 해조류 등 잠재적인 블루카본을 활용하고자 한다는 특징이 있다고 말씀드렸다. 다만, 다른 국가가 처한 환경적 맥락은 다르기 때문에 선행 연구들은 새로운 블루카본을 과학기술적 측면에서 연구의 주요 대상으로 삼았다. 하지만 델파이 설문을 통해, 우리나라의 경우 과학기술적 측면뿐만 아니라 정치적 측면에서도 국제 협력을 통해 블루카본 국제 공인을 추진해야 한다는 의견이 제기되었고 이를 최종적인 전략안에 포함할 수 있었다. 다음은 외래종의 영향에 대한 점이다. 초안은 외래종이 미치는 위험 분석이 필요하다는 전략을 포함하고 있었다. 그러나 설문에서 기후변화가 가속화되고 확실해진 상황이므로 우리나라 연안 생태계에 유입될 외래종의 긍정적·부정적 영향을 종합적으로 평가할 필요가 있다는 주장이 있었다. 현재는 유해생물로 관리 중인 갯끈풀의 탄소 흡수 능력이 우리나라 연안 습지의 토착 식생보다 높다는 주장이 있다. 일부 학자들은 아열대화에 대비하여 미리 우리나라 연안에서 맹그로브가 서식할 수 있을지 평가하자는 주장을 하기도 한다. 다른 후속 연구가 뒷받침되어야겠지만, 전혀 타당성이 없는 주장들은 아니라고 생각한다. 블루카본의 유망한 흡수·저장원이 될 만한 외래종을 선별하여 이용하되, 한반도 연안의 토착종과 어우러져 연안 생태계의 건강성을 담보할 수 있도록 적정 수준에서 활용하고 관리한다면 기후변화 완화에 더 효과적인 연안을 조성하는 방법도 있지 않을까 아이디어를 얻게 되었다.

블루카본 전략에 있어 미래 환경 영향 분석과 지역사회의 중요성

우리나라의 맥락에 맞춰 블루카본 증진을 위해 종합적인 전략을 수립한 연구가 수행된 적은 없기 때문에 모든 전략이 나름의 영향을 미칠 것으로 생각한다. 다만 하나를 꼽자면, 환경 측면의 전략 중 '블루카본 생태계의 미래 환경 영향 분석' 전략이 큰 영향을 미칠 것으로 본다. 이 전략은 '해수면 상승, 해양 산성화 등 미래 기후변화 양상별 영향 조사·분석'과 '외래종이 미치는 영향 분석 및 관리·활용 방안 개발'의 두 가지 세부 전략으로 구성되어 있다.

이 전략이 큰 영향을 미칠 것으로 생각하는 이유는 현재의 시각에서 수행되고 있는 블루카본 증진 활동을 보완하기 위해 미래 환경을 고려할 필요성이 크다는 점을 알려주기 때문이다. 실제로 한반도의 해수면 상승은 세계 평균보다 빠르게 진행되어 왔고, 해수면 온도 역시 마찬가지다. 해양 산성화에 대한 명확한 관측 데이터는 부족하지만 IPCC 보고서 등에 따르면 주요한 해양의 기후변화 현상 중 하나로 예상된다. 현재 정부와 관심 있는 민간에서는 갯벌 복원, 바다숲 조성 등 연안 생태계 보호 및 복원 활동을 벌이고 있다. 다만 기후변화 영향을 고려하면 미래에도 지금의 보호 및 복원 방식이 과연 최적일지에 대해서도 고민해 볼 필요가 있다고 생각한다. 기후변화 추세에 따라 적합한 식생이 달라질 수 있고, 지속적으로 유지하기에 더 적합한 복원 지역을 찾고자 하는 노력을 병행해야만 먼 미래에도 유효한 보호 및 복원 활동이 될 것이다.

물론 미래가 도래하면 새로운 미래를 향해 행동을 바꿔나가야 할 것이다. '외래종이 미치는 영향 분석 및 관리 및 활용 방안 개발'도 같은 맥락에서 의미가 있다고 본다. 한편, 사회 측면의 전략의 영향도 언급하고 싶다. 해외의 블루카본 생태계 보호 및 복원 사례는 대부분 지역사회의 참여를 통해 이루어졌다. 그 이유는 개도국이 대상 지역이었으며, 블루카본 생태계의 분포가 연안 지역사회의 경제활동 구역과 겹쳤기 때문이다. 어로 활동뿐만 아니라 개간, 땔감 채취의 현장이었기 때문에 지역사회와 협력하고 그들의 생활수준을 유지할 수 있는 방안을 고민하는 것이 중요했다. 대한민국의 경우도 갯벌 복원, 바다숲 조성을 추진하며 지역사회와 긴밀히 협의하여 진행하고 있다. 그러나 블루카본의 가치를 조명하고 여기서 파생되는 탄소 시장에서의 수익 활동, 기업 ESG 활동 등과 결부할 수 있는 새로운 수단이 더 발굴될 수 있지 않을까 생각한다. 이익 공유, 자발적 연안 관리 참여 등 더 다양한 지역사회 참여의 양상을 만들어나갈 수 있을 것이라 기대한다.

대한민국의 기후변화 대응의 미래 전략과 국제 리더십

블루카본은 여러 가지 기후변화 완화를 위한 수단 중에서도 블루오션이라고 생각한다. 기존 산업계의 탄소 감축, 산림 복원, 신재생 에너지 증대 등의 계획은 비교적 과거부터 선명하게 논의되어 왔다. 하지만 블루카본은 그렇지 않았다. VCS^{Verified Carbon Standard}, GS^{Gold standard}와 같은 자발적 탄소시장은 물론 우리나라의 배출권 거래제 시장 같은 규제적 탄소시장에서도 블루카본을 대상으로 한 사업과 거래 건수는 없다. 특히 국내에서는 단 한 건도 없다. 앞서 말한 대로 IPCC의 지침에서도 블루카본은 제한적으로만 포함되어 있다. 아직 주류 사회와 과학계의 관심 밖이었기 때문이다.

하지만 지금 세계 각국은 각자가 보유한 해양 자원을 십분 활용하여 블루카본 논의의 주도권을 가지려 하고 있다. 세계의 과학자들은 이미 갯벌, 산호, 해조류, 패각, 대륙붕 퇴적물 등 다양한 잠재적 블루카본을 찾고 있다. 맹그로브를 아이템으로 국제기구와 협력하거나 국제 회의체에서 논의를 주도하려는 국가들 역시 여전히 많다. 유엔 기후변화협약 체제에서는 이미 산림에 관한 별도의 프레임워크가 만들어지고, 산림 보호 및 복원으로 개도국과 선진국 간의 교류가 활발하게 이루어졌던 경험이 있다. 자연과 함께 지속가능한 미래를 만들면서 기후변화 완화에 기여할 수 있는 가장 유망한 다음 아이템은 블루카본이 될 가능성이 높다고 본다.

블루카본이 기후변화 대응의 주요 이슈로 부상할 미래에 대한민국은 기후변화 대응에서 전 해역의 갯벌과 해조류 등 블루카본 생태계를 활용하여 실질적으로 기후변화 완화에 기여할 수 있을 것이다. 아울러 국내에서 기후변화 완화 실적을 확보한 경험을 바탕으로 국제 사회에서 협력 사업을 함께 추진하고 블루카본 의제를 논의하는 데 있어 선도적인 역할을 충분히 할 수 있을 것이다. 국가 차원에서 보면 대한민국이 새롭게 그릴 수 있는 기후변화 대응의 미래는 블루카본을 수단으로 매년 100만 톤 이상의 탄소를 흡수하고, 국제사회에서 블루카본 의제를 선도하는 국가로 발돋움하는 것으로 본다.

해양환경 보호의 진정한 의미가 널리 받아들여지길 기대하며
블루카본에 관한 연구에서 앞으로 기대하는 점은 지역사회와 어떻게 협동할 수 있을지에 대한 활발한 연구다. 많은 연안 지역이 매립과 개발로 손실된 우리나라에서 어쩌면 연안의 보호·복원은 개인적 바람과 달리 많은 갈등을 야기할 수도 있겠다고 생각한다. 따라서 연안을 이용하는 지역사회의 인식을 어떻게 바꿔내고 또한 어떤 유인을 제공하여 블루카본 증진에 동참할 수 있게 할지 깊은 연구가 필요하다고 본다. 이를 통해 블루카본 증진에 있어 지역사회가 동참하는 획기적인 방안이 나오기를 기대한다.

또한, 제2의 맹그로브를 발굴하는 연구를 기대한다. 탄소를 흡수하고 저장하는 갯벌의 가치를 확인하는 우리나라의 연구처럼 각 국가의 관할 해역에서 일어나고 있는 해양생태계의 탄소 흡수 저장 능력을 규명하여 잠재적인 블루카본의 원천들이 지닌 가치를 찾아내는 연구가 활발해지길 기대한다. 바다 공간 곳곳에서 탄소 흡수·저장의 단서를 발견하고 증명할 수 있다면, 이는 기후변화 대응의 차원에서 뿐만 아니라 지속가능하고 깨끗하게 바다를 이용하는 차원에서도 긍정적으로 기여할 수 있을 것이다.

위와 같은 연구를 기대하는 이유는 다름 아니라 연안 보호·복원 활동에 대한 인식 개선을 개인적으로 희망하기 때문이다. 기후변화가 실재하는 현상이자 위기를 일으키는 문제라는 점이 과학적으로 증명되었음에도 아직 의심하는 경우가 있다. 기후변화뿐만 아니라 환경 문제는 많은 경우 가치관이나 신념의 문제에 국한된 것으로 치부되기도 한다. 이런 경우 아무리 좋은 제도와 수단을 개발하여도 사회에서 지지를 받기 쉽지 않다. 따라서 개인적인 기대로는 블루카본 연구를 시작으로, 연안 지역 환경과 미래 해양 자원의 보전 등 지속가능한 해양의 이용이 환경적·경제적·사회적 이익으로 직결되는 것이며, 해양환경 보호가 중요하다는 사실을 머리와 가슴 양쪽에서 받아들일 수 있으면 하는 바람이 있다.

남북통일을 둘러싼 남남갈등의
선제적 갈등관리를 말하다

윤채우리

KAIST 문술미래전략대학원 석사
미래전략프로그램 8기

남북통일을 바라보는 세대 간의 다른 시선들,
현재 우리 통일의식의 현주소는?

최근 몇 년간 한반도는 다양한 사건 속에서 영향을 받으며 혼란의 시기를 겪고 있다. 특히 남북관계는 계속해서 여러 변수가 작용하며 급변 중이다. 2018년 북한이 '민족의 대통로를 열겠다'며 전격적으로 평창 동계올림픽 참가를 결정하였고, 그해 3차례의 남북정상회담이 이어지면서 남북관계도 진전되는 듯 보였다. 그러나 2019년 2월 베트남 하노이에서 열린 미국과 북한과의 정상회담이 결렬되면서 남북관계는 다시 주춤하였고, 2020년 남북공동연락사무소 폭파와 2023년 현재 북한의 잇따른 무력 도발과 핵 위협으로 남북관계는 긴장 상태를 이어가고 있다.

실제로 최근 통일과 관련해 서울대학교 통일평화연구원이 발표한 〈2023 통일의식 조사〉 결과를 보면, '통일이 필요하지 않다'는 응답이 29.8%로 관련 조사를 시작한 2007년 이래 가장 높았다. 반면에 '통일이 필요하다'고 응답한 비율은 43.8%로 조사 이래 가장 낮았다. 특히 주목할 만한 점은 젊은 층을 중심으로 통일에 대한 부정적 인식이 크다는 것이다. 연령별로 보면 20대가 41.3%로 부정적 인식이 가장 높았고, 30대도 35%로 높은 수준이었다. 통일에 대한 의식이 과거와는 다른 양상을 보이고 있는 것이다.

통일·북한에 대한 세대 간의 의식 차이는 여러 구조적 요인에서 기인한다. 최근 우리나라는 취업난과 부동산 가격 폭등, 코로나 상황 악화까지 여러 어려움에 직면해 있다. 이런 상황에서 이미 자리를 잡은 대부분의 기성세대들과 취업난 등에 시달리는 20대의 인식은 차이가 있을 수밖에 없다. 경제 상황 및 일자리의 기회가 잘 예측되지 않는 상황에서 젊은 세대들에게 통일 담론은 가깝게 느껴지기가 어렵다.

또한, 북한에 대한 경험 차이도 고려해야 할 부분이다. 기성세대들은 어렸을 때부터 '우리 민족의 소원은 통일'이라는 전제 아래 교육을 받았다. 물론 중간에 남북관계 경색 기간도 있었지만, 그 외에도 베를린 장벽 붕괴, 독일 통일, 9.19 공동성명, 남북정상회담, 이산가족 상봉, 스포츠에서의 남북 단일팀 등 북한과의 긍정적 흐름도 겪는 등 북한에 대한 기본적인 공감대를 형성해 왔다. 그러나 현재의 젊은 세대들은 천안함 폭침, 연평도 포격 사건, 목함지뢰 사건, 북한의 핵 실험 등 여러 부정적인 안보 이슈를 겪으면서 북한에 대해 긍정적 이미지나 친밀감을 가지기 어려우며 한 민족으로서 누릴 수 있었던 이익의 경험이 없다는 것도 원인으로 파악된다. 이러한 구조적 요인들이 계속 쌓이면서 객관적인 이해관계에 대해 특정 세대가 느끼는 거리감과 부담감, 부정적 인식이 커지게 된 것으로 보인다.

남남(南南)갈등이란 무엇인가?

남남갈등은 넓은 의미에서 한국사회 내부의 이념 갈등, 지역 갈등, 세대 갈등 등 다양한 갈등을 포함한다. 따라서 여러 가지 의미로 해석될 수 있지만, '남남南南'이라는 개념은 '남북南北'에 대한 대칭적 표현이라는 점에서 기본적으로 남북갈등을 전제로 했다. 그렇기 때문에 남북문제로 파생되는 대북·통일 정책, 통일문제와 관련한 한국사회 내의 제반 갈등 현상을 남남갈등이라고 볼 수 있을 것이었다. 기존에는 남남갈등이 보수와 진보로 나뉘어 이념 간 갈등으로 정의되는 경향이 많았지만, 시간이 흘러 인구 구성이 바뀌고 사회의 흐름이 달라지면서 남북관계 및 통일에 대한 세대 간 의식 차이가 커지고 있다. 이로 인한 갈등이 불거지면서 이제는 남남갈등을 단순히 이념 대립으로만 볼 것이 아니라, 의미를 확장시켜 사회현상을 제대로 분석해 볼 필요성이 더욱 커졌다. 따라서 본 연구에서의 남남갈등은 남북관계 및 통일과 관련한 남한 내부의 세대 간 갈등으로 그 범위를 제한했다.

다렌도르프의 갈등 이론을 통해 본 한반도의 세대 간 통일의식

본 연구에서는 다양한 갈등 이론 중 다렌도르프의 '갈등의 합리적 전개 모델'을 활용하여 통일의식 조사에서 나타난 남남갈등의 양상에 대해서 살펴보았다. 다렌도르프는 사회 안에 늘 갈등이 존재하고 갈등이 사회 변화의 주요 동인으로 작용한다고 주장했기 때문이다. 기능이 아닌 갈등을 중심으로 사회를 분석하면서, 경제적 계급보다는 정치적 권력이나 사회적 권위 등에 기초한 계층 간 갈등 분석에 집중한 것이 특징으로, 갈등의 원천을 다원주의적 측면에서 바라봤다. 특히 최근의 세대 간 차이 등 각 집단의 통일에 대한 의식 차이가 커지고 있고 갈등 집단이 등장하면서 사회구조 안에서의 변화 및 갈등관리 등에서 이 모델이 우리 사회에 주는 시사점이 클 것으로 판단했다.

갈등 전개로 바라본 현대 한국의 사회적 모습

갈등에는 반드시 그 원인과 조건이 수반되며, 조직 또는 집단의 모든 구성 요소는 갈등 발생의 잠재성을 가지고 있다고 할 수 있다. 그러나 잠재성만으로 갈등이 발생하는 것은 아니며 여기에 일정한 조건이 부여될 때 비로소 갈등이 발생한다. 이 단계는 잠재적 갈등이 내재된 시기로, 잠재적 갈등이란 객관적이고 구조적 요인에 의해 규정되는 상황이다. 갈등 조건이 존재하며 갈등 당사자들이 이를 지각하고 있으나 외면적인 행위는 감추어진 상태이다.

우리 사회에 이 흐름을 적용해 볼 때, 취업난과 부동산 가격 폭등 등 열악한 사회 현실, 세대 간 북한에 대한 경험 차이의 심화, 북한에 대한 민족적 동질감 공유의 기회 부족, 세대 간 통일교육 유무 여부, 통일 관련 비용 지불에 대한 부담 가중, 세대별 기본적인 특징 차이 등을 구조적 조건으로 볼 수 있었고, 이를 잠재적 갈등 단계라고 판단하였다.

이러한 구조적 요인들이 계속 쌓이면서 객관적인 이해관계에 대해 특정 세대가 느끼는 거리감과 부담감, 부정적 인식이 커지게 되었다. 사람들은, 왜 굳이 통일을 해야 하는지, 통일을 하게 되었을 때 책임져야 할 통일 관련 비용과 같은 경제적 부담이나 사회 문제에 대한 불안과 혼돈은 어떻게 해결할 것인지 등 이해관계의 변화라는 맥락에서 현실을 인식하게 되었다. 동시대를 살면서 비슷한 경험을 하는 젊은 세대 간에는 이런 현실에 대해 공감대를 형성하면서 집합적 인식은 더욱 명확해졌다. 집합적 인식이 강화되면서, 자신들 세대가 손해를 보거나 희생한다는 생각이 커지면서, 사회의 체제나 정책에 대해 불만과 이의가 확산되고, 불만을 노골적으로 표출하며 세대 간 형평성에 이의를 제기하거나 타 세대에게 공격적 태도를 보이기도 했다.

갈등이 심화되면서 특정 집단의 항의가 정치적 또는 조직적으로 형성되어 세대를 중심으로 자신들의 요구를 관철시키기 위하여 새로운 조직체를 만들거나 집합 행동을 도모하는 단계에 이르렀다. 갈등 상황에서 집합적 인식을 바탕으로, 조직적으로 갈등이 분출되는 과정은 사회 갈등 전개의 전형적인 전개 양상이었다.

2018년 평창 동계올림픽 아이스하키 남북 단일팀이 대표적인 사례였다. 예전에도 남북 단일팀은 있었지만, 과거와 현재의 시각에는 많은 변화가 있었다. 치열한 입시난과 취업난을 겪으면서 공정과 정의, 개인의 가치를 중시하는 젊은 세대들은 단일팀 구성에 대해 긍정적이지 않았다. 남북 단일팀을 추진했던 기성세대 내에서도 젊은 세대들의 반대는 의외였고, 이렇게까지 세대 간에 다른 의견을 표출할 것이라고는 생각하지 못했다는 반응이었다.

그동안 많은 사람은 통일과 관련한 세대 간의 의식 차이는 단순한 차이일 뿐 사회적으로 문제가 되어 갈등을 일으킬 것이라고 크게 생각하지 않았다. 그러나 '갈등의 합리적 전개 과정' 분석을 통해 다양한 구조적 요인들이 축적되고, 세대 간 집단의식이 명확해지면서 조직화되어 갈등으로 번질 수 있다는 것을 확인할 수 있었다. 단일팀 등이 바로 그 사례였다. '통일'과 '세대 간의 의식 차이'라는 키워드가 미래에 새로운 트리거가 되어 갈등을 야기할 수도 있는 것이다. 잠재되어 있던 갈등이 '북한의 무력 도발', '국제 사회의 급격한 변화' 등으로 인해 뇌관이 되어 '현재적 갈등'으로도 나타날 수 있는 가능성도 배제할 수 없었다. 세대 간의 의식 차이로 인해 한국 내부에서 서로 간의 이해나 공감 없이 이런 상황이 계속된다면 더 첨예

한 갈등 상황을 야기할 수도 있기에 더 심각한 갈등이 생기는 것을 막고, 사회와 세대에 맞게 갈등을 조정·관리하기 위해 다렌도르프의 이론은 활용할 가치가 있다고 판단하였다.

분단된 독일과 현재의 한반도, 다르면서도 비슷한 듯한 두 나라의 여정

여러 가지 면에서 우리나라에 긍정적인 시사점을 줄 수 있는 사례가 바로 독일이다. 독일과 한반도는 이념을 근원으로 한 세계 대결 구도의 영향 속에서 분단되어 있으며 분단 후 모두 체제의 경제 성장이 극단적 격차를 겪는 등 유사점을 갖고 있다. 또한, 서독에서도 동독에 대한 경제 지원과 인권 문제가 갈등의 주요 원인들이었다. 물론 과거의 독일 상황을 지금의 한반도 상황과 평면적으로 비교할 수는 없다. 외교 지형이나 경제 상황, 동족상잔의 비극이었던 전쟁을 통한 이념 간 대립 구조의 심화 정도, 북핵 문제 등 여러 상황이 다르기 때문이다. 그러나 통일이나 북한과 관련한 우리나라의 남남갈등 같은 것이 서독에도 존재했다. 물론 서독의 경우 갈등의 방식이나 강도, 그리고 해결 과정에서 우리와는 차이가 있지만, 전반적으로 볼 때 현재 우리나라 또한 남남갈등을 극복하고 복잡한 국제 정세의 흐름 속에서 평화와 통일의 방법을 찾아야 한다는 점에서 독일이 과거에 겪었던 모습과 크게 맞닿아 있다고 볼 수 있다.

서독의 갈등 극복과 통합의 노력을 되새기다

내부 분열이 극심해진 서독 사회의 갈등을 해결할 수 있었던 데에는 여러 요인이 있었다. 표면적으로는 정치적, 법리적 해법이 있었고 동독과의 관계에서 '접근을 통한 변화'를 원하는 국민들의 여론이 있었다. 또한, 평화를 원했던 국민들의 열망은 보수와 진보 정권이 연이어 들어서면서도 동방 정책이 꾸준히 실현될 수 있게 한 원동력이었다. 보수와 진보 간의 갈등이 봉합되는 과정에서 기본 조약 합헌 판결과 서독인들의 여론은 큰 영향을 미쳤다.

또한, 서독과 동독 간에 경제 지원을 비롯한 다양한 교류·협력이 이루어지면서 동독은 경제적으로 서독에 많은 부분 의존하게 되었고, 보수 세력 내에서도 동서독 관계의 정상화를 위해서는 노력이 길게 보고 이루어져야 한다는 의견이 커졌다. 물론 서독 정부의 경제적 지원에 대해 서독 내에서 반인권적인 동독 정부를 도와주는 것이라는 비판도 제기되었지만, 서독 정부는 이런 갈등을 해결하기 위해 정책을 실행해 나갔다.

이후 독일 정부는 동독 주민을 대상으로 한 통합 노력과 함께 서독 주민들에 대해서도 통일 관련 불만을 해소시키기 위한 정책을 추진해 나갔다. 동독지역 경제 재건에 소요되는 막대한 재원 마련을 위해 서독 주민들의 동참을 요구한 연대 협정과 그에 따른 통일세 등은 서독 주민들 사이에 통일에 대한 거부감과 동독 주민들에 대한 반감을 야기했는데, 이에 독일 정부는 이런 갈등을 해결하기 위해 정책을 실행해 나갔다.

우선 서독 주민들을 대상으로 한 동독 과거사 교육과 홍보 행사를 추진하였는데, 과거 동독 독재체제의 실상을 알리는 한편 독재체제 하에서 살았던 동독 주민들의 의식과 가치관, 문화 등을 이해시키기 위한 정책적 노력을 기울였다. 이에 '연방정치교육센터'를 활용하여 기존의 시민교육 프로그램뿐 아니라 동서독 간 공동의 역사적 뿌리, 분단사 등을 주요 교육 내용으로 추가하고 동독지역 주민들의 의식 및 가치관의 차이 등에 대한 교육 프로그램도 편성하였다. 정부는 정치적 편향성을 최대한 억제하기 위해 다양한 제도적 장치도 마련하였는데 직접 교육을 담당하지 않고 포괄적인 지침을 만들어 전달하고 특정 방향이나 구체적인 내용을 강요하지는 않았다. 이로 인해 각종 정치·사회단체들은 각자의 정치적 성향을 반영한 시민정치 교육 프로그램을 운영했고, 이러한 시민정치 교육 체계는 다원적 구조를 가지게 되었다.

이렇듯 내부 갈등을 외면하지 않고 갈등을 적극적으로 극복하고 관리하려고 했던 서독의 노력은 통일 당시뿐 아니라 통일 후 혼란 속에서도 사회 통합을 이룩하게 한 원동력이 되어 우리에게 중요한 시사점을 주고 있다.

'의미있는 과정'과 '경험', '교육의 중요성'을 재조명하다.

깊은 학문적 전문지식뿐 아니라 현장 경험까지 결합된 전문가들의 조언은 현실적인 대안을 도출하는 데 있어 큰 도움이 되었다. 특히 균형 잡힌 시각으로 실전에 맞게 조언해 주신 전문가분들의 인터뷰를 통해 이 연구의 중요성 또한 다시 한 번 느낄 수 있었다.

특히 ① 통일문제 공론의 장 마련 및 경험 확장의 기회 제공, ② 평화·통일교육 및 민주시민교육 강화, ③ 각 세대 간 이해 노력, ④ 세대를 고려한 접근 방식의 다양화 모색 등은 인터뷰를 했던 전문가들이 공통적으로 강조했던 내용들로, 그 중요성을 재확인할 수 있었다. 전문가들의 의견은 다양하면서도 앞에서 밝힌 것처럼 공통점을 가지고 있어 실제 정책 등에 반영된다면 더욱 효과가 클 것이라는 기대도 생겼다.

국민들의 남남갈등을 해소하기 위해 먼저 통일문제를 공론화하여 자유롭게 토론할 수 있는 장을 마련하고 사회적 합의를 이끌어내는 의미 있는 '과정'에 더 많은 노력을 쏟아야 할 것이다. 특히 '경험'을 통해 통일과 북한, 평화에 대해 생각해 볼 수 있는 기회 및 학습과 경험의 간극을 좁히는 기회를 가지는 것 자체가 중요하며, 남북이 '함께하는 경험'을 통해 경험의 세대 차이를 줄이는 것도 필요하다.

또한, 일관성 있는 평화·통일교육, 민주시민교육이 병행되어야 하며, 세대별로 통일이나 북한에 대한 경험치가 다르므로 직간접적으로 경험할 수 있는 기회를 제공하고 접촉면을 넓히는 것도 큰 의미가 있을 것이다. 교육 방식에서도 일반적인 주입식 교육인 티칭 teaching이 아니라, 교육자-학습자 간 쌍방향적 소통이 가능한 코칭 coaching 수업을 강조할 필요가 있다. 예를 들어 독일 보이델스바흐 협약과 같은 사회협약이 독일 정치교육의 근간이 되어 통일 독일사회에 큰 영향을 미쳤다는 점을 고려할 때, 제대로 된 교육이 얼마나 중요한 것인지 깨닫게 된다.

이뿐만 아니라, 세대 간 특징을 고려하여 상호 이해하며, 다양하게 소통할 수 있는 방법에 대한 고민이 선행되어야 한다. 한국사회가 거대한 사회 변화를 급속도로 겪은 만큼 세대별 특징이 크게 다르다는 것은 사실 자연스러운 현상이다. '틀린 것'이 아니라 '다른 것'이라는 생각의 프레임 전환이 중요하다.

과거의 경험과 미래 세대의 목소리 속에서 찾는 통일의 의미

통일 후 미래 한반도에서 남남갈등이 쉽게 해결될 것이라고 낙관하기는 어렵다. 동서독도 통일을 하면서 사회 및 국민 내부 통합의 어려움을 겪었고 일정 시간이 흐른 뒤에야 안정화 단계에 접어들었기 때문이다.

우리나라의 경우에는, 민족적 공감대를 나눌 만한 이슈가 적었던 젊은 세대에게 통일이 가져다줄 청사진과 긍정적 비전을 보여주는 것이 중요하다고 본다. 현 세대의 통일 논의가 다음 세대에 막대한 영향을 미치는 만큼 미래 세대의 목소리에 귀를 기울이고 그들의 의중을 파악할 필요도 있다. 또한 전쟁 위협 해소나, 남북통일로 인한 취업 기회 확대 등 실질적인 통일 편익의 제시가 병행된다면 합리적인 판단을 이끌어내는 데에도 도움이 될 것이다.

독일 통일 당시 외무장관을 지낸 한스디트리히 겐셔는 통일에 대해 이런 말을 했다고 한다. "수십 년 동안 두꺼운 구름층이 독일 통일이라는 별을 가려왔다. 한순간 구름층이 흩어지며 별이 나타났다. 우리는 그 순간을 놓치지 않고 별을 잡아챘다."

분단 이후 시간이 흐를수록 통일을 이루기 위한 과정은 더욱 복잡하고 어려워지고 있다. 그러나 우리는 여러 어려움에도 불구하고 '순간의 별'을 놓치지 않기 위해 꾸준히 준비하고 노력해야 한다. 그 노력들이 쌓이고 쌓여 결국은 별이 나타날 수도 있으며, 그 순간을 제대로 맞이하는 것이 중요하기 때문이다.

한반도의 미래를 다룸에 있어 '통일'은 핵심적인 키워드이기에 본 연구가 중요한 디딤돌이 되어 향후 더욱 활발한 논의가 될 수 있는 근간을 마련하는 계기가 되기를 기대한다.

팬데믹 상황에서
한국의 보건정책 전달체계를 말하다

이대중

부산대학교 조교수
미래전략프로그램 3기
KAIST 문술미래전략대학원 박사 3기

코로나-19가 가져온 더 큰 정부의 중요성

코로나-19는 우리나라 그리고 전 세계 모두에게 큰 고통과 아픔의 흔적을 남겼다. 영국의 영향력 있는 지식인 중 하나인 랍비 조나단 색스 Jonathan Sacks는 "코로나-19는 무신론자들에게 가장 가까운 계시"라고 했다. 일각에서는 세계사의 큰 흐름은 코로나 이전 BC: Before COVID과 이후 AC: After COVID로 구분될 것이라고 묘사하기도 한다. 실제로 많은 학자들과 전문가들은 우리가 살고 있는 세상은 코로나-19 이전의 세상으로 돌아갈 가능성이 낮다고 전망할 정도로 우리의 삶과 일상에 큰 영향을 미쳤다.

9.11 테러 이후 공항과 공공시설에서 몸 수색을 강화하는 보안 조치로 항공기를 타기 위해서는 2시간, 3시간이 필요한 것처럼 팬데믹 이후 바이러스 검사는 우리 일상이 되었다. 원격 근무의 시대도 가까워졌다. 집에서 일하는 것이 적어도 사무실에서 일하는 것만큼 생

산적이라는 중요한 증거를 이번 팬데믹을 통해 확인했기 때문이다. 특히 우리 삶을 크게 변화시키는 디지털 혁신 변화의 시계를 속도를 가속화했다. 전자상거래가 더욱 확대되었고 원격 의료, 화상 회의, 온라인 교육, 핀테크 도입 속도가 빨라지고 있다.

정부와 시장의 역할에 있어서도 코로나-19는 의미 있는 변화를 가져왔다. 정부의 기능이 더 중요해진 큰 정부 Big Government가 크게 부각되었다. 정부는 위기 상황에서 최후의 수단인 보험사 및 투자자 역할을 요구받게 되었고, 늘어난 정부 역할은 쉽게 줄어들지 않을 것으로 보인다.

끝으로 코로나-19 팬데믹이 주는 가장 중요한 교훈은 인류 전체에 영향을 미치는 문제에 대해 함께 협력하는 것이 중요하다는 것이다. 우리는 국경을 넘어 연결되어 있고 연합된 힘이 강하다는 사실을 이번 팬데믹을 통해 확인한 중요한 교훈이라고 여긴다.

메르스의 교훈에서 시작된 한국의 코로나-19 성공 사례

연대와 협력 측면에서 한국은 코로나-19 위기 상황을 겪으면서 중요한 유산을 남겼다. 2021년 코로나가 확산된 이후 한국은 신속하게 한국의 코로나-19 대응 사례와 극복 경험을 국제사회에 적극적으로 공유하였으며, 이러한 한국 사례는 여러 나라와 국제기구들이 대응 전략을 마련하는 데 큰 도움을 주었다.

지금까지 한국의 경제개발 역사는 해외 선진국의 사례를 잘 분석하고 이를 한국형 모델로 적용시켜 발전시키는 '벤치마킹'의 역사였다. 그러나 이번 코로나-19는 한국의 팬데믹 대응 경험과 사례가 국제 사회로 확산되어 연대와 협력을 강화하는 계기를 마련하였다. 한국 경험에 관심 있는 곳은 개도국들뿐만 아니라 미국, 프랑스, 영국 등 주요 선진국들도 예외가 아니었다. 이제는 한국의 방법과 대응 전략이 글로벌 표준이 될 수 있다는 가능성을 확인한 것이 코로나-19 3년의 의미 있는 성과가 아니었나 생각한다.

　한국은 2020년 2월 19일 코로나-19 사례가 급증했지만, 사람들의 자유와 이동을 제한하는 봉쇄 조치를 시행하지 않고도 단 20일 만에 코로나-19 발생 곡선을 평탄화할 수 있었다. 그 비결은 무엇인가? '코로나19 대응: 보건, 방역, 경제적 조치: 한국의 경험' 문서 초안에 참여한 한국 정부 코로나-19 대응팀의 실제 현장 경험과 2015년 중동호흡기증후군메르스에 대한 한국 정부의 경험을 비교 분석한 결과 3가지로 정리될 수 있다.

　첫째, 민첩하고 포괄적인 코로나-19 검사Testing 시스템이다. 한국 정부는 코로나-19 차단과 확산을 위해서 엄청난 분량의 검사를 코로나 대응 전 기간 동안 진행했다. 잠재적인 사례를 진단하고 바이러스 확산을 조속히 차단하기 위해 짧은 시간 내에 엄청난 수의 검사를 시행했고, 바로 이것이 한국의 대응 전략의 가장 핵심이었다.

이러한 대규모 검사와 진단은 신속한 코로나 검사와 진단이 가능하도록 관련 법 개정이 있었기에 가능했으며, 진단 검사를 쉽게 받을 수 있도록 보건의료기관에 선별진료소를 설치한 것도 큰 성과를 거두었다.

둘째, 코로나-19 접촉자 추적 Tracing 시스템이다. 한국 정부는 필요한 경우 신용카드 거래 내역, CCTV 녹화물, 휴대전화 위성위치장치 GPS Global Positioning System 데이터 등을 추적해 확진자와 접촉한 이들에 대한 추적을 통해 잠재적인 코로나-19 감염자를 파악하였다. 이러한 개인정보의 접근은 2015년 메르스 이후에 개정된 감염병 예방관리법을 통해서 가능한 것이었다. 익명으로 정보를 공개해 확진자 주변에 있던 사람들이 직접 코로나 검사를 받게 되며, 역학조사를 통해 확인된 인원에 대해서는 자가격리를 지시하고 행정안전부 직원과 지자체 직원이 1:1로 모니터링하는 시스템을 운영하였다.

셋째, 체계적이고 전문적인 코로나-19 치료 Treating 시스템이다. 한국 정부는 메르스 사태 이후 감염병 치료 시설 인프라를 크게 확충했다. 정부는 법 개정을 통해 각 중앙정부와 지방자치단체에 방역 및 예방을 전문으로 하는 병원을 지정하였다. 병원과 의료기관 기준을 강화해 음압병실 격리병상을 확보했고 2016년 9월부터 보험료에 감염병 예방관리비가 추가되어 부담되게 되었다. 감염 예방을 위해 치료 재료 구입에 소요된 비용의 보상을 시작하였고, 감염 관리 및 예방에 있어 병원 및 의료기관의 평가 기준을 강화하는 서비스가 정부에 의해 제공되기 시작한 것이었다. 전염병 치료를 국가가 부담하게 되었기에 국민들이 진료비 걱정 없이 치료에 임할 수 있게 된 것이다.

왜 영국은 한국의 방역 전략을 따르지 못했나

"영국은 아직 한국의 코로나-19 대응 전략을 따라가기 어려울 것이다. 그리고 앞으로도" 1840년에 창간되어 가장 오래된 역사를 자랑하는 세계 4대 의학 학술지인 〈영국의학저널 BMJ: British Medical Journal〉은 제하 논문을 2020년 5월 28일 발표한 바 있었다. 참고로 본 논문은 영국 임페리얼 칼리지 공중보건학과장인 아짐 마지드 교수와 KAIST 문술미래전략대학원 서용석 교수 연구팀이 연구 결과를 기반으로 하는데, 특이한 점은 공공의료제도의 원조 국가인 영국의 의료 정책의 문제점을 조목조목 지적한 것이었다. 〈영국의학저널〉이 분석한 시사점은 크게 5가지로 구분된다.

첫째, 영국과 한국의 코로나-19 대응 정책의 가장 큰 차이는 한국이 '검사-추적-격리' 전략을 일관되게 추진한 반면, 영국은 이를 중도에 포기했다는 점을 꼽았다. 영국은 코로나-19 발생이 늘어나면서 더 이상 검사와 추적을 포기하면서 확진자가 급격하게 늘어나는 과오를 범하게 되었고, 이는 코로나 환자가 기하급수적으로 늘어나는 문제점을 가져오게 한다.

둘째, 〈영국의학저널〉은 한국의 코로나 방역 성공에는 정보기술^{IT}이 큰 역할을 했다는 평가했다. 한국이 신속한 검사 및 접촉자 추적에 초기부터 스마트폰을 활용하여 전염병 확산에 대응해 왔는데, 영국은 잉글랜드 남부 일부 지방와이트섬에서 접촉자 추적 애플리케이션을 시범 도입하는 데 그쳤다고 지적했다.

셋째, 한국은 해외에서 들어오는 입국자 모두를 코로나-19 확산 초기부터 코로나-19 검사와 14일 자가 격리가 의무화됐지만, 영국은 이미 코로나 환자가 확산된 이후에 입국자 자가 격리를 의무화했다. 시초를 다투는 팬데믹 상황에서 대응의 골든타임을 놓친 것이다.

넷째, 한국은 코로나-19 발병 초기부터 광범위한 마스크 착용을 권고했고, 이제 지하철을 포함한 많은 장소에서 착용이 의무화했다. 한국 정부는 충분한 마스크 공급을 확보하기 위해 공적 물량을 확보한 뒤 생산과 유통, 분배 전 과정을 관리했다. 반면, 영국의 '방역 정책은 수리 모델에 크게 의존했고, 과학에 따른 정책을 채택'했지만, 이는 오히려 국민들의 마스크 착용과 같은 잠재적으로 유용한 예방 조치에 대해 정부가 적극적인 조치를 취하지 않았다는 문제점을 가져왔다.

다섯째, 한국은 코로나-19 초기부터 확진자들의 격리를 의무화하고, 위반 시 벌금 등 강력한 제재를 부과한 점도 영국과 같은 전면적인 봉쇄 조치 lock-down를 피할 수 있는 요인으로 평가했다. 이러한 선제적인 조치는 경제와 사회의 회복에도 기여하게 되었다고 설명했다.

코로나-19를 대응한 한국의 3가지 디지털 혁신 전략을 말하다

한국은 코로나-19 팬데믹 관리에 있어 사망률 최소화, 전염병 확산 곡선 낮추기, 전면적 봉쇄 없는 방역조치 시행 등 몇 가지 특색 있는 성과를 보여주었다. 이러한 한국 정부의 코로나-19 대응 성공의 비결에는 최신 디지털 기술 DT이라는 공통점이 있다. 바로 디지털 기술이다. 디지털 기술은 신속하고 효과적으로 전염병 확산을 억제하고 완화하는 전략, 그리고 이하 하위 정책 조치가 모두에 적용되었다. 다양한 디지털 기술 중 3가지를 소개하겠다.

첫째, 셀룰러 방송 서비스 CBS다. 한국은 CBS를 통해 코로나-19 발생에 대한 긴급 경보 문자 메시지를 전송할 수 있었다. CBS는 각 개인에게 메시지를 보내는 대신 정부가 이동통신 기지국에서 긴급 상황을 방송하도록 허용하게 한다. 이러한 방송 접근 방식 덕분에 CBS는 개인이 재난 지역에 들어갈 때 개인에게 경고하고 대중에게 짧은 비상경보 및 지침을 보낼 수 있었다. CBS는 행정안전부 국가재난안전상황관리센터가 주관하고 있지만, 지방자치단체가 중앙정부의 승인 없이 관할 지역 주민에게 경보 메시지를 보낼 수도 있다. CBS는 가장 큰 장점은 정부가 이동통신사의 지원을 받아 긴급 상황 발생 시 메시지 전송 병목 현상 없이 전송하는 것이다. CBS는 자체 문자 메시지 채널을 보유하고 있으며 일반적인 SMS 문자 메시지 시스템을 사용하지 않았다. 이러한 조치가 가능한 것은 2019년 8월 정부가 이동통신 기업과 비상경보 및 전화 통화를 위한 전용 주파수 채널을 공유하기로 합의했기 때문이다.

둘째, 역학조사 지원 시스템 EISS다. 일일 코로나-19 확진자가 최고조에 달하면 역학조사관의 업무량이 과중해지게 된다. EISS는 역학조사관이 확진자의 전파 경로와 방문 장소를 신속하게 파악할 수 있도록 지원한다. 먼저, EISS는 휴대폰의 개인 GPS 정보, 신용카드 거래 내역 등 다양한 형태의 실시간 데이터를 동시에 수집한다. EISS는 10분 이내에 데이터를 수집하고 신속하게 공간-시간 분석을 수행한다. 이어 보건 당국은 환자의 역학조사 응답을 교차 확인할 때 EISS의 데이터를 활용한다. 그리고 EISS의 빅데이터 분석을 통해 공무원은 확인된 사례에 대한 실시간 데이터 피드를 얻을 수 있었다. 이러한 여러 데이터 포인트를 기반으로 시스템은 클러스터 감염을 감지하고 전송 소스를 식별할 수 있었다. 3T로 불리는 한국형 방역 조치의 핵심인 역학조사는 이러한 디지털 기술이 있었기에 가능했다.

셋째, 자가격리 안전 모바일 애플리케이션이다. 한국 정부는 자가격리 대상자를 효과적으로 모니터링하기 위해 검역 애플리케이션을 개발하여 운영했다. 이 앱은 담당 공무원에게 ▲자가 진단서를 제출하는 기능, ▲자가격리 명령 위반 가능성을 방지하기 위한 GPS 기반 위치 추적 기능, ▲필요한 자가격리 지침 제공 기능 등 세 가지 주요 기능이 있다. 자가격리자는 하루 2번 애플리케이션을 이용해 발열, 기침, 인후통, 호흡 곤란 등 4가지 증상을 모니터링하게 되며, 제출된 자가진단 데이터는 자동으로 담당 담당관에게 전달된다. 자가격리 구역을 벗어나면 담당관에게 통보하고, 자가진단 결과 이상 유무를 확인했다.

한국의 리질리언스,
'사고공화국'에서 코로나-19 모범 사례로의 전환

한국의 코로나-19 대응은 모범적인 사례로 평가된다. 여러 자연 및 사회 재난을 겪으면서 한국은 사회 전반의 시스템이 변화하는 상황에서 이전의 회복 수준을 넘어 회복력을 갖추게 되었다. 그러나 한국은 재난에 취약하고 무방비 상태여서 '사고공화국'이라는 오명을 받아 왔다. 과거 '사고공화국'이라 불릴 정도로 위기와 재난에 극도로 취약했던 한국이 어떻게 성공 사례로 거듭났을까? 그리고 미래에 발생하는 위험에 대비할 수 있는 방법은 무엇일까?

코로나-19는 공중보건에서 국가와 정부의 역할이 얼마나 중요한지 상기시켜 준다. 그러나 공중보건 이외 다른 모든 위험에서도 능력 있는 정부의 역할은 중요하다. 미래 정부가 갖추어야 할 자질을 7가지로 구분해 볼 필요가 있다. 정부는 유연해야 하고, 개방적이어야 하며, 정부는 국민들의 신뢰를 확보해야 하며 여러 관련 기관, 기업, 시민 단체와 연결성을 높여야 한다. 그리고 정부는 새로운 위기 상황에 신속히 적응해야 하며, 관련 상황을 신속히 전달하고 새로운 기술을 도입해야 한다. 미래 질병 등 다양한 불확실성에 대응하기 위해서는 정부는 'FORECAST' 역량을 갖추어야 할 것이다.

북핵 문제의 대안적 미래를 말하다

정승교

대한민국 육군 대위
미래전략프로그램 10기

북한의 '국가 핵무력 완성' 선언

북한의 '국가 핵무력 완성' 선언의 배경에는 당연하게도 북한이 스스로 핵무기를 운용할 수 있는 능력을 갖추었다고 평가한다. 실제로 북한의 '국가 핵무력 완성' 선언은 대륙간탄도미사일 '화성-15'의 시험 발사 성공 당일인 2017년 11월 29일에 발표되었다. 핵전략의 구성요소는 선언전략Declaratory strategy, 핵무기 사용조건 대한 대외적 전략, 핵능력 Capability, 핵무기 전력의 양적, 질적 능력, 운용전략Employment strategy, 핵무기 운용 시스템의 전략의 세 요소로 구분할 수 있다. 6차례의 핵실험에 이어, 미 본토를 전체적으로 타격할 수 있는 화성-15의 개발은 그들이 원하는 핵전략의 설계를 위한 구성요소를 충족시켰다고 판단을 했을 것이다.

북한이 선언을 한 외적 요인에 대해서는 국제정치적인 시각으로 다양하게 연구되어 왔다. 특히 북한이 "트럼프 행정부는 종래의 '최고의 압박' 노선이 몰아올 후과結果에 대해 심사숙고하고 처신을 바로 해야 할 것"이라고 언급한 것에서 알 수 있듯, 강경한 대북정책에

대해 협상력을 가지는 '강압외교'의 수단으로서도 선언을 했을 가능
성도 존재한다.

그러나 연구를 통해서 살펴보고 싶은 요소는 그 이면에 있는 그
들의 내면이다. 그들이 핵개발을 이어온 추동력이 있을 것으로 생각
한다. 따라서 핵개발을 마치고 '새로운 무언가'를 해야 하는 것이 북
한 정권이 추진해야 하는 숙제이기 때문에 선언을 했을 것이라 판단
한다.

James Dator와 Sohail Inayatullah, 북한 핵전략 이해를 위한 위대한 Tool

개인 연구를 진행하며, 무엇보다 미래학의 개념을 적극적으로 활용
하고자 노력했다. 기존의 핵전략 관련 연구는 국제관계와 안보의 영
역에서 주로 깊은 담론을 형성하며 발전해 왔고, 그런 배경에서, 미
래 연구자를 희망하는 한 명의 학생으로서 미래학의 가치를 통해
연구 성과를 만들어내고 싶었기 때문에 미래학의 이론을 접목하는
시도를 해보았다.

미래전략대학원은 미래학 연구의 선구자인 짐 데이터 James Dator의
미래학 이론에 기반을 두고 있다. 짐 데이터의 미래학은 선호되는
미래의 '이미지'를 중요하게 생각하며, 그것을 만들기 위한 가치의 선
정과 정치적인 활동이 병행되어야 한다고 강조한다. 나아가 하나의

단일한 미래 The future가 아니라, 그 안에서 발생할 수 있는 여러 가지의 대안적인 미래상 Alternative futures을 살펴보며 다양한 전략을 취해야 함을 주장한다. 짐 데이터의 연구에 따르면 미래의 이미지는 성장, 붕괴, 규율, 변화의 일반적인 4가지 형태로 구별할 수 있다. 이 연구에서 활용하고자 하는 미래학의 이론은 짐 데이터의 제자이자 미래학자인 소하일 이나야툴라 Sohail Inayatullah의 다층인과분석 Causal Layered Analysis, CLA이다.

CLA는 기존의 다른 사회과학 분야에서도 유사하게 사용된 개념이다. 그림과 같이 빙하를 통해 비유하곤 하는데, 특정한 사건 Litany이 발생하면, 그 아래에는 배경이 되는 사회구조 Social structure가 존재한다. 나아가 그러한 사회구조가 형성되도록 만드는 지배적인 세계관 Worldview이 존재하고, 그 하부에 세계관을 지지하는 사회구성원의 욕망과 사상이 담긴 신화와 은유적 표현 Myths/metaphors들이 존재한다는 이론이다.

나아가 이 연구에서 CLA를 사용하게 된 이유는 크게 두 가지이다. 첫째로는, CLA가 한 사회의 내면을 깊게 이해해야 한다는 점에서 연구 대상인 북한을 바라보는 데에 유용한 도구로써 역할을 수행할 수 있을 것이라는 기대였다. 둘째로는, 타 학문과의 연계성이다. 다른 학문에서 다루던 분야인 핵전략을 분석할 때, 미래학의 이론만 제시하면 기존 연구자들의 합의를 끌어내기 어렵다고 생각했

다. 따라서 핵전략 분야와 관련된 기존의 연구와 유사성을 발견할
수 있는 CLA의 활용을 주요한 방법론으로 설정하였다. 이는 미래학
의 이론적 틀을 통해서 다양한 문제에 접근하며 정상 과학의 외연
을 넓히는 과정이라 생각해 흥미로웠다.

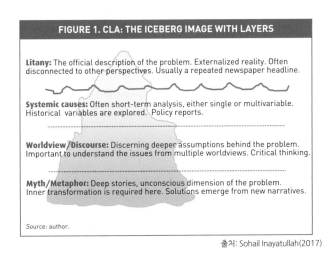

출처: Sohail Inayatullah(2017)

북한의 핵전략을 이해하기 위한 CLA

CLA를 통해 어떠한 문제를 분석하고 미래를 예측하기 위해서는 그
사회의 깊은 내면을 이해할 필요가 있다. 사회 구조를 이해하기 위
해 정치, 경제, 정책 등을 이해해야 하며, 그들 간의 상호작용을 바
라봐야 한다. 그 하부에 있는 세계관, 신화와 은유를 연구하는 과정
에서 반드시 역사와 문화, 그리고 그 안에 녹아든 구성원의 인식을

깊고 넓게 이해하는 과정이 필요하다. 따라서 CLA를 통한 연구는 보편성 안에서 특수성을 찾아가는 연구라 할 수 있다.

모든 국가와 사회는 자신만의 특수한 역사와 문화를 가지고 있다. 그중에서도 북한의 사회는 대내적, 대외적으로 매우 특수한 환경에 처해 있다. 따라서 북한의 핵전략에는 다른 국가의 핵전략에도 적용하고 설명할 수 있는 일반적 범주 내의 분석^{핵개발의 동기, 억제력 등}도 분명 존재할 것이다. 그러나 CLA를 통해 바라보게 되면, 그 자체로 차별되는 특수성을 가지게 되며, 새로운 시각으로 분석대상^{핵전략}을 바라볼 수 있게 된다. 더욱이 핵무기를 보유하거나 보유를 시도한 국가 자체가 아주 적기 때문에 각각의 핵전략은 다른 양상을 띠게 된다.

CLA의 틀로 핵무기와 관련된 북한의 상황을 분석했을 때, 북한은 피해의식과 위기의식을 강하게 가지고 있다고 평가할 수 있다. 북한의 지역은 한반도 역사에서 항상 북방 이민족과의 갈등이 지속된 '변방'이었으며, 차별적인 인식과 정책이 이어져 온 역사를 가지고 있다. 더욱이 척박한 지리적 특성은 피해의식과 위기의식을 더욱 강하게 만들었을 것이다. 나아가 북한은 '우리식 사회주의', '주체사상'을 강조하는 자립성, 고립성이 강한 세계관을 가지고 있는 특징이 있다.

위와 같은 특성은 북한이 '경제-핵 병진노선'을 내세우는 논리가 되었고, '속도전'을 통해 핵무기의 개발에 집중한 이유가 될 수 있다. 따라서 앞으로의 북한의 움직임을 이해할 때, 위와 같은 북한의 특수성을 이해하고 그들이 가지고자 하는 내재된 욕망을 이해하는 것이 중요하게 작용하게 될 것이다.

전략문화(Strategic Culture)와 미래학 만나다

전략문화 Strategic Culture는 1977년 잭 스나이더 Jack Snyder에 의해 처음으로 개념화되었다. 스나이더는 소련의 핵전략을 연구하는 과정에서, 소련의 전략을 더욱 잘 이해하기 위해서는 보편적이고 합리적인 기준을 제시하기보다 소련의 정책결정자의 관점으로 전략을 분석해야 한다고 주장했다. 그들이 가지고 있는 공통된 문화와 인식을 이해해야만 전략을 더욱 잘 이해할 수 있다고 분석한 것이다. 이러한 전략문화의 내용은 CLA의 개념과 공통점을 가지는 것처럼 보인다. 전략이라는 특정한 현상을 이해하기 위해서 그 아래에 구성된 문화와 역사 등 내면의 인식을 깊게 이해해야 하기 때문이다.

서로 다른 학문 분야에서 나타난 두 개념의 공통점을 통해 다양한 연구 자료를 확보하여 연구할 때 새로운 연구 성과를 도출해낼 수 있을 것으로 생각하고 있다. 전략문화를 도출해 내는 요소는 다양하게 정의할 수 있다. 문화적인 공감대를 형성하는 요인은 아주 다양하기 때문이다. 따라서 이 연구에서는 북한의 특수성을 반영하기 위해 역사적인 요소, 지정학적인 요소, 그리고 강한 정치사상을 통해서 북한의 전략문화를 바라보았다. 그 요소들은 CLA의 '사회구조', '세계관',

'신화와 은유'의 분석에까지 공통으로 활용될 수 있는 대표적인 특징들이며, 북한의 사회를 잘 설명해 줄 수 있는 것들이기 때문이다.

따라서 북한의 역사적 경험은 특정한 전략문화를 형성하게 되며, 이것이 미래학의 CLA와 연결되어 북한이 미래에 선택하게 될 전략에 영향을 미친다고 볼 수 있다. 그렇지만 특정한 어떤 현상 자체를 예측할 수는 없다. 왜냐하면 그러한 접근방식은 수많은 경우의 수 중 하나를 선택하는 것에 불과하며, 여러 대안적인 미래의 이미지를 예측한다는 미래학의 기본 원칙과 어긋나기 때문이다.

북한의 핵무력 완성 선언 후, 국제사회의 우려와 영향

북한이 오랫동안 핵전략을 추동해온 배경에는 피해의식과 위기감이 존재한다. 그리고 핵무기라는 절대적인 수단이 완성되면 현재 겪는 고난을 극복하고 잘살게 될 것이라는 소망도 도사리고 있다. 현재 북한이 주장하는 '국가 핵무력 완성'은 국제사회의 비난과 제재라는 어려움을 버티고 이루어낸 긴 인내 끝의 결과물이다. 따라서 북한 정권은 반드시 주민들의 삶의 수준을 끌어올려야 하는 상태에 직면했다.

이것과 관련된 북한의 움직임과 의도는 과거에 나타난 바가 있다. 북한은 2013년부터 2018년까지 '경제-핵무력 병진 노선' 정책을 채택했는데, 2018년 병진 노선의 종결을 선언한 논리는 '위대한 승리로 결속^{종료}'되었기 때문이었다. 2017년 '국가 핵무력 완성'을 선언했으므로 이제는 경제 발전에 집중해야 한다는 이야기로 이어진다. 그리고 김정은이 집권한 이후, 계속하여 '인민대중'의 가치를 가장 앞에 내세우는 것과도 연결하여 이해할 수 있다.

하지만 북한은 핵무기 개발을 강행하는 과정에서 국제사회로부터 철저히 고립되어 갔다. 그 결과 북한에 대한 인도적 지원까지도 UN 안전보장이사회가 허용하는 수준에서 이루어지는 현실이 되었다. 이러한 상황에서 북한은 공식적인 대외활동을 통해 경제적인 활동을 해나가야 하는데, 그것은 상당히 어려운 일이다. 따라서 앞으로 북한이 어떠한 방향으로 경제활동을 회복하려 할 것인지 예측하는 것이 중요하다고 생각한다. 당연하게도 그 과정에는 다양한 방법이 존재하고, 재래식 무기와 대량살상무기 기술 판매, 사이버 범죄 같은 일부 방법은 국제 안보 환경에 큰 영향을 미칠 것이다.

안보적 측면에서 북한의 존재와 그 움직임은 국제사회에 항상 큰 영향을 미쳐왔다. 특히 한국은 북한과의 특수한 관계로 인해 평화적인 분위기가 조성되어도 민감하게 반응할 수밖에 없는 한계가 있다. 동아시아의 국제관계에 크게 관여되어있는 미국과 일본 역시 북한의 움직임을 주시하고 있다. 따라서 '핵강국', '전략국가'가 되었다며 자신감을 표출하는 북한이 선택하게 될 전략은 어떠한 방향에서든지 국제 안보 환경에 중대한 영향을 미칠 것이다.

대안적인 북한의 행보를 제안해보다

결국 북한으로 인해 발생하는 국제적인 안보 위협에 대응하기 위해서는 북한이 취할 수 있는 다양한 형태의 전략을 예측해야만 한다. 그러나 모두가 알고 있듯이 특정한 미래의 사건을 정확하게 예측하는 것은 불가능하다. 더군다나 때때로 '미치광이'라고도 불리는 김정은과 북한 정권의 행보를 정확하게 파악하고 예측하기는 더욱 어렵다. 그래서 미래학적인 이론에 근거하여 조심스럽게 여러 대안과 가능성을 살피는 것이 효과적이라고 생각한다.

북한이 가지고 있는 피해의식과 위기감에서 기인한 국제안보적인 대결 구도를 이해하고 그들이 가장 원하는 바를 생각해야 한다. 2017년 자칭 '핵보유국'이 된 북한은 2018년 3차례의 남북정상회담과 2019년까지 3차례의 북미정상회담을 통해 협상력을 과시하고 개방적인 정책을 펼치려 시도했다. 동시에 경제-핵 병진 노선의 종료를 선언하며 경제력 향상에 집중하는 모습을 보여주었다. 위와 같은 모습은 북한이 이루고 싶어 하는 희망적인 미래를 향한 움직임으로 이해할 수 있다.

한국과 국제사회는 북한의 이러한 의도를 이해하고 대응 방안을 준비해야 한다고 생각한다. 먼저, 북한을 공식적인 '핵보유국'으로 인정할 수는 없지만, 그들의 전략문화를 분석하여 북한이 스스로 '핵보유국'으로 인식하고 있다는 점을 이해할 필요가 있다. 이 과정에서 지금까지 핵무기 자체에 초점을 맞추고 분석해온 제도권의 연구 흐름이 변화할 수 있는 단초가 될 수 있을 것이라 본다.

나아가 북한이 여러 제재 속에서 경제 성장을 이루어내기 위해 할 수 있는 선택지를 나열하고 그것을 선제적으로 차단할 수 있는 다양한 수단의 개발이 필요할 것이다. 가령 북한이 무기를 수출하는 국가가 분쟁을 멈출 수 있도록 중재하거나 대안을 제시하여 북한과의 연결고리를 약하게 만드는 것도 한 방법이 될 수 있다.

국제사회에 영향력 있는 대한민국의 새로운 전략적 대응
: 'K-선비 전략'

미래는 매우 불확실하다. 그리고 안보의 구성요소는 더욱 복잡해지고 서로의 연결성은 강해지고 있다. 두 요소가 결합한 미래의 안보 환경은 그만큼 예측하기 힘들고 대비하기도 어려울 것이다. 그럴수록 중요한 원칙을 선정하고 역량을 올바르게 집중할 수 있어야 한다고 생각한다. 개인적인 생각으로는 국제사회 규범의 중심으로 온전히 들어가는 것이 중요하지 않을까 조심스럽게 주장해 본다.

우리나라는 국제사회에서 점차 영향력을 키워 가고 있으며, ODA 규모의 증가율이 가장 높은 수준에 해당하는 등 국제사회의 책임 있는 일원이 되기 위한 노력을 지속하고 있다. 이러한 모습은 북한이 국제적으로 보여주는 모습과 정반대되는 우리나라만의 독보적인 강점이다. 규범을 철저히 이행하고 준수하는 모범적 국가의 이미지를 더욱 공고히 해나감으로써 국제적 신용도를 일종의 비대칭 전력으로 인식하도록 만들어야 한다. 마치 우리나라가 뿌리 깊이 가지고 있는 유교적 문화 DNA를 반영한 '선비문화'의 모습을 새로 구현하는 것이다.

안보의 개념이 기술, 식량, 환경 등으로 다각화되어 가는 현재 상황에서 국제사회와의 단절은 더 큰 안보의 문제로 다가오기 때문이다. 따라서 북한의 고립을 강요하고 우리나라에 의존적인 상황이 될 수밖에 없도록 유도하는 것이 중요하다. 지금까지는 북한이 강행해 온 핵무기가 협상의 주요 대상이었다면, 이제는 그것을 극복하는 새로운 전략적 판을 구성해 봐야 한다.

이 과정에서 큰 사회경제적 비용이 동반될 것이다. '고령화'같이 미래사회에 예상되는 사회 문제에 대비하는 한편, 여전히 실존하는 핵무기의 위협에 대응하기 위한 군사적 역량을 더욱 강화해야 함은 물론이고, 적극적인 전략의 이행을 위한 투자가 필요할 것이기 때문이다. 따라서 예상되는 북한의 움직임을 잘 판단하고 올바르게 역량을 집중하는 선택이 중요하며, 무엇보다도 국가와 국민이 같은 목표의식을 바탕으로 선호하는 미래에 대한 이미지를 가지면서 우리나라만의 전략을 추동해 나가는 것이 중요할 것이다.

실리콘밸리의 탄생과 무어의 법칙을 말하다

부경호

한국에너지공과대학교 교수
미래전략프로그램 4기

실리콘밸리, 탄생의 서막

'실리콘밸리 Silicon Valley'는 세계 각국의 많은 도시들의 창업 생태계의 성공 모델로 벤치마킹하고 있다. 그러나 단순히 현재의 실리콘밸리를 본뜨려는 시도는 그 복잡한 역사와 발전 과정을 간과하는 것으로 실질적인 성공을 가져오기 어렵다. 초기 실리콘밸리의 탄생에 기여했던 요소들은 지금의 실리콘밸리에서는 찾아볼 수 없다. 따라서 실리콘밸리와 유사한 창업 생태계를 구축하려면 단순히 현재의 모습만을 참고하기보다는 그것이 어떻게 형성되었는지의 과정과 배경을 깊이 있게 이해해야 한다. 한때는 과수원의 아름다운 풍광을 자랑하던 '산타클라라 밸리 Santa Clara Valley'를 혁신의 생태계로 변화시킨 핵심적 동인을 구체적 역사적 사실에서 천착하는 것이 현재 '실리콘밸리'의 창업 생태계의 방정식을 이해하는 것보다 더욱 의미가 있다.

'실리콘밸리' 탄생의 구체적 기원은 훗날 8명의 배신자traitorous eight

로 불리는 젊은이들이 자기들을 스카웃한 노벨상 수상자인 쇼클리가 세운 반도체 회사를 사직한 날인 1957년 9월18일로 거슬러 올라간다. 쇼클리의 권위주의적이고 편집증적인 관리 방식에 반기를 들고 그들만의 반도체 회사를 차리겠다고 뛰쳐나온 것이다. 오늘날 자기가 일하던 회사를 뛰쳐나가 창업하는 것은 실리콘밸리의 흔한 문화로 자리 잡았지만, 당시에는 황당하고 부끄러운 행동이었다. '8명의 배신자'들이 설립한 '페어차일드 반도체 Fairchild Semiconductor'는 로버트 노이스 Robert Noyce, 1927~1990와 고든 무어 Gordon Moore, 1929~2023의 주도 속에 실리콘 반도체를 최초로 상용화하고, 실리콘밸리 최고의 혁신 기술인 플래너 공정 Planar Process과 집적회로 Integrated Circuit 기술을 발명한다. 회사의 연구소장인 고든 무어가 그의 '희망 미래'를 1965년 한 잡지사에 기고한 글은 나중에 그 유명한 '무어의 법칙'이 된다. 페어차일드 반도체를 퇴사한 직원들이 밸리 내에 설립한 회사들, 예를 들면 인텔과 AMD 등 60여 개의 벤처회사들은 그들의 창업과 혁신의 문화를 밸리 내로 확산시킨다. 1950년대 중반까지만 하더라도 아름다운 과수원의 풍경으로 유명한 시골 '산타클라라 밸리'는 1971년 저널리스트 돈 화플러 Don Hoefler의 'Silicon Valley USA'라는 보고서 이후 첨단기술 혁신의 산실을 상징하는 '실리콘밸리'로 그 이름이 굳어지게 되었다.

실리콘밸리 창업생태계의 형성과 벤처캐피탈의 기원

축적된 경험과 기술도 없던 페어차일드 반도체가 어떻게 당시 텍사스인스트루먼트 같은 유력한 대기업들을 제치고 성공한 요인을 이해할 필요가 있다. 첫째 성공 요인은 창업자들의 전문 분야의 다양성이다. 그들은 이론물리학자, 화학자, 기계공학자, 전자계측 전문가, 광학 전문가 등 다방면의 전문가였으며 이들은 서로 보완과 협동으로 최고의 반도체 혁신 기술을 융합·잉태할 수 있었다. 둘째는 기초 연구에 충실했다는 점이다. 기초 연구로부터 역사에 길이 남을 혁신 기술이 탄생하였고, 훗날 번창하는 실리콘 산업의 탄탄한 토대를 제공하였다. 셋째는 젊은 연구원들 사이의 강한 유대감과 수평적 조직 문화이다. 이는 8명의 배신자들이 쇼클리 회사를 떠나 새로운 회사를 위해 투자자들에게 호소한 점이기도 하였다.

페어차일드 반도체의 최고의 혁신 기술은 '플래너 공정planar process'으로 실리콘 반도체 신뢰성의 문제를 획기적으로 해결한다. 이는 이론물리학자 출신의 장 호에르니Jean Hoerni, 1924~1997가 발명하였다. 실리콘이 산소와 반응하여 생기는 산화막을 반도체 소자의 보호막으로 사용하는 획기적 기술이다. 플래너 공정 기술은 실리콘 표면의 고질적인 문제를 해결하였을 뿐만 아니라, 물리학자들이 이론적으로 계산한 수준의 누설 전류를 구현하여 실리콘 반도체 시대를 열어나갔다. 당시 회사의 부사장은 호에르니의 발명을 보고, 기존의 트랜지스터와 달리 평평하게 생겨서 플래너 트랜지스터planar transistor라고 불렀으며 회사만 독점적으로 사용하고자 하였다. 노이스는 산업계가 자기들의 기술을 일반적으로 받아들일 경우 페어차일드가 효과와 이득이 더 크다고 반대하였다. 훗날 실리콘 반도체 공정의 표준이 될 기술을 라이센싱시키겠다는 노이스의 결정은 산타클라라 밸리를 실리콘 산업의 새로운 중추, 즉 '실리콘' 밸리로 도약시키게 된다.

실리콘밸리의 벤처 생태계를 이야기할 때, 과감하고 충분한 초기 투자 환경을 빼놓을 순 없다. 이러한 투자 문화의 형성에 있어서 실리콘밸리 최초의 벤처캐피탈리스트venture capitalist인 아서 락Arthur Rock, 1926~의 역할은 지대한 것이었다. 창업가들을 금융계로, 금융가들을 창업계로 연결시키는 벤처캐피탈리스트의 역할은 사실 그가 발명한 개념이다. 초기 '8명의 배신자들'이 자기들을 채용할 회사를 소개해 달라고 찾아왔을 때, 그들이 해야 할 일은 창업하는 것이라고 조언해 준다. 자기가 직접 나서서 투자자를 찾아 무명의 젊은이들을 대신하여 훗날 투자자인 셔먼 페어차일드Sherman Fairchild를 설득하고 투자를 유치한다. 1968년 노이스가 무어와 함께 자본금 50만 달러의 벤처기업인 인텔을 설립했을 때, 아서 락은 단 하루만에 250만 달러를 개인적으로 유치하기도 한다. 1978년 아서 락은 스티브 잡스와 스티브 워즈니악의 애플컴퓨터의 640,000주를 구매했고 오랫동안 그 회사의 이사로 활동했다. 8명의 배신자들이 쇼클리를 교체해 달라고 당시 기업의 소유자인 아놀드 백맨^{Arnold Beckman}에게 요청하였을 때 백맨은 고민 끝에 이들 대신 노벨상 수상자 쇼클리, 즉 과거의 권위와 경력을 택하였다. 반면에 셔먼 페어차일드는 검증되지 않은 무명의 젊은이들에게 138만 달러를 투자하여 대성공을 이뤘다. 실리콘밸리 벤처캐피탈리스트의 전통은 이렇게 시작한 것이다.

무어의 희망 미래와 무어의 법칙

무어의 법칙은 반도체 칩 하나에 집적되는 트랜지스터 수가 2년마다 두 배로 늘어난다는 현상을 말한다. 무어의 법칙은 물리학 법칙이 아니라 경험적 경향과 예측이다.

2023년 3월에 타계한 고든 무어가 어떻게 '무어의 법칙'을 세상에 내놓았는지를 살펴보는 것은 미래학자들에게 의미가 있다. 미래전략대학원 초대 원장을 역임한 이광형 현 카이스트 총장은 미래학을 노력으로 미래를 바꿀 수 있다는 '희망의 학문'이라 정의하고, 미래전략은 '가능한 미래 예측 후에 그에 맞게 희망 미래를 설계하는 것'이라 말한다. 1965년 페어차일드 반도체의 연구 개발을 책임지고 있었던 고든 무어는 자사에서 발명한 집적회로 기술이 널리 확산되지 않는 것이 불만이었다. 그에게는 플래너 기술을 채택한 집적회로 기술은 반도체 소자의 신뢰성 문제를 개선하는 수준을 넘어, 이를 플랫폼 기술로 활용한 대규모 디지털 집적회로의 산업사회는 그의 '희망 미래'였다.

1962년부터 고든 무어는 플래너 집적회로 제조 기술의 산업적 의미를 재정립하려고 하였다. 그의 선지적인 생각은 집적회로가 가장 저렴한 가격으로 전자회로를 구현할 것이라는 통찰력에 있었다. 이는 '집적의 경제학economics of integration'으로, 즉 오히려 실리콘 회로가 보다 복잡해지면 더 낮은 가격에 이를 수 있다는 것으로 반도체 산업의 지형 자체를 바꾸어 놓을 원리이다. 그러나 여전히 수요자들은 집적회로에 대하여 회의적이었으며 무어는 세상이 집적회로를 받아들이지 않아 좌절하곤 하였다.

고든 무어는 '집적의 경제학'이라는 추상적인 미래 비전의 아이디어를 넘어, 실제로 실현되기 위해서는 제조 기술 분야에서 엄청난 투자가 필요하다는 것을 알고 있었다. 반도체 회사들에게 무어의 비전이 단순히 실현 가능하다는 것이 아니라 매우 수익성이 있음을 확신시켜 줄 필요가 있음을 깨닫는다. 이러한 그의 확산은 1964년 말 샌프란시스코의 Electrochemical Society에서 무어의 발표에서 시작되었다.

그의 발표 논문의 초록의 내용은 다음과 같았다.

> "본 발표에서 집적회로 기술의 진화 과정을 리뷰하고 그 추이를 미래까지 연장할 것이다. 이러한 기술적 발전에 가속되어 전자회로 혁명으로 확장될 것임을 제시하고자 한다."

이는 1964년에 이미, 무어가 집적도가 매년 지수함수적으로 증가하는 '무어의 법칙'의 개념을 생각하고 있었음을 말해 준다. '집적의 경제학'을 산업계에 전파하기 위하여 골몰하고 있었던 무어에게 〈전자매거진, Electronic Magazine〉 창간 35주년 기념의 호에 기사를 써달라는 요청을 편집장으로부터 받는다. 편집장이었던 Lewis Young은 '전문가의 미래 전망'이라는 제목으로 시리즈물을 기획하고 있었다. 무어는 기회가 왔다고 생각하고 즉각 응하겠다고 답신하였다. 왜냐하면 〈전자매거진〉은 매우 널리 읽히고 있을 뿐만 아니라 반도체 산업은 물론 전자업계의 동향, 최신 기술과 사업에 대한 조망을 다루는 잡지였기 때문이다. 무어가 1965년 〈전자매거진〉에 제출한 기사의 제목은 '집적회로에 더 많은 구성요소 우겨넣기 Cramming More Components onto Integrated Circuits'이다. 그는 그 기사의 초록에서 다음과 같이 10년 후의 실리콘 칩의 단위 컴포넌트의 숫자를 이야기하고 있다.

> "회로당 부품 수가 증가함에 따라 단위 비용이 떨어지므로 1975년에는 경제적으로 하나의 실리콘 칩에 최대 65,000개의 부품을 넣을 수 있을 것이다."

1965년 당시 고작 60개 수준에서 65,000개가 집적된 실리콘 칩은 미래학에서 말하는 '희망 미래'였다. '무어의 법칙'에 대하여 주목할 점은 그것이 정적인 법칙으로 의미가 있는 것이 아니라 모든 사람들이 역동적으로 혁신에 동참하게 하는 원동력이었다는 점이다. 무어의 예측은 혁신의 주체들에게 가이드라인으로서 '법칙'이 되었으며, 이는 엄청난 변혁을 점진적으로 가져왔다는 점에서 인류사에 유일한 혹은 매우 드문 사례가 아닐까 한다. 미래전략의 학문적 관점에서도 '법칙'이 된 무어의 '예측'은 미래학적인 연구와 해석이 필요하다. 필자는 삼성전자 반도체연구소에서 차세대 반도체 소자와 공정을 연구한 경력을 갖고 있다. 박사과정 공부에서 혹은 첨단기술 연구활동 과정에서 읽었던 모든 논문의 서론에는 '무어의 법칙에 따르면...'이란 문구가 반드시 등장하였다. 미래 비전을 갖고 인류가 협동으로 산업 기술을 발전해 나가게 했던 '무어의 법칙'은 필자가 2016년 봄날, 미래전략대학원에 입학하여 이광형 교수님으로부터 미래학 방법론에서 '희망 미래'를 접했을 때 가장 매력적인 연구 주제로 다가온 것은 당연하다.

무어의 법칙, 어떻게 법칙이 되었는가?

'무어의 예측'은 두 번 있었다. 첫째는, 1965년 전자저널에 집적회로 산업 사회의 희망 미래를 이야기한 것이고 [1기 예측], 둘째는, 1975년에 다음 10년을 기대하면서 1년마다가 아닌 2년마다 집적도가 두 배 증가할 것으로 수정했다 [2기 예측].

무어의 1기 예측은 1965년부터 1975년 사이에 집적도가 매년 두 배 증가한다는 것이었는데 정확하게 들어맞는다. 단순한 추정이 우연히 들어맞았다고 생각하지만, 무어는 1975년의 65,000개의 트랜지스터의 집적은 공학적으로 충분히 가능함을 확신하였고 그 기사에서 많은 지면을 할애하면서 설명하였다. 분석화학자 출신의 무어가 1965년에 고민했던, 10년 후의 반도체의 수율 문제, 열 문제 등은 현재의 반도체 공학자들에게도 놀라울 따름이다. 무어의 1기 예측의 의미는 그것이 정확히 들어맞았다는 것보다 그의 희망 미래대로, 즉 집적회로의 실리콘 반도체 산업이 주류가 되도록 활력을 불어넣은 데 있다.

무어는 훗날 다음과 같이 말한다.

"초기에 집적회로를 만들었을 때 우리는 칩에 몇 개의 구성요소를 넣는 법을 알아내는 중이었다. 나는 〈전자매거진〉 35주년 기념 에디션을 위해 향후 10년 동안 실리콘 산업에서 어떤 일이 일어날 지 예측하는 일을 맡았다. 그래서 당시 우리 회사에서 집적회로와 관련되어 무엇을 하고 있었는지 살펴보았다. 당시 우리 회사는 몇 개의 회로를 만들고 실험실에 있는 가장 복잡한 칩은 최대 30개의 회로를 만들었으며 우리는 약 60개로 작업 중이었다. 1959년 초기의 플래너 트랜지스터 시대부터 우리는 칩에 넣을 수 있는 부품의 양을 매년 두 배로 늘렸다. 그래서 나는 처음 몇 포인트, 1965년에 칩에 최대 60개의 구성요소가 있으며 약

> 10년간 맹목적으로 외삽법을 적용한 결과, 1975년에는 칩에 약 6만 개
> 의 구성요소가 포함될 것이라고 예측하였다. 나는 이것이 정확한 예측
> 이 될지는 전혀 생각하지 않았으며, 캘리포니아공대 친구인 카버 미드
> Carver Mead 교수가 '무어의 법칙'이라고 별칭을 주게 되었다."

이러한 예측이 법칙으로 자리 잡게 된 이유는 무어가 분석화학자 출신으로서 그 예측을 기술함에 있어서 정확하고 타당한 공학적 지식으로부터 실현 가능성을 충분히 논증하였기 때문이다. 다음은 '무어의 법칙'의 장수長壽에 대해서 놀라지 않았는가의 질문을 받고 무어가 한 말이다.

> "처음 10년은 원래의 예측대로 쭉 뻗어나갈 것이라고 단순 생각했을 뿐
> 이었다. 그는 또한 다음 단계로 나아가는 것을 방해하는 온갖 장벽을 항
> 상 볼 수 있었으나, 다가서게 되면 엔지니어가 문제를 해결할 수 있는
> 방법을 찾아내어 왔다."

8명의 배신자 중에 캘리포니아 출신은 무어가 유일하다. 분석 화학자 출신으로 학문의 길에 전념하던 무어는 실리콘밸리 최초의 성공한 반도체 개발팀장이었다. 무어는 1968년 노이스와 함께 인텔을 창립하고, 1975년 사장이 될 때까지 부사장을 역임한다. 1979년 무어는 회장 겸 CEO로 선임되고, 1997년 앤드 그로브 Andrew Grove, 1936~2016에게 그 자리를 물려준다. 1975년 그의 친구가 별칭으로 준

'법칙'의 의미는 그의 산업계의 지위가 올라감에 따라 점점 더 공고해졌다. 인류 역사에서 예측이 법칙이 된 사례가 있을까?

무어의 법칙은 협력과 에너지다

'무어의 법칙'에 대하여 어떤 사람들은 이를 '자기실현적 예언 self-fulfilling prophecy'이라고 부르기도 한다. 이는 믿음과 행동 사이의 긍정적 피드백으로 그 예언이 현실이 되게 하는 예측을 말한다. 즉 무어의 법칙은 IC의 복잡성에 대하여 과거에 매우 정확하게 예측했기 때문에 향후 추세를 계산하는 것은 물론 혁신의 속도를 정하거나 경쟁의 규칙을 정의하는 신뢰해야하는 이론으로 간주되어 왔다. 무어의 법칙 자체가 반도체 산업의 로드맵이 되었고, 2년마다 무어의 법칙이 성공하기 위해서는 반도체 제조회사뿐만 아니라 대학의 연구자, 반도체 장비회사 등 첨단 산업의 다양한 주체들의 조화로운 협력이 필요한데 이들에게 해야 할 목표 설정의 나침반 역할을 하였다.

반도체 산업에서 무어의 법칙을 준수하고자 의도적인 경주를 하는 이유를 살펴볼 필요가 있다. 이는 무어의 법칙에서 제시한 다음 단계가 그 이전 단계에 비하여 기본적으로 '혁신 innovation'이기 때문이다. 혁신에서 도태되면 낙오자가 되는 것이므로 무어의 법칙을 따라가고자 하는 혁신 활동은 반도체 업계의 주체들에게는 필수적이다. 무어의 법칙을 준수할 수 없으면 낙오하게 되는데, 무어의 법칙은 이른바 '반도체 치킨게임의 룰'인 것이다. 사실 1965년 이래 무어의 '집적의 경제학'을 제대로 준수한 기업은 대만의 TSMC와 한국의 삼성전자만 남아 있다.

예측을 '법칙'으로 명명한 카버 미드 Carver Mead 는 1992년에 한 기고문에서 다음과 같이 언급하였다.

> "무어의 법칙은 실제로 인간 활동에 관한 것이고 비전에 관한 것이다. 그것은 당신이 믿을 수 있는 것에 관한 것이다. 사람들은 자신의 신념에 의해 실제로 제한을 받기 때문에 가능한 것으로 믿을 수 있는 것으로 스스로를 제한한다. 무어가 이 관찰을 일찍 시작했을 때, 그는 실제로 그것이 계속 될 것이라고 믿을 수 있도록 한 것이다. 그래서 우리 중 일부는 그것에 대해 계산해 보고 '그래, 계속할 수 있다.'라고 말하면서 다른 사람들에게도 그것이 계속 될 수 있다고 믿게 하는 것이다. 그리고 마지막 2~3세대 동안, 어쩌면 나는 거기에 도착하는 법을 알 수는 없지만 두 세대는 더 갈 것이라고 다짐하는 것이다."

흔히 반도체 칩에 트랜지스터의 개수를 연간 두 배로 늘리는 것은 사실 어려운 문제이다. 집적도를 늘리는 것에 대한 기술적 한계와 비용의 증가가 발생할 수 있기 때문이다. 1974년 IBM의 연구원인 로버트 데나드 Robert Dennard, 1932~ 는 정교한 공학적 계산을 통해 반도체 소자의 크기를 0.7배 줄이면 동일 면적에 두 배의 소자가 집적된 반도체 칩을 제조할 수 있으며, 소자의 집적도가 두 배가 되었음에도 동일한 전력 소모와 보다 빠른 동작 속도를 얻을 수 있다는 것이다. 이는 무어의 법칙의 다음 단계의 제품이 '혁신 제품'임을 말하는 것이다. 집적도를 늘리는 가장 일반적인 데나드의 스케일링은 트랜지스터를 점점 더 작게 만드는 것인데 이러한 반도체를 설계하고 생산하기 위해서는 반도체 펩의 설비를 다시 설치할 필요가 있고, 기술 개발에 대한 막대한 비용을 투자할 필요도 있기 때문이다. 데나드의 스케일링은 반도체 공학자들에게 이러한 비용적 리스크 속에서 다음 단계의 도전으로 나아가게 하는 당근을 제시하는 공학적 이론의 토대를 제공해 주었다. 무어의 법칙에서 제시한 각 노드의 다음 단계, 집적도가 두 배 증가한 반도체 칩이 그 이전 단계에 비하여 '혁신^{innovation}'임이 명백하기 때문이다.

반도체 집적도가 증가함에 따라 새로운 산업이 생기는 것을 볼 수 있다. 집적도가 10,000개 수준에서는 탁상용 전자계산기, 100만 개 집적도의 반도체 칩은 중형 컴퓨터, 1,000만 개 수준에서는 그래픽 인터페이스의 PC, 10억 개 수준에서는 모바일 ICT 산업, 100억 개 수준의 반도체 칩은 초연결 클라우딩 컴퓨팅으로 인간 수준의 인공지능의 혁신들을 만들어 왔다.

기술의 발전에 따라 혁신이 어려워지는 것이 사실 흔하다. 대표적인 것이 이룸의 법칙^{Eroom's law, Moore의 철자를 거꾸로 하면 Eroom이 된다}이다. 이는 새로운 약을 개발하는 비용은 9년마다 두 배가 된다는 경험적 법칙이다. 무어의 법칙은 기술의 발전에 따라 비용이 절감되고 혁신이 이루어진다는 각 혁신의 주체들의 믿음과 협력 체계를 제공해 주었다.

연도	1971년	2023년
칩모델	인텔 4004 	애플 M2
집적도	2,250 개	20,000,000,000 개
에너지 소비	1 Watts	20 Watts

[표] 무어의 법칙은 에너지다. 1971년 반도체 칩과 현재의 반도체 칩의 집적도는 1,000만 배 증가했으나 소비되는 에너지는 별반 차이가 없다.

데나드의 스케일링 이론은, 두 배의 집적도가 되더라도 칩의 에너지 소모는 두 배가 되지 않고 그대로임을 설명해 준다. 반도체 칩에서 집적도는 연산 능력이다. 즉 두 배 집적도가 높은 반도체 칩은 두 배 강한 성능을 갖게 된다. 1971년 인텔이 출시한 최초의 상업용 마이크로프로세서인 인텔 4004의 집적도는 2,250개였다. 반면에 2023년 애플이 출시한 M2 반도체 칩의 집적도는 200억 개 수준이다. 연산 능력은 1,000만 배 수준으로 강해졌지만, 소모되는 전력은 10배 수준이다. 성능만큼 에너지를 소모한다면 하나의 반도체 칩이 천만 Watts 수준이었을 것이다.

무어의 법칙이 지난 50년간 유지될 수 있었던 근본적 이유는 에너지 소비가 성능의 증가에도 증가하지 않았기 때문이다. 인류의 과학·기술의 발전으로 인간의 제어 능력은 기하급수적으로 증가해 왔다. 1800년 초에는 전 세계 에너지 소비량이 5000TWh 수준이었지만 현재는 160,000TWh 수준이다. 그러나 반도체 칩의 경이적인 성능 향상에도 불구하고 그 소모되는 에너지가 별 차이가 없다는 점이 무어의 법칙의 핵심이다.

제2의 무어의 법칙은 없다. 그러나 필요하다.

무어의 법칙은 시간에 따라 지수함수적인 성능 증가를 의미한다. 무어의 법칙의 다른 사례가 있을 수 있을까? 시간이 지나갈수록 혁신은 어려워지는 게 일반적 현상이다. 어떤 기술에 의해 성능이 증가한다면 그 새로운 기술이 기존 기술을 대체하는 파괴적 혁신 기술이 아니고 추세적 혁신 기술이라면 사용되는 그 혁신 기술에 사용되는 에너지는 그 성능의 향상에 따라 증가할 수밖에 없다. 따라서 '무어의 법칙'같이 해마다 성능이 두 배 된다는 법칙은 매우 특수한 경우이다. 비슷한 사례는 있으나 지수함수적 감소의 경우이다. 예를 들면 유전자 염기서열 분석의 비용은 시간이 갈수록 지수함수적으로 감소해 왔다. 2000년 30억 달러의 비용이 2014년에는 1,000달러 이하로 떨어졌다. 아마 여기까지 일 것이다. 100달러 이하로 감소시키는 기술은 크게 의미가 없기 때문이다. 그리고 60년 이상 반복된 무어의 법칙과 달리, 염기서열 분석 비용의 지수적 감소는 단 몇 개의 혁신 기술이 단절적으로 이룩한 결과이다. 법칙으로 이름을 붙이기 어렵다.

전 지구적으로 환경과 에너지 고갈, 그리고 탄소 배출에 의한 기후 재앙의 시대에 실리콘밸리를 탄생시킨 집적회로 기술 같은 혁신적 기술이 나와 매년 지구촌에 소모되는 에너지 양은 10%씩 줄어든다는 '에너지 무어의 법칙'이 나오기를 기대한다. '희망 미래'로만 끝나지 않아야 한다. 인류의 생존 문제이기 때문이다.

노인일자리의 성장 한계,
그리고 미래를 말하다

김지원

KAIST 문술미래전략대학원 석사
미래전략프로그램 8기

2025년 대한민국, 초고령 사회

우리나라의 저출산, 고령화 현상은 지속적이고 고착화되어 국민들에게 국가 생존에 대한 위기의식까지 불러일으키고 있는 상황이다.

한국은 2020년부터 출생아 수가 사망자 수보다 적은 인구 자연감소 추세가 시작되었고, 2022년에는 합계출산율 0.78명이라는 역대 최저치를 기록하였다. 이 수치는 OECD 국가 중 가장 낮은 수치이며, 우리나라는 OECD 국가의 평균 합계출산율인 1.59명의 절반에도 못 미치는 상황에 놓여 있는 것이다. 더욱이 우리나라는 낮은 출산율과 기대수명 증가 등의 요인으로 인해 2025년에는 전체 인구 중 노인인구 비율이 20%를 초과하는 초고령 사회에 진입할 것으로 예상되고 있으며, 2035년에는 노인인구 비율이 전체 인구 대비 30%에 육박하고, 2045년에는 37%로 OECD 주요국 중 가장 높을 것으로 예측되고 있다.

통계청의 2021년 장래 인구 추계에 따르면 생산연령인구 100명당 부양할 고령인구 수를 뜻하는 노년부양비는 2020년 21.8명에서 2070년 100.6명 수준으로 2020년 대비 4.6배 증가할 전망이다. 더불어 유소년 100명당 고령인구 수를 뜻하는 노령화 지수는 2020년 129.3명에서 2025년 201.5명, 2055년 502.7명으로 높아져, 2055년부터는 고령인구가 유소년 인구보다 5배 이상 많아질 것으로 예측된다. 이는 노인 인구 부양을 위한 생산가능인구의 조세, 사회보장비 부담 증가로 이어진다. 따라서 우리나라는 노후생활 안정대책을 세우고 생산 가능 인구를 늘려 국가 성장률을 높일 수 있는 방안과 더불어 젊은 세대의 부담을 완화시킬 수 있는 방안이 절실하게 필요한 상황이다.

노인일자리 성장 한계

정부는 2004년부터 '노인일자리 활성화를 통한 활기찬 고령사회 구현'이라는 비전 아래 노인일자리 사업을 진행하고 있다. 2004년 2만 5,000개로 시작한 노인일자리 사업은 지난 17여 년간 84만 5,000개 일자리까지 급격한 양적 성장세를 보여 왔다. 하지만 민간형 노인일자리 중 기업이 고령자를 고용할 시에 기업에 보조금을 지원하는 '시니어인턴십' 사업은 최근 5개년간 평균 82%의 낮은 사업 추진 실적으로 매년 예산 불용액이 발생하였다. 이렇듯 민간형 노인일자리 유형이 성과를 내기 어려운 사업임에도 불구하고, 정부에서는 노인일자리 질적 향상이라는 체질 개선을 목표로 내세우며 민간형 노인일자리 활성화를 강조하고 양적 확대 기조를 이어가고 있다. 그러나 이에 대한 뚜렷한 수단과 방법을 제시하는 부분은 부족하다는 지적과 더불어 민간형 노인일자리 '시니어인턴십' 사업의 정책 효과성이 낮다는 평가가 지배적인 상황이다. 즉 기업의 고령자 고용을 목표로 하는 '시니어인턴십' 사업은 실적을 달성하지 못해 예산 불용액이 지속적으로 발생하고 있는 문제점이 있다. 이에 따라 해당 부분을 노인일자리 성장 한계 지점이라고 정의하고, 이에 대해 깊이 고민해 보아야 할 필요성이 존재한다고 판단하였다.

새로운 관점으로 노인일자리 성장 한계를 분석하다
: 인과계층분석법(CLA)

인과계층분석법 Causal Layered Analysis, CLA은 호주의 미래학자 소하일 이나야툴라 Sohail Inayatullah가 제시한 미래 연구 방법론으로, 복잡한 사회 현상 뒤에 숨겨진 여러 층위를 분석한다. 흔히 보이는 사회 현상이나 대중적인 이슈라는 표면만 바라보는 것이 아니라 그 아래에 존재하는 사회문화, 세계관, 무의식 등의 깊은 원인들까지 탐색하는 것이다.

즉 인과계층분석은 사회 현상을 인식하여 미래를 예측하기 위해 상호 연결되어 있으나 독립적으로 분리되어 있는 인식론적 층위를 수직적으로 분석하여 과거, 현재, 미래에 영향을 미치는 원동력을 제시하는 연구 방법이다.

인과계층의 첫 번째 층위에서는 우리가 일상에서 흔히 마주치는 사회 문제나 현상, 양적인 변화들을 살펴본다. 그러나 그 밑바닥에는 경제, 문화, 정치, 역사와 같은 다양한 사회적 원인과 구조가 존재하며, 이러한 명시적인 요인들 역시 더 깊은 층위의 영향을 받는다. 바로 세계관, 담론, 무의식과 같은 암묵적 요인들이다. 소하일 이나야툴라Sohail Inayatullah는 이러한 암묵적 층위를 사회 변화의 주된 원동력으로 여겼다.

암묵적 층위의 가장 깊은 심층에는 우리의 무의식이 자리하고 있어, 이는 종종 은유, 상징 또는 신화의 형태로 표현된다. 이러한 집단적 원형이나 무의식의 요소는 현상의 근본적인 원인을 이해하는 데 큰 힘을 발휘한다.

이렇듯 어떠한 현상과 현실 문제의 이면에 있는 더 깊은 심층적 원인을 분석하는 것은 현재 문제를 수정하려는 노력과 마찬가지로 중요하다고 할 수 있으며, 이렇게 식별된 인과계층의 구조와 맥락에 따라 더 심층적이고 포괄적이며 장기적인 미래 대안을 제시할 수 있다. 이러한 방법론은 노인일자리 연구에서도 중요한 시각을 제공한다.

기존 선행 연구들은 주로 표면적 문제나 외부 요인에만 초점을 맞추어 왔다. 즉 민간형 노인일자리 사업의 지속적인 실적 부진을 초래하는 원인에 대해 심층적으로 내재적 요인을 연구한 바는 존재하지 않았다는 기존 연구의 한계가 있었기에, 본 연구에서는 인과계층분석을 통해 민간 노인일자리 사업의 성장 한계를 초래하는 암묵적 요인들을 심층적으로 살펴보고 기업과 고령자 간의 고용 관계에 있어 어떠한 내재적 요인들이 영향을 미치는지에 대해 보다 근원적으로 접근하는 연구를 진행하여 이를 극복하기 위한 방향성을 제시해 보고자 하였다.

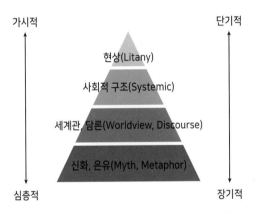

출처 : Inayatullah, S. (2009). Causal layered analysis: An integrative and transformative theory and method. *Futures research methodology, version, 3.*

노인에 대한 부정적 인식이 문제다

인과계층 틀을 적용하여 노인일자리 성장 한계 원인에 대해 분석해 본 결과, 한국 사회의 전통적 가치관이 크게 작용한다는 것을 확인할 수 있었다. 가장 먼저 한국 사회에 잔존해 있는 전통적인 유교 가치와 그 속의 서열 중심적 사고방식이 기업과 고령자 간의 고용관계에 영향을 미친다. 더불어 연령주의, 존비어 문화, 권위주의 같은 내재적 요인들이 서로 밀접한 연관성을 띠며 고령 근로자와 기존 근로자가 상호 부담을 느끼는 구조로 작용해 기업과 고령자 간의 고용관계에 부정적 영향을 미치는 것이다.

나아가 가장 심층 층위에 존재하는 노년층에 대한 부정적인 고정관념과 편견은 노인일자리 성장 한계의 근본적 원인으로 작용하는 무의식적 기저라고 할 수 있다. '꼰대노인'이라는 고령층에 대한 은유적 수식어가 그 예이다. 이러한 고령층에 대한 부정적 인식들은 고령자가 기업에 지원하는 것을 꺼리게 만들며, 기업 또한 고령자 고용을 기피하는 데 많은 영향을 끼친다. 즉 향후 노인일자리 사업은 실질 집행률이 부진한 민간형 노인일자리에 대한 사업량을 무조건적으로 늘리기보다 노인일자리 사업량의 대부분을 차지하며 매년 사업량 초과 달성을 통해 실질적인 수요가 확인되고 있는 공공형 노인일자리 사업 모델을 적극적으로 추가 발굴하고 내실 있게 운영하는 데 초점을 맞춰야한다고 생각한다.

군대의 무인화 추세와
인간 군인의 역할을 말하다

황선우

대한민국 육군 중위
미래전략프로그램 10기

군사(軍事)의 과거, 현재, 미래

현재 대한민국은 심각한 병역자원 감소 문제를 겪고 있다. 그에 따라 모병제, 여성 징병 등 병역 제도에 관한 논의가 뜨겁다. 어떻게 해야 문제를 해결할 수 있을지 아직 실마리는 보이지 않는 듯하다. 다만 여기서 이야기하고 싶은 바는, 보다 유연한 생각을 할 필요가 있다는 것이다.

세계 2위의 군사력을 보유한 러시아를 상대로 우크라이나가 선전하고 있는 배경에는 이색적인 면모가 자리 잡고 있다. 우크라이나의 디지털 혁신부 장관 미하일로 페도로프는 1991년생이다. 전쟁 발발 당시 31세였던 그는 SNS와 각종 미디어를 활용하여 우크라이나가 세계로부터 지원을 받는 데 큰 공헌을 했다. 온라인을 활용해 약 27만에 달하는 사이버 군대를 구성하며 사이버 전쟁과 정보전의 명수인 러시아를 상대로 선전하는 모습을 보였다. 미하일로 페도로프와 그의 팀원은 훈련받은 군인도, 고위 관료들도 아니었으며 IT 기업의 마케팅 담당자 출신이었다. 러시아 측은 어떨까? 최근 쿠데타로 이슈를 불러일으켰던 '바그너 그룹'은 러시아 군대의 일부로써 활약하던 정예 용병 집단이었다. 이들은 돈바스 전쟁과 러시아-우크라이나 전쟁의 주요 전선에서 러시아 정규군보다 높은 성과를 올린 바 있었다. 정보전과 사이버 전쟁의 한 축을 담당하는 해커 그룹들도 대부분 민간 주체들이다.

사실 과거로 거슬러 올라가보면 이런 현상은 흔한 일이다. 고대의 군대는 자체적으로 양성하기 어려운 기병, 궁병 등 여러 병종들을 용병으로 채웠고, 로마 군대도 다수의 용병을 운용했다. 중세 이탈리아 도시국가들은 용병들을 기업화시켜 체계적으로 운용하기도 했다. 역사 전체를 놓고 봤을 때, 현재 우리나라 및 세계 여러 국가들이 취하고 있는 국방 제도가 오히려 이례적인 형태를 띠고 있는 것으로도 볼 수 있다. 현재 국민을 징병하여 군을 구성하는 국민 개병제는 대규모 전쟁을 치를 수 있는 군대를 상대적인 저비용으로 장기간 유지할 수 있다. 그러나 징병된 자원들의 숙련도가 낮다는 점과 많은 인원이 군 복무를 해야 하기 때문에 사회적으로 기회비용을 지출한다는 점은 단점으로 작용한다.

앞으로도 이런 체제를 유지할 수 있을까? 낮은 출산율, 과학기술 중심의 전투체계, 재정 고갈 등 여러 문제들은 현재의 국방 제도가 유지되는 것이 과연 효과적인지에 대해 의문을 제기한다. 다가오는 미래에는 과거 있었던 다른 형태의 국방 제도, 혹은 아예 새로운 제도가 자리 잡을 수도 있다. 전문성과 높은 기술 수준을 가진 민간 군사 기업들이 국가와 조달 계약을 맺든, 소수의 현역과 다수의 예비역으로 방위 태세를 유지하든, 여러 가지 새로운 변화를 모색해볼 수 있겠다. 시간 축을 더 뒤로 돌린다면 훗날에는 자동화된 무인 기계들에 의해 국방을 도모하는 일도 있을 것이다. 시대에 맞지 않는 방식을 억지로 유지하려 하다가는 변화의 물살에 그대로 휩쓸릴 수 있다. 다가오는 미래를 내다보고 선제적으로 준비하는 것이 필요할 것이다.

무인전투체계의 발전과 군대의 미래

인류 역사상 군대의 전투원은 항상 인간들이었다. 국가는 군대를 유지하기 위해 병사를 뽑고, 먹이고 입히며, 훈련시켜 임무에 투입했다. 만약 전투원들이 모두 로봇으로 대체된다면 기존에 있던 군인들은 어떻게 될까? 더 이상 인간은 군대에 필요하지 않을까? 아니, 인류가 지금껏 해왔던 모든 활동에 이제 인간이 필요할까? 이것이 나의 연구 질문이다.

무인화된 장비는 20세기에 등장한 사격 훈련용 표적기부터 원격 조종되는 자폭 병기, 현대의 드론과 자동 방공 시스템에 이르기까지

종류가 다양하다. 본격적으로 무인 장비들이 활용되기 시작한 것은 정찰 목적의 무인기가 활용되었던 1991년 걸프 전쟁부터였다. 이후 2001년 아프가니스탄 전쟁, 2003년 이라크 전쟁에서 감시, 정찰, 폭격, 기만 등 다양한 용도의 무인기가 광범위하게 활용되었다. 보다 큰 변화는 2014년 우크라이나와 러시아 간의 돈바스 전쟁에서 일어났다. 러시아 정규군은 우크라이나군과 교전하는 친-러시아 반군을 지원하기 위해 포병을 동원하여 우크라이나 군을 타격했다. 그 과정에서 사용된 것이 무게 약 10kg 정도의 작은 드론이었다. 러시아군은 해당 드론을 다수 흩뿌려 우크라이나 군을 찾는데 사용했고, 획득한 표적에 대해 정확한 포병 사격을 실시했다. 그 결과 우크라이나 군은 전쟁 초기 심각한 타격을 입었다.

하드웨어의 성능이 좋아지고 가격이 낮아지면서 이러한 드론 무기들은 이제 비국가단체에 의해서도 다수가 사용된다. 현재까지 계속되고 있는 시리아 내전에서는, 반군 단체가 드론으로 러시아 군사 기지의 방공망을 뚫고 폭격해 피해를 입히기도 했다. 예맨의 후티 반군들은 대당 수백만 원도 되지 않는 드론들을 활용하여 사우디아라비아의 정유 시설을 공격해 수조 원대의 손실을 입혔다.

무인전투체계의 특징 중 하나는 적은 비용으로도 치명적인 공격을 가할 수 있다는 점이다. 무인전투체계는 기존의 무기체계보다 가격이 싸며, 교전 중에 아군 전투원이 피해를 입을 확률도 적다. 그렇기에 대량으로 운용하며 적극적인 공격을 가할 수 있다. 이러한 효율성으로 인해 무인전투체계는 앞으로 더욱 많이 활용될 것으로 예상된다.

그렇기에 재래식 무기는 대체될 것이다. 정찰용 드론들은 직접 적지에 들어가지 않고도 원하는 정보를 가져다주며 인간 정보원을 대체했다. 공격용 드론들은 유인 항공기 조종사들의 역할을 대체할 수 있다. 2차 세계대전 당시 17,000t급 전투함을 운용하는 데 1,200명의 승조원이 필요했지만, 현재는 300명이면 충분하다. 자율무기체계는 아직 실험적인 단계이지만 가까운 미래에 전투원들의 대다수를 대체할 것이다.

무인전투체계에 관한 논란들

무인전투체계는 아군 피해를 줄여 병력 투입에 대한 부담을 감소시켰으며, 원격으로 적과 교전하며 살인 행위를 무감각하게 만들었다. 그에 따라 무력 사용의 허들을 낮췄고, 생명의 존엄성을 훼손시켰다는 비판을 받는다. 자율무기체계의 등장은 기존 윤리적 논란에 불을 지핀다. 로봇이 스스로 의사결정을 하여 임무를 수행하도록 하는 것은 로봇에게 '살상 권한'을 부여하는 것이기 때문이다. 이는 위의 윤리적 문제들을 더욱 심화시킬 뿐만 아니라 잘못된 판단에 대한 책임 소재도 불명확해진다. 특히나 사람의 목숨을 빼앗는 행위는 그 책임 소재가 다른 무엇보다도 막중하기에 쉽사리 결론을 내리기 어렵다. 윤리적 문제는 아직까지도 뜨거운 감자이며, 과거 카이스트도 국방인공지능융합연구센터 개소와 관련하여 해외 학자들로부터 윤리적 문제를 제기받은 바 있다.

다만, 기존의 윤리적 문제들은 어떻게든 봉합되리라 생각한다. 처음 유럽에 화약이 들어왔을 때, 수십 년을 수련한 철갑기사들이 하찮은 신분을 가진 농노들의 총에 사살되는 것은 매우 비윤리적인 일로 취급되었다. 그러나 결국 수단만 달리할 뿐이지 인간을 죽인다는 행위 자체는 변함이 없었고, 현재 총으로 적을 사살하는 행위가 다른 무기로 적을 사살하는 것보다 특별히 비윤리적이라고 보지 않는다. 아마 근미래에는 무인전투체계에 대해서도 같은 생각이지 않을까 싶다.

내가 생각하는 가장 큰 도전은 무력 주체의 변화에 따라 사회가 크게 변화할 것이라는 점이다. 어느 시대건 무력 사용과 관련이 깊은 집단이 사회의 주축을 이루었다. 고대 그리스는 군대에 복무한 성인 남자들을 중심으로 민주주의가 꽃피었다. 로마 또한 군 경력과 정복 활동이 권력에서 중요한 축을 담당했다. 중세 유럽은 군주가 기사들과 계약을 맺어 영지를 제공하고 군사력을 조달받는 봉건제가 사회의 근간을 이루었다. 힘에는 권리와 책임이 항상 뒤따라왔다.

현재 우리나라는 모든 남성을 대상으로 징병을 실시하여 군대를 유지하고 있다. 차별 없이 국방의 의무를 지우기에 권리 또한 차별 없이 부여된다. 한반도에서 대중에게 이렇게 많은 권리가 부여된 일은 이제껏 없었다. 이것은 무력을 국민 전체가 갖고 있었기 때문이다. 만약 대다수의 전투원들이 로봇으로 대체되고, 무력을 사용하고 유지하는 주체가 바뀐다면 어떻게 될까? 로봇과 관련된 소수가 무력을 독점하거나, 이를 외부에 의탁하는 형태가 된다면 권력의 분배 또한 달라질 것이다. 무기체계의 변화와 전쟁 양상의 변화, 사회의 변화는 밀접한 관계를 가지고 있으며, 무인전투체계의 활용과 기존 전투원의 대체는 앞으로 사회에 큰 변화를 가져올 것이다.

근미래의 무인화 양상: MUM-T(Man-Unmanned Team)

무인화된 전투체계들은 단일 행위에 대해서는 훨씬 더 높은 성과를 보일 것이다. 예를 들어 현재 러시아군이 시리아와 우크라이나 등지에서 시험적으로 투입하고 있는 전투 로봇인 Uran-9의 경우, 원격으로 조종하거나 자율적으로 표적을 탐지-식별-파괴^{인간 승인} 시할 수 있는 체계이다. 단 1명의 관제사가 조종함에도 불구하고 각종 기관총, 로켓, 미사일과 장갑판으로 무장하여 수십 명의 보병들보다 강력한 화력을 지니고 있다. 그러나 이 로봇이 작전지역에서 주민들과 소통하거나, 적으로부터 정보를 캐내고, 땅을 파서 진지를 구축하고, 필요시 적과 교전하는 등 복합적인 활동을 하는 것은 어렵다. 물론 필요하다면 추가적인 로봇들을 투입하여 해결할 수도 있겠지만, 적대적인 환경에서 전장에 투입할 수 있는 자원은 언제나 제한적이다.

따라서 현 시점에서 본다면, 인간들과 상호작용하는 '커뮤니케이션 능력'과 다양한 과업들을 단일 플랫폼이 처리할 수 있는 '복합성·융통성'이 무인화로 대체되기 어려운 인간의 능력이다. 그렇기에 무인화는 점진적으로 진행되며 당분간은 인간과 무인전투체계가 서로 보완하는 MUM-T^Man-Unmanned Team 방식으로 부대가 구성될 것 같다. 예를 들어 보병 10명이 수행하던 임무를 2명의 보병과 4대의 로봇이 수행하고, 인간 참모들이 맡는 기능들을 인공지능 프로그램이 일부 대체하는 식이다.

무인화된 군대에서 인간이 맡을 역할

능력 측면에서 봤을 때 소프트웨어와 하드웨어가 고도화되는 시점이 도래한다면 인간의 역할은 아마 없을 것이다. 미래 정부 혹은 기타 조직의 거버넌스가 어떻게 변할 것인가와도 관계가 있겠지만, 법적인 권한과 책임에 따라 형식적인 의사결정을 내리는 몇 명의 인간 빼고는 다 필요 없지 않을까? 만약 의생명공학 기술들이 발전하여 유전자 조작, 약물, 기타 관리 등을 통해 인간의 지적·신체적 능력을 비약적으로 향상시킬 수 있다면 기계에 비해 비교우위를 가질 수 있을지도 모르겠다. 그렇지만 현재로선 무인화의 장점이 더욱 극명해 보인다.

그렇기에 나는 관점을 전환할 필요가 있다고 생각한다. 인류 역사상 전쟁에서는 늘 변해 왔던 요소가 있고, 변하지 않았던 요소가 있다. 늘 변해 왔던 것은 전쟁의 양상이다. 돌도끼와 몽둥이에서부터 미사일까지, 기술의 발전에 따라 무기체계는 변했고 그에 따라 전쟁의 양상도 변해 왔다. 과거에는 인간들이 총을 들고 전차에 탑승하며 전투를 수행했다면, 앞으로는 무인 로봇들이 전투를 수행할 것이다. 변하는 것에 집중하게 된다면, 오로지 파괴 행위만이 존재하는 전장에 앞으로 인간이 설 자리는 없다. 효율성의 논리만이 전장을 지배한다.

변하지 않는 것은 전쟁은 인간 간의 의지 대결이라는 것이다. 전쟁은 본질적으로 죽이고 빼앗는 행위다. 그렇기에 미래의 전장에서 무인전투체계들로 인한 파괴 행위가 존재한다면 그 이면에는 행위를 지시했던 인간들의 의지가 자리 잡고 있을 것이다. 그러나 반대로 전쟁은 공격으로부터 스스로와 공동체를 지키는 행위이기도 하다. 침략으로부터 방어하기 위해서 여론을 모으고, 지원을 호소하며, 군대를 조직하는 것 또한 인간들의 의지에 의한 것이다.

변하지 않는 측면에 주목했을 때, 비로소 무인 군대에서 인간의 역할을 발견할 수 있다. 분쟁을 예방하고 평화와 안정을 보장하는 임무에는 높은 커뮤니케이션 능력이 필요하다. 쉽사리 프로그래밍하기 어려운, 매우 복잡한 과업이다. 그렇기에 갈등-분쟁-교전-전쟁으로 확전되는 '분쟁의 스펙트럼'상에서 인간 군인은 여전히 필요하다. 대규모 전투작전에서의 교전 행위만을 무인체계에 위임할 뿐 군대의 본질적인 목적인 전쟁 예방과 평화 보장에는 인간의 역할이 필수적이다.

차별적인 무인화: 군대와 민간 영역

군대와 민간은 서로에게 적용되는 논리가 다르다고 말할 수 있다. 무인화를 하는 과정에서 민간에서는 경제성과 효율성에 중점을 둘 것이다. 군대에서는 대체 가능성을 중점에 둘 것이다. 전투에서 자원은 한정적이고 전투원들에게 요구되는 능력은 매우 복잡하다. 군대와 민간에서 수행하는 과업 간의 가장 큰 차이점은, 군대의 과업은 '상대방과의 대결'이라는 적대적인 환경에서 수행된다는 것이다. 적은 우리가 원하는 것을 하지 못하도록 필사적으로 저지한다. 아군을 속이고, 정상적인 기능을 발휘하지 못하도록 각종 전자전과 사이버 공격을 감행한다. 필요한 물자를 획득하지 못하도록 보급로를 공격한다. 궁극적으로, 아군 전투원들을 사살한다.

군대의 무인화는 자원을 집약할 수 있는 곳과 덜 복잡한 과업을 수행하는 곳에서 가장 먼저 일어날 것이다. 후방의 보급기지와 상급부대는 에너지와 물자, 인원을 상대적으로 여유롭게 사용할 수 있다. 따라서 많은 에너지를 소모하는 로봇과 자동화 체계들을 운용하며 더 높은 효과를 얻을 수 있다. 병참 담당 요원들과 장군들, 참모들이 우선적으로 대체될 것이다. 전선에서는 장갑으로 무장된 각종 로봇들이 병사 대신 근접 전투를 치를 것이다. 반면에 중간 계층 군인들의 대체는 상대적으로 늦게 일어날 것이다. 이들은 전선의 전투를 중간에서 실시간으로 지휘하고 휘하 부대를 유지 관리해야 한다. 또한 특수한 임무를 수행해야 하는 군사경찰과 정보 부대, 특수 부대 등은 로봇으론 수행할 수 없는 복잡한 과업을 소화해야 하기 때문에 인간 요원이 필요하다.

현재 민간 기업에서 가장 빠르게 대체되고 있는 인원은 사무직과 중숙련 근로자들이다. 이들의 임금이 상대적으로 높은 축에 속하므로 로봇으로 대체할 경우 훨씬 경제적이기 때문이다. 고숙련 근로자들은 아직 로봇으로 대체하기 어렵지만 저숙련 근로자들은 로봇을 사용하지 않아도 될 정도로 임금이 낮다.

이렇듯 각각의 환경에서 중요한 속성에 따라 서로 다른 계층의 대체가 일어난다는 점이 큰 차이로 보인다.

무인화 시대에 필요한 역량

위에서 말했듯이, 앞으로의 시대에는 커뮤니케이션과 복합성·융통성이 매우 중요한 능력이 될 것이다. 나는 아직 사회에서 일해 본 적은 없지만, 현장에만 있거나 사무실에만 있거나 한쪽에만 있는 직무는 결국 쉽게 대체될 것이라고 생각한다. 고객과 거래처를 설득하는 커뮤니케이션 능력은 시대를 막론하고 중요할 것 같다.

그리고 자동화와 인간 근로자의 관계를 무조건 대립적으로만 바라봐서는 안 된다. 자동화는 인간 근로자를 대체하기도 하지만, 인간 근로자의 능력을 더욱 증강시키기도 한다. 그렇기에 자동화 도구를 잘 활용하는 능력이 중요할 것이다. 현재 최신 전투기들은 전투기 한 대에 무인 전투기 여러 대를 지휘하여 전투력을 배가시키는 방향으로 발전 중이다. 마찬가지로 회사에서도 한 사람이 여러 컴퓨터 프로그램과 로봇을 잘 지휘하며 작업한다면 혼자서 열 사람, 백 사람의 몫도 해낼 수 있을 것이다.

무인화 기술의 발전은 결국 대부분의 영역에서 인간 근로자의 효율성을 빠르게 넘어설 것이다. 군대의 무인화 트렌드를 관찰해 봤을 때, 대체 불가능한 속성이 무엇인가를 본다면 민간 영역의 근로자들에게도 미래 대비를 위한 힌트가 될 것이다.

무인화 시대의 대안: 탈 도구화하는 인간

인류에게 있어서 '변하는 것'과 '변하지 않는 것'이 무엇인지를 생각해 보자. 일하는 방식과 도구는 지금까지 인류가 발전해 오면서 끊임없이 변해 왔다. 그렇지만 다른 사람들과 소통하고, 도구를 효율적으로 활용해서 행복한 삶을 누리려고 노력해 온 것은 변하지 않았던 사실이다. 변하지 않는 것을 상기해 봤을 때, 우리가 앞으로 해야 할 일은 같다. 다른 사람들과 소통하고, 도구를 효율적으로 활용해서 행복한 삶을 누리려고 노력하는 것이다.

무인화와 인간 근로자의 대체라는 공포는 우리가 잘못된 전제를 가지고 있을 때 현실화된다. 산업화된 시대에서 사람은 항상 국가, 회사, 단체의 부속품으로써 노동을 해왔다. 군인 또한 자신이 속한 공동체를 지키는 수호자가 아니라 적을 죽이기 위한 전쟁 도구로 존재했다. 만약 우리가 스스로를 도구로 여긴다면 더 나은 도구에게 대체될 수밖에 없다.

앞으로는 삶과 노동의 의미가 재정립될 것으로 보인다. 무인화 시대의 노동은 단순히 삶을 영위하기 위한 것이 아니라, 스스로의 삶에 의미를 부여하기 위한 것으로 변하지 않을까? 자동화된 기계를 활용하는 인간은 기존과는 비교할 수 없는 높은 생산성을 갖게 될 것이다. 그리고 새로운 환경에서 인간이 보유한 잠재력을 더욱 발현할 수 있을 것이다.

50년 후의 미래를 상상해 보자. 내가 생각하는 50년 후의 미래는 우주 개척 시대이다. 우주의 새로운 환경을 탐사하고 개발하며 사랑하는 사람들과 모험 이야기를 나눌 것이다. 그곳에는 로봇이 함께하며 나의 손과 발이 되어줄 것이다.

인구 고령화와
기후변화 적응 정책을 말하다

김지수

KAIST 문술미래전략대학원 석사
미래전략프로그램 10기

메가트렌드의 교차점: 인구 고령화와 기후 변화 적응 정책

기후변화 적응 정책과 인구 고령화 사이의 관계에 관심을 두게 된 계기는 대학원에서 수업을 듣는 과정에서 시작되었다. 환경기술전략 수업을 통해 기후변화의 심각성과 영향을 더욱 명확하게 이해하게 되었고 경각심을 느끼게 되었다. 동시에 미래사회 변화구조 수업을 통해 인구 고령화가 사회 구조에 미치는 영향에 대한 고민도 생겼다. 뉴스와 미디어를 통해 전 세계적으로 기후 이상 현상과 관련된 보도를 자주 접하면서, 특히나 한국에서 초고령 사회에 진입하며 관련된 문제가 논의되는 과정에서 두 가지의 메가트렌드를 생각하지 않을 수 없었다. 이 두 가지 중요한 사회적 도전에 대한 이해와 연구를 통해 미래 전략을 모색하고 싶었다.

이러한 문제점들이 쏟아져 나오는 상황에서, 나는 기후변화 적응 climate change adaptation이라는 주제에 연구 관심을 키웠다. 기후변화 적응은 국가 단위에서 탄소 배출량을 줄이는 노력과 더불어, 작은 사회 단위에서도 (예를 들면 도시 단위에서) 적극적으로 개입하고 대응하는 추세다. 도시 단위의 기후 변화 적응 정책이 인구 고령화를 고려하였는지 연구를 통하여 확인하고 싶었다.

고령 인구가 기후변화에 더 민감한 이유

고령 인구의 정의는 국가 및 연구에서 사용하는 기준에 따라서 다양할 수 있다. 나는 연구를 진행하기 위해 연구 지역의 국가별 노령연금 수령 연령과 법적 정년퇴직 나이를 고려하여 65세 이상을 고령 인구로 정의하였다. 이러한 연령 분류는 고령 인구를 구분하는 일반적인 방법 중 하나이며, 국제기구들도 일반적으로 고령 인구를 65세 이상으로 정의하고 있다. 고령 인구는 다른 연령 군에 비해 기후변화에 민감하다고 여겨지며, 다양한 연구에서 이를 확인하고 있다. 이러한 민감성은 연령과 관련된 신체적 요인 및 이동 능력의 제한과 관련이 있다. 사전 연구를 살펴보면, 2003년 유럽 폭염 조사에서는 약 7만 명의 사망자가 발생했는데, 이 폭염으로 인한 사망자 중에서 고령 인구의 비율이 확연히 높게 나타났다. 시간이 지남에 따라 외부 온도 변화에 대한 신체적 반응 속도가 느려지면서 고령 인구가 기온변화에 보다 민감하게 영향을 받는 것으로 알려져 있다. 또한, 미국의 허리케인 카트리나와 샌디와 같은 재해에 대한 연구를 통해 고령 인구가 상대적으로 더 많이 피해를 입었음을 확인할 수 있다. 이는 고령 인구의 건강 상태, 신체적 요인 등이 이동 능력 제한과 결합되어 자연재해에 더욱 민감하다는 것을 의미한다. (덧붙여 설명하자면, 고령 인구가 건강하지 않다는 것이 아니라, 다른 연령대에 비해 기후변화로 인한 영향에 더 민감하다는 것이다.)

동남아시아 지역을 연구 대상으로 선택한 이유

동남아시아 지역을 연구 대상으로 선택한 이유는 다양한 이유가 있다. 첫째로, 동남아시아 지역은 현재 기후변화의 영향을 가장 강하게 받고 있는 지역 중 하나로 여겨진다. 이로 인한 직접적인 피해뿐만 아니라 간접적·사회경제적인 피해가 다른 지역보다 더욱 뚜렷하게 나타나고 있다. 인도네시아의 경우, 해수면 상승으로 인한 자연재해의 위험이 상당히 커져 수도를 자카르타에서 1,000km 이상 떨어진 지역으로 이전하는 계획을 수립하고 있다. 이로 인해 1,000만 명이 넘는 자카르타 주민들이 다양한 어려움에 직면하고 있는 실정이다. 둘째로, 동남아시아는 고령화가 빠르게 진행되는 지역 중 하나다. 이러한 고령화 현상은 국제 커뮤니티에서 특별히 주목하고 있다. 왜냐하면 동남아시아 지역의 고령화 현상은 유럽 국가들, 미국, 한국과는 다소 다른 양상을 보이기 때문이다. 대부분의 동남아시아 국가들은 아직까지 경제적으로 성장하고 있으며, 젊은 노동 인구에 의존하는 산업이 큰 비중을 차지하고 있다.

따라서 기후변화와 인구구조 변화라는 두 가지 도전과제를 함께 안고 있는 지역을 연구하기 위해 동남아시아를 선택했다.

기후변화 적응 정책: 그린 인프라

그린 인프라는 공원이나 도로 주변에 심어진 나무와 같이 우리 주변에서 볼 수 있는 자연 친화적 솔루션으로, 인간의 삶의 질을 향상시키고 동시에 물 순환 및 홍수 조절과 같은 생태계 서비스를 개선하는 데 기여하는 인프라를 의미한다. 그린 인프라는 공원, 숲, 습지, 홍수 제어 시스템 등과 같은 다양한 구성요소를 포함하며, 주변 환경을 개선하고 동시에 자연환경을 보호하는 등 지구 온난화와 같은 환경 문제에 대한 대표적인 적응 정책 중 하나다. 그린인프라는 도시 열섬 효과에 대한 대응책으로도 주목받고, 주변 공기를 맑게 해주는 데 도움이 되어 건강에도 긍정적인 영향을 미친다는 연구 결과도 무수히 많다.

나는 연구를 통해 고령 인구가 많아지는 지역_{기후변화의 영향에 더욱 민감한 인구가 늘어나는 지역}에서 기후변화 적응 정책으로서의 그린인프라 개발이 이루어지는지를 살펴보고 싶었다. 다시 말해, 기후변화 적응의 핵심 정책 중 하나인 그린인프라 개발이 인구 고령화를 염두에 두었는지 알아보고자 했다.

기후 정의 연구

그린인프라는 개인의 건강에 긍정적인 영향을 미치는 동시에 지역사회의 기후변화 적응 능력을 강화한다. 많은 연구 결과가 그린 인프라의 이러한 혜택을 입증하고 있으며, 이런 다양한 장점 때문에 그린인프라는 기후변화 적응 정책의 중요한 구성요소로 간주되고 있다. 이는 앞으로의 미래전략에서도 중요한 역할을 할 것으로 예상된다. 나의 연구는 기후변화 적응 정책 수립 시 고령화 인구의 특성을 반영해야 한다는 관점을 제시한다. 고령화와 기후 변화라는 복합적인 도전을 효과적으로 대응하기 위해서는 미래 도시 및 국가 정책이 이 두 가지 요인을 동시에 고려하는 '미래전략'을 구상해야 할 것이다.

기후변화의 영향은 모든 사람에게 미치지만, 특정 집단은 그 영향을 더 강하게 체감한다. 이런 관점을 고려하여 나는 앞으로 '기후 정의 climate justice' 관련 연구를 진행하고자 한다.

한류, 드림 소사이어티를 말하다

이요셉

KAIST 경영공학부 박사과정
미래전략프로그램 8기

한류의 성장 과정

한류는 1997년 드라마 〈사랑이 뭐길래〉가 중국에서 열풍을 일으키며 시작되었다고 바라보는 시각이 일반적이다. 중국 CCTV에서 평균 시청률 4.2%를 기록하며 역대 수입 2위를 기록했고 1억 5,000만 명의 시청자를 끌어들였다. 그 덕에 1999년 중국 언론을 통해 '한류韓流'라는 말이 등장하였고, 이후 대한민국 문화관광부에서 대중음악의 해외 홍보를 위해 '한류'를 공식적으로 사용하기 시작하였다.

2000년대 초에는 영화 〈쉬리〉가 일본에서 거대한 성공을 이루게 된 것을 시작으로, 음악에서는 H.O.T가 베이징 공연을 성공리에 마치며 한류의 태동이 조금씩 일어나게 된다. 이후, 대중적으로 잘 알려져 있듯이 가수 보아가 어린 나이부터 일본 가요계로 진출하여 K-POP의 해외 진출이 본격화되었고, 드라마 〈겨울연가〉와 〈대장금〉까지 터지며 한류의 1차 확산이 본격적으로 이루어진다.

2000년대 후반부터 2010년대 초까지는 가수 동방신기를 시작으로, 원더걸스, 빅뱅 등의 미국 진출까지 이루어진다. 물론 엄청난 확산을 보인 것은 아니었지만 꾸준히 해외에서도 한국의 문화는 관심을 받으며 증폭하게 된다.

특히 2012년 11월 24일은 한류 역사에 있어 굉장히 중요한 날이 되었다. 그해 7월에 발매된 싸이의 '강남스타일'이 약 5개월 만에 저스틴 비버의 영상을 제치고 유튜브 조회수 1위를 차지하게 되었기 때문이다. 이는 지금까지 아시아권 시장에서만 흥행을 거두던 한류가 유럽권과 북미권에서도 폭발적인 관심을 받게 된 첫 시작이었다. 동영상 공유 플랫폼인 유튜브가 없었다면 상상하기 힘들었을 일이다.

이후 2010년대 중·후반은 그야말로 '한류'가 메가트렌드로 확장된 시기이다. 방탄소년단이 SNS를 통해 조금씩 글로벌 팬덤이 생기더니 기어코 2020년에는 빌보드 음악 차트 1위를 달성하게 된다. 그 영향인지 블랙핑크, 워너원 등 다양한 아이돌 그룹에 대한 관심도 증가하게 된다. 특히 이 시기는 한국과 한국 콘텐츠에 대한 글로벌 인지도가 전반적으로 성장한 시기이기도 하다. 봉준호 감독의 〈기생충〉이 아카데미상을 수상하고, 넷플릭스의 〈오징어 게임〉이 전 세계적인 열풍을 일으키며 한국적인 생활방식과 음식에 대한 관심도 증가한다.

한류 현상을 학계에서는 어떻게 설명할까?

학계에서는 이러한 한류의 확산을 크게 네 가지의 관점에서 살펴본다. 첫 번째로 문화 근접성과 아시안성 ^{Asianness}의 담론이다. 이는 한류의 첫 태동기를 바라보던 관점으로 인접한 국가 간의 공통된 정서와 문화를 통해 아시아 국가 내에서 한국 문화가 관심을 받았다고 바라보는 담론이다. 상대적으로 문화적 근접성이 높은 아시아 국가에서는 한류 드라마의 가치관이나 K-POP 아이돌의 모습 등에 대한 괴리가 크지 않았기에 새로운 문화를 받아들이는 데 용이했을 것이다. 문화 근접성은 초기 시기의 한류를 꽤 잘 설명했다는 평을 받는다. 하지만 현 시점에서는 잘 맞지 않는 관점일 것이다.

두 번째 시기의 담론은 문화 혼종성 ^{Cultural Hybridity}과 글로컬라이제이션 ^{Glocalization}의 담론이다. 문화 혼종성은 문화와 문화가 만나 새로운 문화를 만들어 내는 현상을 일컫는다. 글로컬라이제이션은 세계화를 의미하는 글로벌라이제이션과 지역화를 의미하는 로컬라이제이션의 합성어로 이 경우에서는 문화가 한류가 글로벌 사회 속에서 자기들만의 각 문화로 받아들여졌음을 뜻한다. 문화 혼종성과 글로컬라이제이션을 각각 구분하여 바라보는 시선도 있지만, 큰 틀에서는 한류가 서로 다른 문화와 뒤섞이며 하나의 새로운 정체성을 가지게 되었고 이 덕분에 한류의 확산이 용이했다고 설명한다.

세 번째 시기의 관점은 다문화주의와 소셜 미디어의 영향력으로 설명한다. 2014년부터 2018년 사이를 설명했던 담론이다. 다문화주의는 한 국가 내에서 다양한 문화들이 공존하는 형태를 일컫는다. 한류 역시 국가 내에서 다양한 문화가 공존함에 따라 문화의 포용성이 넓어졌다고 보는 담론이다. 이러한 담론과 함께 한류를 가장 잘 설명한 것이 소셜 미디어의 영향력이다. 소셜 미디어는 한류를 세계 어느 곳에서도 마주할 수 있게 만들어 주었다.

마지막으로, 한류의 확산 요인을 내재적으로 찾기 위한 관점도 존재한다. 내재적 관점을 채택하고 있는 학자들의 경우, 한국의 빠른 경제 성장과 서양 문화에 대항한 탈식민지화 등의 역사는 한국만의 독자적인 문화를 만들어 세계 시장으로 진출하기 위한 근간이 되었다고 본다. 특히 IMF 경제 위기를 통해 '수출을 통한 외환 확보만이 살길'이라는 인식을 국민성에 심겨 주었고, 정부의 문화강국을 만들기 위한 정책적 움직임 역시 그 기반이 되었다고 보기도 한다.

필자가 파악하고자 했던 한류는 '기술결정론'의 관점에서 파악하고자 했다. 기술의 진보가 사회 전반을 바꾼다는 사회 변화 이론 중 하나인 기술결정론은 한류의 최근 세계적인 확산을 설명하는 하나의 관점이 되고 있다. 동영상 플랫폼인 유튜브는 물론, 넷플릭스와 같은 콘텐츠 유통 플랫폼의 발달, 메타버스와 VR, XR 등 가상세계의 대두를 통한 콘텐츠 확산의 가능성 등이 이에 대한 증거로 꼽힌다. 〈오징어 게임〉 역시 넷플릭스가 보유하고 있는 전 세계 이용자

망이 없었다면 이 정도의 흥행은 어려웠을 것이다. '방탄소년단' 역시 유튜브 통해 급속도로 팬덤이 확장되었기에 가능한 일이었다.

한류와 드림 소사이어티

그렇다면 이러한 한류의 확산이 의미하는 바는 무엇인가? 본 질문에 필자는 사회 변화 관점에서 '드림 소사이어티'에 대한 재담론이 필요하다고 보았다. '드림 소사이어티'는 미래학자인 롤프 옌센 Rolf Jensen이 제시한 개념으로 "정보화 사회 다음에 나오는 사회는 무엇인가?"라는 한 클라이언트의 질문에 답을 한 것이다. 즉 수렵 채집 사회에서 농경 사회, 산업화 사회와 후기 산업화 사회, 그리고 정보화 사회에 이어 이제는 꿈과 이야기, 미적인 경험 등이 경제의 원천이 되는 드림 소사이어티가 대두된다고 본 것이다. 다시 말해, 이제는 데이터와 정보에서 나아가, 경제적 가치를 만들어 내는 것은 제품에 포함된 이야기이고 브랜드에 드러나는 미적 가치라는 것이다. 이는 사회의 가치체계가 완전히 바뀐다는 것을 뜻하기도 하다.

2003년, 미래학자 짐 데이터 James Dator와 문술미래전략대학원의 서용석 교수는 한류가 드림 소사이어티의 증거가 될 것임을 예측하였다. 그리고 20여 년이 지난 지금 그 예측은 한류 현상을 설명할 수 있는 하나의 견고한 관점이 되었다고 볼 수 있을 것이다. 다시 정리하면, 급속도로 확산된 한류는 미적 가치의 관념을 중요시 여기게

된 현대의 드림 소사이어티에서 기술을 기반으로 전무후무한 하나
의 문화적 현상으로 재탄생한 것이다.

한류의 대안적 미래

미래학계의 대부로 불리는 짐 데이터 교수는 미래를 예측하기 위한
방법으로 4가지 대안적 미래 방법을 제시한다. 지속 성장^{continued}
^{growth}, 몰락^{collapse}, 조정 ^{disciplined}, 재도약^{transform}이 그것이다. 필자는
한류의 미래를 본 방법론에 대입하여 2050년의 한류를 도출해 보고
자 하였다. 각각의 시나리오는 이를 핵심적으로 견인하는 동인이 존
재한다.

우선 지속 성장의 미래다. 'Next Hollwood'의 별명을 붙인 시나
리오다. 핵심은 기술의 진보를 통해 지속 성장하는 시나리오다. 인공
지능을 기반으로 K-POP은 물론, 드라마와 영화 제작이 점점 확장
된다. 봉준호 감독은 2개의 아카데미를 추가하게 되고, 최근 AI와
드론만으로 제작한 영화가 곧 개봉한다. 한편 K-POP의 버츄얼 아
이돌의 영상과 콘텐츠들이 쏟아져 나오게 되며, 국가의 개방적인 문
화정책 지원으로 한류는 전 세계 어느 곳에서도 자연스럽게 찾아볼
수 있게 되었다. 드림 소사이어티의 세상이다.

다음으로 몰락의 시나리오다. 'FAD Korea'라는 이름으로 한류가
하나의 FAD ^{For a Day}로서 일시적인 트렌드에 머무른 경우를 일컫는

다. 세부적으로, 일본의 문화가 그랬듯 경제의 붕괴와 함께 문화산업도 함께 몰락하게 된다. 특히 젊은 세대의 역동성으로 대변되는 한류는 한국의 초고령화가 극심해짐에 따라 그 동력을 잃고 세계 시장에서 잊히게 된다.

세 번째 시나리오는 조정 시나리오다. 'Korea First'로 이름을 붙여 본 미래이다. 이 미래는 환경적 위기를 통해 내국민의 보호와 자원 보존이 국가의 최우선 순위가 된다. 기후위기를 통해 세계 곳곳에서는 난민들이 발생하게 되고, 한국 정부는 외교적 합의 안에서 난민을 수용하기로 결정한다. 하지만 동시에 이는 타 문화로 인한 자국의 문화 침식의 우려를 낳는다. 이에 정부는 한류 문화에 대한 규제로 인해 타 문화와 융합 금지, 외국인 아티스트 금지 등 순수한 자국만의 문화를 지키고자 한다. 다시 말해, 새로운 형태에 '민족주의적 한류'가 재탄생하게 된다.

마지막 시나리오는 재도약의 미래이다. 한류는 기술의 온전한 발전과 수용을 통해 완전한 가상현실의 세계 속으로 들어간다. 이는 극심한 기후변화와 코로나19와 같은 연속적인 팬데믹의 상황으로 현실 세계는 인류에게 불가능한 생존 환경이 되어버리기 때문에 가능한 일이기도 하다. 가상세계는 인류의 새로운 서식지가 되며 국가 간의 경계와 개념도 사라지게 된다. 동시에 기술의 발전은 인류의 의식주를 완전히 해결하게 된다. 이제 중요한 것은 가상현실 안에서의 미적 가치이다. 이제는 가상현실 속 새로운 이야기와 아름다움이 가장 중요한 가치의 세상이다. 이것이 변형된 드림 소사이어티, 'Virtual K Wave'의 흐름이다.

한류의 바람직한 미래와 가능성에 대해

그렇다면 한류가 나아가야 할 '바람직한 미래'는 무엇일까. '지속 성장'의 미래가 당연히 희망하는 미래일 것이다. 하지만 다른 미래 시나리오 역시 극단적으로 보았을 때 발생할 가능성이 충분히 있기에 이에 대응해야 할 것이다. 이를 위해 우선, 문화콘텐츠 기술의 발전과 혁신을 향해 계속해서 노력해야 할 것이다. 특히 한류가 전 세계에서 영향력을 확장하도록 가상현실과 증강현실과 같은 몰입형 콘텐츠에 대한 R&D를 확장해야 할 것이다. 특히 자율주행 자동차와 사물인터넷IoT은 새로운 콘텐츠 플랫폼으로 대두될 것이다. 그렇기에 신기술이 한류의 새로운 플랫폼이 되도록 기업과 국가는 그 가능성을 인지하고 겨냥해야 할 것이다.

한류를 촉진하기 위한 문화외교를 촉진하는 것 역시 중요하다. 미국, 중국, 일본 등과의 문화교류를 국가 차원에서 이끌어내야 할 것이다. 이를 통해 민간 기업과 개인이 산업 안에서 원만하게 성장하도록 해야 한다.

마지막으로. 환경과 인구 문제는 미래를 변화시킬 수 있는 가장 강력한 동인 중 하나이다. 최근 연구에 따르면, 기후위기의 영향으로 2100년까지 세계 GDP의 37%가 감소할 것으로 보고 있다. 생산가능인구의 소멸은 국가에서 가장 경계해야 하는 것 중에 하나이다. 따라서 한류의 미래는 단순히 문화만을 볼 것이 아닌 미래 변화의 다양한 동인을 함께 보아야 함을 명심해야 할 것이다.

드림 소사이어티는 이미 20여 년 전부터 시작되었다. 그리고 지금도 우리 사회의 변화와 가치를 가장 잘 설명하고 있는 개념 중에 하나이다. 한국은 이러한 드림 소사이어티 속 문화대국으로서의 가능성이 다분하다. 한국이 머지않은 미래에 전 세계 문화시장을 이끌어나가는 문화강국으로 성장하길 바란다.

2023

2013

3장

/

에세이, 미래전략프로그램의
미래를 말하다

—

곳곳에 스며든 3장의 뼈아픈 지적들
문술미래전략대학원의 발전을 바라는 10년의 목소리를 가감없이 담아냈다.

미래전략프로그램 1기,
미래를 말하다

고락현

정형외과전문의·의학박사·원장

인생의 또 다른 기회, 카이스트

때로는 인생에서 예상치 못한 기회가 찾아온다. 그러한 기회 중 하나가 바로 카이스트의 문술미래전략대학원이었다. 그곳에 대해 처음 들었을 때, 임춘택 교수님과의 모임을 통해 그 대학원의 리플렛을 받게 되었는데 그 워딩이 나의 관심을 끌었다. 그래서 나는 결정했다. 그곳에 신청하여 그곳에서 학문을 이어나가기로 했다.

10년 전 그때의 기대와 현실은 조금 달랐다. 나는 미래전략에 대한 열망을 가지고 있었고, 그곳에서 지적 성장을 이룰 것이라는 기대를 품고 있었다. 하지만 처음에는 그 기대에 조금 못 미쳤다. 그럼에도 불구하고, 그곳에서의 학문적인 경험은 나의 시야를 넓혀 주었다. 비즈니스나 학문적인 베이스에서 깊이 들어가는 대신, 다양한 학문 영역, 특히 IT 기술과 나노 기술에 대한 지식을 얻을 수 있었다. 나는 원래 의사로, 바이오와 관련된 지식만을 중심으로 생각하고 있었다. 그런데 이 대학원에서의 학문적인 경험은 나에게 다양한 분야에 대한 새로운 시각을 제공해 주었다. 나의 전문직에만 국한되어 있던 나의 시야가 그곳에서 넓어졌다. 그리고 그러한 경험은 나에게 매우 고무적이었다. 세상을 바라보는 나의 시각이 변화되었고, 그러한 변화에 대해 나는 깊이 감사하게 생각한다.

미래를 향한 발전, 행복, 그리고 준비의 중요성

대학원 생활 중 가장 인상 깊었던 순간을 떠올릴 때, 그것은 전통적인 학문과의 차이점에서 온 것이다. 전통적인 학문, 예를 들면 의학이나 수학, 경영학 같은 분야는 명확한 경로와 방법론을 가지고 있다. 그러나 미래학은 이런 학문과는 사뭇 다른 모습을 보였다. 처음에는 익숙한 'abc' 방식으로 학문이 진행되지 않아 생소했지만, 다양한 분야의 사람들과의 토론을 통해 이해하기 시작했다. '미래는 선택의 결과'라는 개념에 놀랐다. 또한 위크 시그널, 이머징 트렌드, 메가트렌드 같은 미래학의 새로운 개념들에 대한 깨달음은 내게 큰 만족감을 줬다.

그러나 미래학이 받는 비판도 이해할 수 있었다. 이 학문은 명확한 경로나 방법론이 없기 때문에 비판의 대상이 되곤 했다. 그렇지만 나는 그 비판 속에서도 미래학의 중요성을 깨닫게 되었다. 《테크놀로지의 종말》이라는 책을 읽으면서 기술만이 미래를 결정하는 것이 아니라, 그 기술을 어떻게 선택하고 활용할지에 따라 미래가 달라진다는 것을 깨달았다. 이것은 인간의 생각과 선택, 그리고 그 생각을 모아 진행하는 전략이 중요하다는 것을 뜻한다. 결국 미래는 우리의 선택에 달려 있다. 그리고 그 선택을 위한 가이드라인으로서 미래학은 필수적인 학문이라고 느꼈다.

기술의 발전과 진정한 행복 사이에서

때로는 인류의 무한한 발전과 기술의 진보가 우리에게 진정한 행복을 가져다주는 것인지, 아니면 우리를 근대적이고 복잡한 세상 속에 빠뜨려 미개한 농경사회의 단순한 행복을 잃게 한 것인지 고민한다. 발전과 기술은 분명 인간의 복지를 향상시키는 방향으로 도움을 주지만, 그 과정에서 진정한 행복을 찾기가 점점 어려워진 것은 아닌가? 그저 비교와 경쟁의 무한한 순환 속에 빠져, 항상 다음 목표를 향해 달려가는 삶을 살고 있는 것 같다.

우리나라의 정치적 환경 역시 변화가 빠르다. 정부와 정당의 교체와 더불어 그들의 정책과 비전도 계속 바뀌어가고 있다. 그럼에도 불구하고, 이런 환경 속에서도 지속적인 발전과 행복을 추구하는 것은 중요하다고 생각한다.

또한, 문술미래전략대학원에 대한 기대와 희망을 가지고 있다. 10년 후, 그곳의 졸업생들은 단순히 학문을 연구하는 것을 넘어서 사회와 미래에 큰 기여를 하고 있을 것이다. 그들은 미래를 위한 전략을 만들기 위해 서로 토론하고 고민할 것이다. 미래를 위해 준비해야 할 것은 바로 지금의 학문 분류를 더욱 세분화하는 것이다. 대항목과 소항목을 분류하고, 그 사이의 상호작용을 연구해야 한다. 이렇게 함으로써 우리는 미래의 변화와 도전에 더욱 잘 대응할 수 있을 것이다.

결국 인류의 무한한 발전과 기술의 진보, 그리고 그것이 가져다주는 행복과 도전. 이 모든 것은 우리 스스로의 선택에 달려 있다. 우리는 기술의 발전만을 의존하기보다는 진정한 행복을 추구하는 방향으로 나아가야 할 것이다.

카이스트, 그 거대한 가능성

내가 처음 카이스트를 찾았을 때, 그곳은 단순한 연구기관으로만 보였다. 그러나 시간이 지나면서 나는 카이스트와 특히 문술미래전략대학원의 깊은 가치를 깨닫게 되었다. 연구 중심의 대학, 카이스트는 사회 발전을 위한 학문적 연구의 선봉자로서의 역할을 톡톡히 하고 있었다. 그 중심에서 문술미래전략대학원은 미래의 사회적 변화와 발전 전략을 제시하는 핵심 역할을 맡고 있었다.

그럼에도 불구하고, 이 대학원은 종종 카이스트 내 다른 학문 분야와의 융합이나 소통에서 격리된 듯한 모습을 보였다. 이것은 문술미래전략대학원이 그만의 섬이 되어가는 것이 아닌가 하는 우려를 가져오게 했다. 내 생각에는, 문술미래전략대학원은 교차 분야의 연구와 협력을 위한 내부 프로그램을 만들어 나가야 한다. 이렇게 함으로써 대학원 내에서의 소통과 혁신이 촉진될 것이다.

나에게 카이스트는 높은 산을 오르고 그 꼭대기에서 세상을 바라보는 것과 같은 느낌을 주었다. 그리고 그 산 정상에서 내려다본 세상은 훨씬 넓고 다양했다. 카이스트 문술미래전략대학원은 그러한 시야를 더 넓히고 깊게 해주는 관점의 전환점이었다. 나는 이런 기회에 감사하며, 앞으로도 카이스트와 문술미래전략대학원이 전 세계의 연구와 혁신의 중심이 될 것이라 확신한다.

한국의 기술 혁신 방향성

산업화와 기술 혁신

한국의 빠른 산업화와 민주화의 과정은 놀라운 성취로 기록되어 있다. 나는 자주 과거의 한국을 생각한다. 5천년 한민족사 중 20~30년의 황금기가 우리의 자긍심을 불태웠던 순간이었다. 기술의 발전이 그 중심에 있었다. 1950년대 초, 한국은 경제 발전의 초석을 놓았다. 그 기반이 된 기술 토대가 없었다면 지금의 우리는 상상조차 할 수 없을 것이다. 정책의 일관성과 지속성, 그리고 그 정책의 방향성이 바로 그 성과를 이끌어냈던 핵심적인 요소였다.

기술 혁신 정책의 중요성

하지만 현재의 기술 혁신은 더욱 다양하고 복잡한 도전 앞에 섰다. 국내 R&D 투자가 세계적으로도 높은 수준이지만, 출연연을 포함한 연구기관들의 연구 방향과 그 효율성에 대한 논란도 있다. 그렇다고 해서 출연연의 역할이 무시될 수는 없다. 초창기 산업 발전의 밑바탕이 되었던 그들의 노력은 지금의 한국을 만들었다. 그러나 새로운 시대, 새로운 도전 앞에서는 더욱 디테일한 연구 트렌드와 차별화된 R&D 정책의 필요성이 대두된다. 우리는 창의적인 아이디어와 차별화된 기술 혁신의 중요성을 깨닫고, 기술을 실제 산업에 접목시켜 수출 등의 성과를 창출해야 한다.

장기적인 혁신 연구가 필요하다

장기적이며 혁신적인 연구 과제와 단기적으로 성과를 얻을 수 있는 과제를 분리하고, 각각에 적절한 지원을 제공해야 한다. 이렇게 연구의 방향성을 재조정함으로써 한국의 기술 혁신은 더욱 견고한 기반 위에 성장할 수 있을 것이다. 내가 바라보는 미래의 한국은, 기술 혁신의 가치를 깊이 이해하고 그 도전을 용기 있게 받아들이는 나라다. 그리하여 한국의 기술 혁신은 세계적으로 그 가치를 더욱 확고히 다질 수 있을 것이라 확신한다.

미래전략프로그램 1기, 미래를 말하다

김영휴

(주)씨크릿우먼 대표

미래를 내다보며 세계를 이해하는 나

문술미래전략대학원에 첫 발을 들인 순간, 나는 내심 감동과 함께 감사의 미소를 짓게 되었다. 그 감정은 불특정 다수가 아닌, 대전세종충남여성벤처협회에서 만나게 된 총장님에게 더 큰 감사의 마음을 가졌기 때문이었다. 그때의 기억은 아직도 생생하다. 나름의 대학원을 준비하시던 총장님과의 만남은 저에게 운명처럼 다가왔다. 첫 만남 당시 총장님께서 꿈꾸는 미래를 청년들에게 가르쳐주기를 바라는 질문을 하자, 총장님께서는 해맑은 웃음으로 대답하였다. "우리 학교에 미래를 가르치는 기관이 생길지도 몰라요." 그 순간, 저는 그 대학원에서 꼭 배우고 싶다는 생각을 했다. "그렇게 되면 제게도 기회를 주실 수 있겠습니까?" 내 질문에 답변은 없었지만, 문술미래전략대학원이 개설되었을 때 내게는 새로운 배움에 대한 기회의 문이 열린 것과 다름 아니었다.

한국에서 미래학을 공부하면서 늘 들려오는 의문 중 하나는 "한국은 미래학을 도입한 것이 빨랐을까? 늦었을까?" 이에 대한 나의 대답은 "빨랐다"이다. 그 이유는 바로 우리 국가의 리더들이 미래의 비전을 가지고 리더십을 발휘했기 때문이라 생각한다. 특히 박정희 대통령과 김대중 대통령, 이 두 분은 미래학자의 사상에 영향을 받은 국가 리더로서 대한민국을 세계무대에 올렸다. 그렇기에 나는 미래의 대한민국 리더 또한 미래학에 대한 깊은 이해를 가지고 리더십을 발휘하는 것이 중요하다고 생각하고 있다. 물론 미래학은 타 학문과 달리 실체가 없다는 비판을 받기도 하지만, 미래에 대한 진지한 고민 끝에 내린 결론은 미래학이야 말로 가장 실체가 있는 학문이라고 본다. 모든 인간은 태어나는 순간부터 미래를 향해 살아가기 때문이고, 그 미래를 위해 우리 모두가 끊임없이 학습하고 탐구하며 살아가기 때문이다. 이런 점에서 미래학은 모든 국민뿐만 아니라 전 세계 모든 인간에게 필요한 학문이라고 믿는다.

아직 한국에 미래학을 뿌리내리는 것에 부정적인 사람들에게 저는 이렇게 말하고 싶다. '우리는 충분히 미래학적 고민을 하며 살아가고 있다. 우리가 미래학에 대한 거부감을 표현하는 것은 내면과 외부의 균형을 매니징하지 못하기 때문'이라는 것이 나의 주장이다. 분명 모든 사람이 미래를 알고자 하는 갈증을 가지고 있다. 그 증거로, 매해 신년이 되면 사람들은 신년운수를 보러 다니며, 이런 행동은 미래를 알고자 하는 인간의 본능을 반영하는 것이다.

　다만, 이렇게 중요한 미래학이 일반인들에게 어필되지 못하고 있는 것은 또한 미래학자들 스스로의 책임이라는 점을 집고 넘어가고자 한다. 미래학은 분명히 현실적이며, 나는 이 미래에 대한 연구를 모든 사람들에게 전하고 싶은 욕망을 가지고 있으며 그것을 위한 프로그램을 제작하고 열망에 항상 가득 차 있다.

타협의 어려움, 그리고 미래학의 향방

나는 인간의 본성을 늘 고찰해 왔다. 왜 우리는 현실 문제와 미래 문제 사이에서 타협을 하지 못하는 것일까? 이 질문을 자주 던져 왔다. 인간은 본성적으로 타협하기 어려운 존재라는 것을 깨닫게 되었다. 이러한 본성을 완전히 이해하고 있는 사람은 드물다. 나 자신도 그렇다. 우리 일상에서 이 타협의 어려움을 쉽게 발견할 수 있다. 나처럼 많은 사람들은 미래의 멋진 삶을 꿈꾼다. 그럼에도 불구하고, 오늘의 저녁 식사나 내일의 일정에 얽매여 있기 일쑤다. 꿈을 꾸며 미래를 향해 나아가려는 동안, 우리는 자주 현재의 문제에 직면한다.

　나는 이러한 본성 때문에 조직 경영에 있어서도 다양한 문화와 전략을 도입해 왔다. 조직 내에서 리더와 팔로워의 관계를 관찰하면서 느낀 것은, 리더가 단순히 팔로워의 잘못을 지적하기보다는 잘못된 결과를 초래하지 않도록 환경을 조성해야 한다는 것이다. 이를 통해 나는 팔로워가 리더의 말을 따르는 조직문화를 만들 수 있다고 믿는다. 그러나 사회적 커뮤니케이션에서 우리는 종종 강자와 약자의 관계를 발견한다. 그런 상황에서 약자나 팔로워에 대한 배려가 부족하다. 나는 이런 태도가 타협의 어려움을 초래한다고 생각한다. 옳은 말이나 옳은 삶의 방향이 있더라도, 그것을 따르지 않는 이유는 그것에 대한 저항을 제거하지 않았기 때문이다.

이러한 생각은 나의 대학원 생활 중에도 지속되었다. 벌써 그때로부터 10년이 지났다. 그때 느꼈던 기억 중에는 즐거움보다는 불만족이 앞서는 순간들이 있었다. 미래는 정해져 있지 않으므로 미래학 수업도 그리해야 한다고 생각했다. 그러나 나는 80년대 고등학교 수업 같은 느낌의 미래학 수업을 경험했다. 내 생각에, 미래학은 자유롭게 토론하고 서로의 생각을 나누며 자율적으로 학습해야 하는 과목이다. 10년 전의 그 불만족스러웠던 순간들은 지금의 나에게도 여전히 중요하다. 시작할 때 모든 것이 완벽하게 갖춰져 있을 필요는 없다고 생각한다. 그러나 지금, 10년이 지난 현재도 그 부분들을 갖추고 개선해야 한다고 느낀다. 나는 문술미래전략대학원의 앞으로의 10년이 지난 10년과는 달라야 한다고 생각한다. 내가 꿈꾸는 문술미래전략대학원은 모든 사람이 공부하고 싶어 하는 곳이다. 그러기 위해서는 우리는 다른 사람들의 롤모델이 되어야 한다. "나도 저 사람처럼 살고 싶어"라는 생각을 가지게 만드는 사람, 그런 사람이 문술미래전략대학원의 졸업생이어야 한다고 생각한다.

미래전략과 인간의 행복

카이스트 문술미래전략대학원에서 나는 인간의 미래에 대한 연구의 중요성을 깨달았다. 과학기술의 발전만으로는 인간의 행복지수를 높일 수 없다. 인문사회학적 접근을 통해 인간의 내면과 미래에 대한 진정한 이해를 얻어야 한다. 결국, 미래의 전략은 인간의 행복을 위한 것이다. 그리고 그 행복을 찾아가기 위해서는 인간의 내면과 미래에 대한 깊은 통찰이 필요하다. 나에게 카이스트 문술미래전략대학원은 그러한 통찰을 제공해 주었다. 나의 삶을 축제로 만들어 준 그곳에서, 나는 미래에 대한 새로운 희망과 비전을 발견하게 되었다.

미래를 향한 짧은 칼럼

인구 감소의 그림자

한국의 인구 구조 변화:
인간의 본능과 인구 감소의 연결고리

한국 사회는 다양한 문제와 도전에 직면해 있다. 그 중에서도 인구구조의 변화는 가장 긴요한 문제 중 하나다. 이 문제를 해결하기 위해서는 인간의 미래에 대한 깊은 통찰과 이해가 필요하다.

나는 지금 우리나라의 인구구조 변화를 바라보며 깊은 우려를 느낀다. 그 변화는 단순한 숫자의 차이가 아니다. 그것은 우리의 삶, 우리의 미래, 그리고 우리의 정체성에 근본적인 문제를 제기하고 있다. 인구구조 변화를 통해 우리가 집중해야 할 부분을 찾아보려 한다. 인간은 영적인 동물이다. 누군가의 지시나 지원, 혹은 어떤 강압에 의해 단순히 움직이는 존재가 아니다. 인간의 본질에는 종족을 보존하고, 영원히 살고 싶은 욕망이 깃들어 있다. 그런데 우리나라에서 이러한 본능이 흐려져 가고 있다는 사실에 놀라움을 금치 못한다. 결혼과 출산을 회피하는 현상은 단순히 경제적, 사회적 요인만의 문제가 아니다. 그것은 우리 사회의 근본적인 문제, 생태계의 불안정성을 반영하는 것이다. 종족을 보존하는 본능이 약화된다는 것은 현대 사회에서 인간이 겪는 내면의 불안과 두려움이 그 원인일 수 있다.

과학기술의 발전은 무엇보다 중요하다. 하지만 그 발전이 인간의 행복과는 괴리가 있다는 것을 알아차렸다. 우리는 기술의 편리함에 빠져 그 안에서 행복을 찾으려 했다. 그러나 진정한 행복은 내면의 평온과 안정에서 비롯된다. 이러한 문제의식 속에서 나는 과학기술이 인간의 행복에 기여하지 못하고 있다고 느낀다. 기술은 편리함을 주지만, 그것이 반드시 행복을 가져다주지는 않는다. 이러한 인식을 바탕으로 우리는 미래에 대한 새로운 접근법을 찾아야 한다.

미래전략프로그램 2기,
미래를 말하다

윤기영

한국외국어대학교 겸임교수

다원적 미래인식[1)]

나는 미래학자다

사람은 미래에 산다[Poli, 2017]. 저녁에 사형을 당할 것이 예정된 사형수에게 마지막 식사로 멋진 만찬을 제공한다. 대개의 사람은 만찬을 기다리며 입에 침이 고이겠으나, 사형수에게 마지막 식사는 모래알 같으리라. 그의 마음은 식사하는 현재가 아니라 사형을 당할 미래에 있기 때문이다. 현재보다 나은 미래를 꿈꾸는 청년은 현재가 가난하고 힘들어도 행복할 것이다. 1960년과 1970년대 청년이었던 베이비부머 세대의 마음이 그랬을 것이다. 부모님과 선배의 추억을 들으면 당시 꿈과 야망과 희망이 가득했을 것임을 충분히 알 수 있다. 그들에게는 미래가 현재보다 나아질 수 있다는 기대를 품을 수 있는 환경에 있었기 때문이다. 이러한 기대가 인류를 진보하게 했다[Rosen,

---

1) 다원적 미래인식 Plural Epistemologies for Futures이란 복수의 인식 체계로 미래를 바라보는 것으로 정의할 수 있다.

2012; Poli, 2017. 아프리카 대륙에서 털 없는 원숭이로 태어난 인류가 다른 동물을 지배하고 지금과 같이 진보할 수 있었던 이유는 인간의 마음이 미래에 살기 때문이다. 따라서 모든 인간은 미래학자다.

인간의 마음이 미래에 사는 데 반해, 다른 포유류는 현재에 집중하는 것으로 보인다Suddendorf, Redshaw & Bulley, 2022. 다람쥐가 가을에 도토리를 모은다. 다람쥐의 마음도 미래에 사는 것처럼 보인다. 그러나 첫돌이 지나지 않은 다람쥐도 가을에 도토리를 모으는 것을 보면 경험이 아니라 본능임을 알 수 있다. 겨울을 겪지 않은 다람쥐가 겨울을 준비하는 이유는 마음이 미래에 살기 때문이 아니다. 그 행위에 대한 유인이 유전자에 각인되어 있기 때문이다. 유전적으로 우리 인류와 가장 가까운 침팬지도 현재에 집중하는 것으로 보인다. 인간 어린이는 미래의 불확실성을 명확하게 인식하고 이에 대비하나, 침팬지는 그렇지 않은 것으로 나타났다Suddendorf, Redshaw & Bulley, 2022.

모든 인간은 미래학자다. 호모 사피엔스는 '호모 프로스펙투스'로이 바우마이스터 외 저, 김경일 외 역. 2021로, 미래학자다. 과거 고등학생 2학년 때 평생의 원칙으로 일신우일신日新又日新[2])을 세웠다. '날마다 새로울 것이며 또 날마다 새로울 것이다'라는 뜻이다. 일신은 오늘을, 우일신은 미래를 뜻한다. 오늘과 미래 모두 전진하라는 의미다. 일신우일신

---

2) 《서경書經》의 〈상서商書〉에서 그 기원을 찾을 수 있다. 상나라를 세운 탕왕은 떠오르는 해를 보면 '구일신일일신우일신苟日新日日新又日新'이라 했다 한다. 그 뜻은 '날마다 새롭게 하면 날마다 새롭고 또 날마다 새롭다'이다.

을 가슴에 새운 고등학생 시절의 나라는 존재는 인류의 한명으로 미래학자였으나, 전문 미래학자가 존재함을 알지 못했다.

20대 시절에 앨빈 토플러가 지은 《미래의 충격》, 《제3의 물결》, 《권력이동》 등의 책을 읽었다. 미래를 읽고 세상의 방향을 전망하는 미래학자는 수많은 선단의 앞에서 배가 향할 방향을 지시하는 항해사로 보였다. 끝이 보이지 않고, 길을 알 수 없는 사막에서 카라반에게 어느 방향에 오아시스가 있는지 알려주는 선지자로 보였다. 미래학자인 필자는 그때가 되어서야 미래학자가 존재함을 알 수 있었다. 그러나 체계적 학문인 미래학에 대해서는 알지 못했다.

미래학의 대부인 짐 데이터, 미래학, 마노아 학파, 미래예측 방법론을 접하는 데는 많은 시간이 필요했다. 필자가 46세가 되던 해, 절친한 후배가 미래학을 다룬 책을 선물했다. 당시 그 책은 내게 꿈을 안겼다. 미래학을 배우고 싶다는 강한 열정이 나를 사로잡았다. 그러나 당시의 필자에게 미래학은 잡을 수 없는 무지개 같았다. 한참 크고 있는 아이와 경제적으로 풍족하지 못한 상황 때문이다. 그간 필자를 위해 노력하고 고생한 아내를 두고, 한참 크고 있는 아이들을 신경 쓰지 않고 나 홀로 유학을 간다는 것은 상상할 수조차 없었다. 당시의 필자에게 미래학은 잡을 수 없는 무지개였다. 이번 생에 필자는 미래학과는 관련이 없을 것으로 지레 판단했다. 그런데 기회가 왔다.

미래학을 알고 나서 2년이 지난 2013년 여름이었다. 새롭게 공부하려는 결심을 한 때였다. 대학과 전공을 탐색하기 위해 인터넷에서 자료를 검색하고 있었다. 나도 모르게 인터넷에서 '미래학 대학원'을 찾고 있었다. 카이스트에 미래학 대학원 과정이 개설되었다는 뉴스가 크고 뚜렷하게 눈에 잡혔다. 가슴이 뛰었다. 열망과 열정이 나를 사로잡았다. 마음이 쉽게 가라앉지 않았다. 미래학은 잡을 수 없는 무지개가 아니었다. 운에 행운이 더해지고, 행운에 복이 겹쳐져 2013년 가을 합격증을 받을 수 있었다. 2014년 봄, 카이스트 문술미래전략대학원 미래학 석사과정 2기로 입학했다.

인류로서 미래학자였던 필자는 말 그대로 미래학도가 되었다. 전문 미래학자가 되기 위한 다양한 시도를 했다. 여러 권의 책을 주저자로 출간했고, 공저자로 참여했으며, 미래학에 대한 몇 권의 책을 번역했다. 여러 편의 논문을 쓰고, 미래학과 관련된 연구에 참여했다. 미래학자를 만나기 위해 많은 분을 만났다. 샌프란시스코에서 열린 세계미래회의World Futures Society에 참여하여, 밀레니엄 프로젝트의 제롬 글렌Jerome Glenn, 휴스턴 대학의 피터 비숍Peter Bishop과 앤디 하인스Andy Hines를 비롯해 많은 미래학자를 만났다. 서울, 대만, 방콕 등에서 개최된 아시아태평양미래학자네트워크APFN, Asia Pacific Futurist Network에 참석하고, 발제를 했다. 거기에서 UNESCO 미래학 의장인 소하일 이나야툴라Sohail Inayatullah 교수, 쉐이핑 투모로우Shaping

Tomorrow의 마이클 잭슨^{Michael Jackson}, 기업 미래예측에 전문성 있는 르네 로벡 ^{Rene Rohrbeck} 교수, 국제미래학교 ^{SOIF}의 존 스위니 ^{John Sweeny} 등 다수의 미래학자를 만났다. 이나야툴라 교수와는 여러 번 만나 그의 식견, 지혜, 포용력을 배울 수 있었다. 그의 책을 우리말로 번역하고 출간할 수 있는 행운을 얻었다. 유네스코 미래 문해력 전의 장인 리엘 밀러 ^{Riel Miller}와는 2023년 여름 서울에서 만나 몇 차례의 식사를 즐겼다. 이제 필자의 이름으로 구글링을 하면 몇 편의 글과, 몇 편의 신문 기사와, 몇 권의 책을 찾을 수 있다. 이제 미래학을 전공하고 나서 햇수로 10년이 지났다. 미래학자인 모든 사람 앞에 전문 미래학자가 되었다고 조금은 자부해도 되지 않을까 한다.

21세기 초 미래학은 어느 방향으로?

전문 미래학자가 되었다고 해도 미래학의 깊이와 넓이를 다 더듬지 못했다. 그만큼 미래학이 넓고 깊기 때문이다. 너른 미래학의 광야에서 필자의 현재 거칠 중간 목적지는 한국사회의 고유의 미래학과 다원적 미래 인식이다. 이 둘은 강한 관련성이 있다. 한국사회 고유의 미래학, 우리의 향기와 색깔에 맞는 미래학이란 한국사회를 관통하는 인식에 바탕을 둔 미래상을 찾는 것이다. 한국사회 고유의 향기와 색깔이 있다면, 모든 문화권도 그렇다. 하나의 인식체계로만 보기에는 세상은 다채로운 색으로 채워져 있다. 세상은 가시광선만 아니라 적외선과 자외선이 가지는 고유의 색으로 가득 차 있다. 다양한 미래와 열린 미래를 이해하기 위해서는 다원적 인식론을 가져야 한다. 그런데 하나의 인식론도 이해하기 어렵다. 다원적 인식론은 더욱 어렵고 낯설다. 다원적 인식론과 결합된 다원적 미래 인식은 더더욱 어렵고 더욱 낯설다. 이를 이해하려면 미래학의 역사를 먼저 더듬어 볼 필요가 있다.

앞에서 언급했듯이 모든 인류는 미래학자다. 역사 시대 이전부터 인류는 미래를 마음에 두고 있었다. 전 세계미래연맹 의장인 제니퍼 기들리 Jennifer Gidley 박사는 역사 이전 시대의 미래학적 전통을 그렸다 2017. 웬디 슐츠 Wendy Schultz 교수는 미래학의 역사를 5번의 물결로 나누었다2012. 5번의 물결은 각각 역사 시대 이전의 샤먼과 주역, 거시역사학자와 과학적 상상력, H. G. Wells와 소련의 계획경제, RAND 연구소와 〈성장의 한계〉, 통합 미래 Integral Futures와 다중인과계층분석 CLA, Causal Layered Analysis으로 상징된다. 슐츠는 미래학의 최신 동향인 5번째 물결이 21세기에 시작하는 것으로 보았다.

미래학의 발전에 따라 미래 예측의 방법과 고민도 발달하고 성장하고 변화했다. 1950년대 미래 예측은 추세외삽법을 주로 사용했다. 과거부터 현재까지의 흐름이 미래에도 이어진다는 전제다. 변화가 빠르지 않다면 이러한 전제와 가정은 충분히 의미가 있다. 추세외삽법은 미래의 다양한 동인은 고려하지 않는다는 단점이 있었다. 1970

년대 등장한 미래 예측 방법은 통계적 예측forecasting을 기반으로 했다. 로마클럽의 〈성장의 한계〉는 시스템 다이내믹스를 방법론으로 택했다. 통계적 예측으로 무장했던 당시의 많은 미래학자는 점성술사와 비슷했다. 당시의 미래학자는 상징적 비유로 점성술사의 수정구를 자주 사용했다. 통계적 예측을 무기로 하여 미래를 수정구처럼 미래를 명료하게 미래를 맞출 수 있다고 주장했다. 경영전략은 명료하게 미래를 예측할 수 있다는 가정에 바탕을 둔 계획학파Planning School이 힘을 얻었다Mintzberg, 2005. 그러다 미래학이 망했다. 정교한 수학적 공식과 자료를 가진 경제학은 '정교하게 틀린' 예측을 하는 이유와 미래학이 망한 이유는 같다. 미래학이 망하면서 계획학파의 목소리가 사라졌다. 많은 국가가 과거에 우리나라의 경제개발 5개년 계획과 유사한 것을 수립했으나, 이제 이를 수행하는 나라가 많지 않은 이유다. 당시 짐 데이터 교수는 컴퓨터를 사용하여 미래를 예측할 수 있을 것으로 기대하고 다양한 시도를 했다.

통계적 예측의 실패, '정교하게 틀린 예측'에 대한 반성은 미래학이 열린 미래를 탐색하도록 했다. 이 열린 미래를 탐색하는 것을 열린 미래 예측 혹은 원려遠慮라 할 수 있다. 영어로 foresight이다. 참고로 foresight를 미래 예측이라고 번역하는 것에 대한 문제를 잠깐이라도 짚어야겠다. 예측의 측測은 숫자를 재는 것으로 통계적 예측에 가깝다. 영어 foresight, forecasting, prediction, anticipation을 우리말로 예측으로 흔히 해석한다. 미래학에서 이들 단어의 의미는 모두 다르다. Foresight는 복수의 미래를 전망하고 이에 대한 논의를 의미한다. 그 뜻과 가장 가깝게 해석한다면 열린 미래 예측 혹은 원려遠慮다. 한영, 중영, 일영 사전 모두 원려를 foresight로 정의한다윤기영, 서용성, 배영재, 2016.

열린 미래 예측인 foresight에 대한 논의를 할 때 짐 데이터 교수의 미래학 3원칙을 빼놓을 수 없다. ① 미래는 존재하지 않으므로 단정적으로 예측predict할 수 없다. ② 미래에 대한 유의미 전망은 '우스꽝스럽고 말도 안 되는ridiculous' 것으로 보여야 한다. ③ 우리가 도구를 만들고, 그 이후 도구가 우리를 만든다. 세 번째 원칙은 미래학자인 마샬 맥루한[3]의 글을 빌려온 것으로 우리가 미래를 예측하면, 그 예측이 우리에게 영향을 미친다는 뜻이다.

미래학의 세 번째 원칙은 미래 예측 방법론과 포사이트가 참여적 방법론으로 나아가도록 했다. 미래학자가 복수의 미래를 전망하는 것을 넘어, 바람직한 미래를 실천하기 위해서는 미래를 전망하는 그 과정에 사람들이 참여하도록 해야 한다. 미래를 경험하도록 함으로써 미래에 대한 인식과 기대를 변화를 준다. 이 인식[4]과 기대의 변

---

3) 앨빈 토플러는 편집자로 1972년 《the futurists》를 출간했다. 이 책에 모두 22명의 미래학자가 글을 실었고, 마샬 맥루한의 글도 포함되어 있다.
4) 표준국어대사전은 인식認識을 '① 사물을 분별하고 판단하여 앎 ② (심리) 자극을 받아들이고, 저장하고, 인출하는 일련의 정신 과정. ③ (철학) 일반적으로 사람이 사물에 대하여 가지는, 그것이 진眞이라고 하는 것을 요구할 수 있는 개념. 또는 그것을 얻는 과정'으로 정의한다.

화가 오늘의 행동을 바꾸고, 그 바뀐 행동이 미래를 바꾼다. 따라서 참여적 방법론은 인식론과 이어진다.

인식론^{epistemology}이란 철학의 한 분과로 지식의 획득, 지식의 정당성에 대한 철학적 사유를 묶은 것이다. 지식이란 '정당한 참된 믿음'이다. 우리는 일정한 믿음 체계로 세상을 바라본다. 그 세상을 바라보는 인식이 미래에 대한 기대를 바꾸고, 미래에 대한 기대가 미래에 대한 다양한 전망의 배경이 된다.

미래학과 다원적 인식론

미래에 대한 인식을 처음으로 깨운 것은 파키스탄계 영국 미래학자인 지아우딘 사다르^{Ziaudin Sardar}다. 그는 미래학의 식민화를 강렬하게 지적했다^{Sardar, 1993}. 미래학의 식민화란 미래에 대한 기대의 식민화를 의미한다. 예를 들어 서구의 인식과 세계관으로 미래상을 구성한다면, 그것이 미래학의 식민화에 속한다. 한국사회가 그리는 미래의 모습을 인류 공통의 것이라고 해야 할까? 서구의 그것, 그것도 미국의 그것을 답습하고 있을까? 생태적 미래상이나 탈자본주의 미래상, 순환적 세계관에 기반한 미래상과 이슬람 공동체 정신에 기반한 미래상을 적어도 필자는 잘 알지 못했다.

사다르는 그 이후 탈정상 시대^{Post Normal Times}를 주장하며, 우리의 새로운 인식체계가 필요함을 강조했다. 이나야툴라 교수는 인과계층

분석을 제안하며 탈구조주의적 미래학을 제안 Inayatullah, 1998했으나, 그의 이론은 곧 다중인과계층분석으로 진화했다. 초기의 인과계층분석은 현상, 현상을 분석하는 과학적 이론, 과학적 이론이 바탕을 두고 있는 세계관, 그 세계관의 근저를 이룬 내러티브를 분석하는 데 초점을 두었다. 인과계층분석은 한 개인이나 사회의 과거와 현재, 한 문화의 다양한 집단, 여러 문화권의 다원적 인식론으로 확장하여 다중인과계층분석으로 발전했다.

켄 윌버 Ken Wilber의 통합이론 Integral Theory에 영감을 얻고 호주의 미래학자 리처드 슬로터 Richard Slaughter 교수가 제안한 열린 미래의 통합론 Integral Futures은 AQAL All Quadrant All Level 모델을 구성하는 개인으로서의 나, 집단으로서의 우리, 객체로서의 그것, 그것이 모인 그것들의 시각으로 미래를 분석하고 상상하고 전망하며, 그렇게 만들어진 미래상을 통합적으로 볼 수 있는 사고의 틀을 제시했다 Voros, 2008.

리엘 밀리 Riel Miller는 미래에 대한 전망을 통해 현재의 행동에 실천적 변화를 가져올 수 있는 방법과 틀인 미래 문해력을 주장했다 Miller, 2018. 실천적 변화를 위해 그는 유네스코와 함께 미래 문해력 실험실을 여러 나라와 여러 지역에 세웠다. 참고로 미래 문해력 실험실은 구체적인 공간적 장소를 의미하지 않으며, 체계적 활동을 뜻한다.

이탈리아 토렌토 대학의 로베르트 폴리 Robert Poli 교수는 미래학의 과학화를 주장하고 있다. 데이터 교수의 미래학 3원칙의 첫 번째 원칙은 미래는 존재하지 않으므로 단정적 예측의 불가능성에 대한 것이다. 미래학은 미래를 비결정적으로 본다. 우리의 현재의 의사결정으로 미래가 바뀐다면 미래는 존재하지 않는다. 존재하지 않는 것에 대한 지식이란 존재할 수 없다. 지식이란 '정당화된 참된 믿음'이다. 미래에 대한 지식은 정당화될 수 있다 하더라도 참되지 않다. 비결정적 미래를 알 수 없으므로, 미래에 대한 지식은 존재하지 않는다. 과학으로 번역된 Science는 지식을 의미한다. 따라서 미래학은 과학이 될 수 없다^{Niiniluoto, 2001}. 그런데 이를 전복하고 미래학의 과학, 좀 더 정확하게 표현하자면 미래에 대한 전망의 과학을 폴리가 주장했다^{Poli, 2017}.

미래는 존재하지 않으나 미래에 대한 우리의 기대는 지금 존재한다. 그 기대는 인간의 뇌가 예측 시스템이므로 가질 수 있다. 유전적으로 예측 시스템을 두개골 안에 가지게 된 호모 프로스펙투스이므로 미래에 대한 기대를 가질 수 있다. 심리적 경향과 인식에 의해 미래에 대한 기대는 강화되고 변형되고 다양화하며 풍성해지며 실천적이 된다. 폴리 교수는 이 미래에 대한 기대를 의미하는 전망 Anticipation의 과학화와 학문화를 주장하며, 미래에 대한 기대인 Anticipation의 의미를 통계적 예측 forecasting, 원려 foresight와 미래에 대한 현재의 실천까지 포괄한다. Anticipation은 생물학, 심리학, 철학, 사회학 등을 포함하며 다양한 인식론에까지 이어진다.

사다르는 최근 탈정상 시대에 다양한 인식론이 등장할 것으로 기대하고, 이들 다양한 인식론을 포괄할 수 있어야 한다고 주장했다 Sardar, 2022. 그는 파키스탄계 영국인으로 오랜 기간 정체성을 탐구하며 영국에서 경계인으로 살았다 Sardar, 2018. 다중 정체성을 가진 그는 다중 인식론의 확장에까지 이르며, 데이터 교수는 인생의 운율 속에서 정체성의 흐름과 인식의 확장이라는 거대한 지혜로 눈을 밝게 했다 Dator, 2022.

다원적 미래 인식이 왜?

우리는 우리의 인식의 틀에 따라 미래를 달리 기대한다. 인식의 차이가 진보와 보수의 차이를 만든다. 종교가 주는 믿음 체계에 따라 미래를 달리 본다. 진영과 국가에 따라 미래에 대한 기대가 다르다. 남반구 국가와 북반구 국가의 인식이 다르다. 청년과 노인의 기대가 다르다. 메리토크라시 meritocracy[5]와 건강한 시민층의 미래에 대한 기대가 다르다. 인식의 차이가 미래에 대한 기대를 다르게 하고, 미래에 대한 기대가 다르니 사회적 갈등이 생긴다. 사회적 갈등은 미래에 대한 기대가 다르기 때문에 일어난다 Rosen, 2012.

2023년 한국사회는 안타깝게 오늘의 나와 내일의 나, 청년과 노

---

5) 2020년 우리나라에서 번역 출간된 마이클 샌델의 책 《공정하다는 착각 : 능력주의는 모두에게 같은 기회를 제공하는가》의 원제는 《The Tyranny of Merit》으로 메리토크라시에 대한 비판적 글이다.

인, 가난한 자와 부자, 여자와 남자, 진보와 보수, 오른쪽 동네와 왼쪽 동네, 북쪽과 남쪽의 갈등이 더해지고 엎어져 심각한 상황에까지 이르렀다. 이 갈등의 원인은 미래에 대한 기대의 차이에서 유래한다. 오늘의 내가 인식과 내일의 인식이 다르다. 물질적으로는 풍요하나 미래에 대한 기대가 빈한한 오늘의 청년과 물질적으로 가난했으나, 미래에 대한 기대로 힘을 냈던 어제의 청년이었던 베이비부머 세대는 쉽게 화해할 수 없을 것처럼 보인다.

이 갈등은 우리가 스스로 키운 것이 있으며 외부에서 일으킨 것도 있을 것이다. 그러나 해결은 우리가 스스로 해야 한다. 그렇지 않다면 한국사회는 상상 이상의 비용을 치를 수밖에 없다. 찰스 디킨스의 《크리스마스 캐럴》에 등장하는 스크루지 영감은 현재의 나와 미래의 내가 인식과 미래에 대한 기대의 차이를 극복하고 화해를 했다. 남아프리카공화국은 다양한 미래를 전망하고, 미래에 대한 다중적 인식을 통해 용서와 대화해를 이룰 수 있었다. 이를 통해 불가능하게 보였던 미래를 가능한 미래로 실천했다.

이들 사례와 메시지는 한국사회가 이 위기를 극복하기 위해서 다원적 미래 인식이 필요한 이유가 된다. 다양한 열린 미래를 전망하고 기대하기 위해서는 다원적 인식을 메타적으로 인식하고 포용하고 포괄하여 그 사이를 산책할 수 있어야 한다. 21세기 들어 미래학이 인식론과 만난 이유이며, 한국의 미래학자가 메타적인 다원적 미래 인식을 가져야 하는 이유다.

미래학을 전공하고 햇수로 10년이 된 2023년 지금, 전문 미래학자라고 자칭해도 그리 부끄럽지 않게 된 2023년 지금, 사회 갈등으로 한국사회가 주저앉을 것 같은 2023년 지금, 필자가 다원적 미래 인식에 생각과 고민을 얹은 이유는 필자가 카이스트 문술미래전략대학원을 졸업한 대한민국의 미래학자이기 때문이다.

참고문헌

로이 바우마이스터, 피터 레일턴, 찬드라 스리파다, 마틴 셀리그만 저, 김경일, 김태훈 역(2021). 전망하는 인간, 호모 프로스펙투스 오직 인간만이 미래를 생각한다. 웅진지식하우스.

윤기영, 서용석, 배영재(2016). 동양삼국의 전통적 미래예측 원려(遠慮). 미래학회 학술대회 제1회

Dator, Jim(2022). Beyond Identities: Human Becomings in Weirding Worlds. Springer.

Gidley, Jennifer(2017). The Future: A Very Short Introduction. Oxford University Press.

Inayatullah, Sohail(1998). Causal layered analysis: Poststructuralism as method. Futures, 30(8): 815-829.

Inayatullah, Sohail & Merer, Ralph & Milojevic, Ivana & Sweeney, John(2022). CLA 3.0: Thirty Years of Transformative Research. Tamkang University Press.

Miller, Riel(ed) (2018). Transforming the future: anticipation in the 21st century. UNESCO.

Mintzberg, Henry(2005). Strategy Safari: A Guided Tour Through The Wilds of Strategic Management. Free Press.

Niiniluoto, Ilkka(2001). Futures studies: science or art? Futures, 33(5): 371-377

Poli, Robert(2017). Introduction to Anticipation Studies. Springer.

Rosen, Robert(2012). Anticipatory Systems: Philosophical, Mathematical, and Methodological Foundations(2nd Ed.). Springer.

Sardar, Ziauddin(1993). Colonizing the future: the 'other' dimension of futures studies. Futures, 25(2): 179-187.

Sardar, Ziauddin(2018). A person of Pakistani origins. Hurst & Company

Sardar, Ziauddin(ed) (2022). EMERGING EPISTEMOLOGIES: The Changing Fabric of Knowledge in Postnormal Times. International Institute of Islamic Thought, and Centre for Postnormal Policy & Futures Studies.

Schultz, Wendy(2012). The History of Futures; Curry Andrew(ed). The Future of Futures. Association of Professional Futurists

Suddendorf, Thomas & Redshaw, Jonathan & Bulley, Adam(2022). The Invention of Tomorrow: A Natural History of Foresight. Basic Books.

Voros, Joseph(2008). Integral Futures: An approach to futures inquiry. Futures, 40(2): 190-201.

미래전략프로그램 3기,
미래를 말하다

이대중

부산대학교 조교수

카이스트에서 펼쳐진 미래의 호기심, 나 이대중의 선택과 도전

2015년 미래전략FS 3기로, 2017년 박사과정 3기로 카이스트와 만난 이대중이다. 입학의 계기는 다양한데, 우연, 재충전, 그리고 미래에 대한 호기심이 모두 작동해서 카이스트 미래전략대학원을 선택했다. 그중에서도 특히 '미래'라는 단어가 주는 끌리는 보이지 않은 힘이 선택하게 된 큰 계기가 아니었나 생각된다.

석사 기간 동안 기억에 남는 순간이 너무 많다. 먼저, 입학에 앞서 2014년 가을 입학 면접을 위해서 카이스트에 처음 방문한 경험과 면접위원으로 참여해 주신 이광형 총장님, 정재승 교수님 등이 생각난다. 둘째로, 추운 2015년 2월 밤에 캄캄한 카이스트 강의실에서 시작한 미래학 수업과 주말에 열린 IT 수업들이 기억난다. 셋째로, 첫 번째 논문으로 작성된 '북한경제의 미래'가 Futures 학회지에 접수되고 accept라는 이메일을 받은 순간의 기억을 잊을 수 없었다.

그 외에도 좋은 기억과 추억들이 많다. 교수님과 동기분들과 맺은 새로운 인연까지도 감사드린다.

연구를 하고 논문을 쓰는 것이 나에게는 무관한 영역이라고 생각했었는데, 나도 이런 연구가 가능하다는 것을 확인해 준 곳이 카이스트였다. 좋은 학생이 아니라 일반적인 사람을 좋은 학생, 좋은 연구자로 발전시켜 주는 곳이 좋은 학생이라고 생각이 들었다. 둘째로, '인생은 선택이다'라는 문구의 의미가 다시금 다가온 것 같다. 직장 생활을 병행하면서 하는 학업이라서 쉽지 않았지만, 나 같은 직장인에게도 기회가 주어진 점에 감사하다. 2014년 가을 다른 곳이 아닌 카이스트를 선택한 것이 지난 10년간 내 최고의 선택이라고 생각한다.

에피소드도 참 많다. 2020년 초, 전 세계적으로 코로나-19 팬데믹이 확산되던 시기에 한국의 정책 대응과 사례를 소개하는 논문을 작성했던 시기가 에피소드로 기억된다. 당시 한국의 대응 사례가 유일한 코로나 극복 경험이었기 때문에 세계은행, 외국 정부 등에서 여러 정책 대응 방법을 제공해 달라는 요청이 많았고, 당시 서용석 교수님 랩 학생들과 여러 논문을 작성하게 되었다. 그리고 이 논문을 제출할 곳을 찾아보다 〈네이처〉, 〈사이언스〉 등 주요 과학 학술지에 연락했던 기억이 난다. 말로만 듣던 네이처 편집장에게 이메일 연락을 드렸고 실제 회신을 직접 해주신 것이 정말 기억에 남는다. 물론 논문 채택까지는 되지 않았지만, 세계적인 학술 저널과 연구 세계에 노크를 해 보 았던 점은 보람 있었고, 가장 기억에 남는 에피소드 중 하나였다.

2113년의 비전, 대학원의 미래와 지속가능성

대학원의 100년 후 미래를 떠올리는 것은 어려운 일이다. 먼저 대학 원 미래에 앞서, 2113년 한국의 미래, 전 세계의 모습 등을 상상해 봐야 할 것 같다. 기술은 더욱 발전하고, 환경은 지금보다 나아지고, 한반도의 통일 등을 상상해 본다. 100년 후의 비전과 방향을 고민하 기 전에 중요한 것이 있다. 첫째, 우리 대학원이 그때도 살아남는 것 이다. 100년 이상을 넘어서기 위해서는 2가지가 필요하다. 좋은 학 생이 계속 찾아와야 하고, 좋은 연구와 교육을 계속 생산해야 한다. 그리고 우리 대학원이 나아갈 방향은 세계 최고의 미래 연구 기관 이 될 것이다. 미래의 연구 트렌드나 필요한 연구 방향성에는 새로 운 도전이 필요하다. 환경 영향 평가 제도라는 것이 있다. 새로운 사 업, 건설, 정책이 환경에 미치는 영향을 측정해서 환경 친화적인 제 도를 만드는 것이다. 미래 영향 평가 제도라는 것은 어떨까? 이 사업 을 하고 이 건설을 하면 지금 당장이 아닌 20년, 30년 후에도 필요 한 사업인지를 미리 예측해 보는 방법이며, 이러한 제도를 도입해 보 는 것을 제안해 본다

정치권이 자주 쓰는 용어 중 하나가 '미래', '미래 세대'라는 단어

다. 그리고 미래 연구가 가장 필요한 영역은 정책과 정치의 영역이다. 그러나 현실 정치에서는 미래보다는 현재나 과거를 기반으로 하여 결정을 내리기 마련이다. 미래 세대가 유권자가 될 때까지 기다릴 수 없기 때문이다. 궁극적으로 정책 결정에 미래 세대에 미치는 영향을 분석하는 것이 필요하고, 그 전 단계로 좋은 정책 사례를 발굴하여 가칭 '카이스트 미래 정책상'을 수여하는 것도 국가 정책이 보다 미래 지향적으로 되어가는 데 도움이 되지 않을까 생각해 본다.

정책의 시각을 현재 중심에서 미래 예측으로 바꾸다

정책과 행정 분야에서는 과거에 대한 관심이 60, 현재에 대한 관심이 30, 미래에 대한 관심이 10일지도 모른다고 생각한다. 정책은 대부분 지난 사례와 문제점을 기반으로 하며, 그 문제를 해결하기 위한 노력을 중점적으로 한다. 미래를 대비하는 정책은 상대적으로 부족하다. 주된 이유는 현재의 의사결정자들, 예를 들면 장차관이나 국장 같은 직책의 인사들이 5년 후나 10년 후에는 해당 자리에 있지 않을 것이기 때문이다. 미래 문제를 선제적으로 대응하려는 노력이 부족하며, 그러한 노력을 취하면 이상하게 여기는 구조를 가지고 있다.

각 분야의 미래 과제는 해당 분야의 전문가들이 가장 잘 알고 있다. 그러나 대부분 현재의 문제 해결에만 집중한다. 예를 들어, 2016년에 청년 문제를 담당하면서 일본 출장을 갔을 때, 은둔형 외톨이

^{히키코모리} 문제의 심각성을 알게 되었다. 이 문제에 대한 실태 조사를 제안했으나, 당시 담당자는 수용하지 않았다. 당시 일자리를 찾는 청년들의 문제가 이미 심각했기 때문에 그 이외의 문제까지 해결하려는 시도는 어렵다는 이유로 거부되었다. 그러나 이러한 접근 방식으로 인해 최근 발생하는 '묻지마 범죄'와 같은 문제의 원인을 조기에 파악하는 기회를 잃었다. 미래에 발생할 수 있는 이슈를 먼저 파악하고 대비하는 것은 미래 연구의 중요한 도전 과제라고 생각한다.

미래전략프로그램 5기,
미래를 말하다

송미경

전라북도 서울본부 대외협력팀 팀장

목적을 향한 나의 여정

나는 문술미래전략대학원 5기 송미경이다. 대학원 입학 당시 나는 국회의원 보좌진으로 일하고 있었지만, 항상 뭔가 길을 잃은 느낌이 들었다. 그래서 개인적인 성장과 조직 발전을 위해 문술미래전략대학원에 입학했다. 대학원 생활은 내게 많은 것을 주었다. 무엇보다도 나무를 넘어 숲을 보는 법을 배웠다. 그동안 열심히 일해 왔지만 내가 무엇을 위해 일하고 있는지, 내가 어디로 가고 있는지 잘 몰랐다. 하지만 문술미래전략대학원에서 미래학을 공부하면서 세상을 더 넓고 깊게 바라볼 수 있게 되었다.

학교 입학의 계기는 누구에게나 있겠지만 나에게도 항상 똑같은 질문이 들어온다. 그 당시, 근무를 시작한 지 약 10년에서 15년 사이였다. 그리고 길을 잃은 기분이었다. 열심히 일을 하며 많은 경험을 쌓았지만, 그것이 모두 어디로 향하는지 그 의미는 무엇인지에 대한 확신이 부족했다. 나는 내 자신의 방향성을 찾고 싶었고, 그런 의미에서 대학원을 찾았다. 또한, 국회에서의 업무는 다양했지만 깊이가 얕았다는 생각이 들었다. 그래서 조직 발전을 위해 자신을 더 성장시키기 위한 도전이 필요하다고 느꼈다.

그래서 '완벽하게 이루었나요?'라는 질문에 대한 답은 언제나 어려움을 안겨준다. 그렇지만 확실한 것은, 내 인생에 '플러스'를 주었다. 그 당시 나의 혼란과 사상누각 같은 기분을 떠올리면, 학교에서는 그런 나에게 다시 한 번 숲을 보게 해주었다. 책에서 얻은 지식은 그저 지식일 뿐이었지만, 학교에서는 그 지식을 어떻게 활용하고 연결할 것인지에 대한 방향성을 제시해 주었다. 조직의 목적에 대해서는, 조직의 구성원 스스로 결정하는 것은 의미가 없다고 생각한다. 그럼에도 불구하고 나는 학교에서 배운 것이 실제 업무에 큰 도움이 되었다고 느꼈다.

KAIST, 그곳에서의 추억은 지금도 생생하다. 공학적 지식을 배우는 기회는 정말로 값졌다. 그렇게 쉽지 않았지만, 그 고통 속에서도 지식에 대한 욕구와 재미를 느낄 수 있었다. 1박 2일 동안 학교에서 온종일 공부하는 그 시간들, 그것은 마치 학부 시절의 MT를 다시 떠나는 듯한 느낌을 주었다.

문술미래전략대학원의 미래

문술미래전략대학원이 10년이라는 시간을 걸어 왔다. 10년, 그 시간이 문술미래전략대학원에게는 그렇게 길지 않을 시간이라는 기분이 든다. 나는 5기였고, 그때만 해도 '미래학'이라는 학문 자체가 국내에서 생소한 존재였다. 하지만 5년이 지난 지금, 다른 학교에서도 미래학을 연구하고 있고, 그 동향이 확연히 느껴진다. 10년 후의 문술미래전략대학원은 어떠할까? 나는 그곳이 우리나라 미래학의 메인스트림을 구축하는 중심이 될 것이라는 기대감을 갖고 있으며, 이러한 흐름의 선두에 서서 우리나라 미래학의 발전을 이끌어갈 것이라는 믿음이 있다.

결국 미래의 그때에 문술미래전략대학원은 미래학 전공자들의 중심지로서, 다양한 분야에서 활약하며 미래를 뚜렷한 방향으로 이끌어가는 인재들이 모여 미래의 모습을 함께 창조할 힘을 가질 것이다. 이 대학원은 미래의 지식과 경험을 공유하며 협력할 수 있는 풍부한 기회를 사회의 모든 이들에게 제공하며, 선한 영향력을 행사하는 학문적 지점으로 성장할 것이다. 미래를 밝고 지속가능한 방향으로 향하고자 하는 미래학 전공자들은 문술미래전략대학원에서 그 노력을 지원받으며 혁신과 긍정적인 변화를 추구하길 기대한다.

정치 집단에서의 미래전략의 중요성

나는 정당인으로서 다양한 활동을 해왔다. 많은 사람들이 생각하지 못하는 정치 집단의 복잡한 의사결정 과정을 경험하며 깨달은 점이 있다. 바로 미래전략이 정치 의사결정에 어떤 측면에서 도움을 주는 지에 대한 것이다. 입법부에서 활동하며, 법안의 만들어짐과 그 처리 과정을 보면서 미래학의 중요성을 깨닫게 되었다. 미래학적 시선을 가지고 법안의 내용을 구체적으로 만들거나 변화시키는 것은 물론 이고, 전략적인 맥락에서도 그 중요성이 부각된다. 물론, 전략과 미 래학은 다소 차이가 있지만 둘 다 정치의 세계에서는 빼놓을 수 없는 부분이다. 그러나 그 전략의 구체적 내용과 방향은 때때로 미래학적 요소와 지배적이지 않게 연결될 수 있다.

사실, 국회미래연구원과 카이스트 문술미래전략대학원을 완벽하게 비교하는 것은 나에게 어려운 일이다. 그렇지만, 국회에서 그 둘의 차이점을 경험해 보고 느낀 점들이 있다. 국회의 입법조사처와 국회미래연구원을 비교해 보면, 국회미래연구원의 주제 범위가 입법조사처보다 넓다는 것을 알 수 있다. 아웃풋에 있어서도 국회미래연구원은 입법조사처보다 더 다양한 결과물을 제공한다. 그러한 결과물은 당장의 법안에 반영되거나 질의서에 필요한 데이터로 사용되는 것이 아닌, 장기적인 관점에서 도움이 될 수 있는 내용들을 포함하고 있다.

국회는 끊임없는 의사결정의 장이다. 이러한 의사결정에 있어서는 탐사와 활용이라는 두 가지 요소가 균형을 이루어야 한다. 탐사와 활용의 개념은 현실적인 의사결정과 미래를 모두 고려하는 국회에 있어서 중요한 고민거리이다. 예전에 효과를 입증한 관행과 경험은 단기적인 문제 해결에 매우 유용할 수 있지만, 먼 미래에 대한 예측력은 한계가 있다. 그에 반해 탐사는 비용이 많이 소요되지만 미래의 다양한 가능성과 위험을 탐색하는 데 도움을 줄 수 있다. 그런 측면에서 국회는 단기적인 효과와 장기적인 비전을 모두 고려해야 하는 곳이다. 그러므로 어느 한 쪽을 완전히 포기하는 것이 아니라 두 가지 개념을 균형 있게 조화시켜야 하는 부담을 가진 곳이기도 하다. 현장 국회의원들은 자신의 선거와 관련된 활동에 집중하는 것은 어느 정도 부정할 수 없는 것이나, 국회의 장기적인 역할은 미래를 고려하고 지속가능한 정책을 개발하는 데 있다는 점을 분명히 해두고자 한다.

또한, 국회미래연구원은 이러한 균형을 유지하고 현실과 미래 사이의 간극을 줄이는 역할을 하고 있다고 생각한다. 그들은 단기적인 효과를 놓치지 않으면서도 장기적인 비전을 제시하고 지원함으로써 국회의 역할을 더욱 효과적으로 수행할 수 있도록 보조하고 있다. 이것은 국회가 미래에 대한 탐색과 현재의 문제 해결을 동시에 수행하며 국가의 발전과 안정을 위해 필수적인 밸런스를 유지하는 과정이라 볼 수 있다.

우리의 역할, 나의 놀이터

우리 문술미래전략대학원은 사회 다양한 분야에서 다양한 경험을 가진 사람들로 구성되어 있다. 이는 국민들의 다양한 의견과 관점을 대표한다고 볼 수 있다. 그러므로 우리는 국민들의 의식을 변화시키는 역할을 하며, 인구구조 변화에 대한 인식을 높이고 대응책을 모색할 수 있으며 그러한 책임이 있다. 미래를 위한 투자는 어느 분야에서든 중요하며, 그 효과를 국민에게 이해시키고 공감시키는 일도 우리의 역할 중 하나라는 점을 밝힌다.

그리고 나에게 있어서는 카이스트 문술미래전략대학원은 놀이터다. 이곳은 지식과 창의력이 자유롭게 펼쳐질 수 있는 곳이며, 미래의 모습을 상상하고 그것을 현실로 만들어 나가는 장소이다. 대학원에서의 공부와 연구는 마치 새로운 게임을 배우는 것과 같다. 새로운 아이디어와 도전적인 프로젝트가 끊임없이 제시되며, 그것들을 해결해 나가는 과정은 마치 퍼즐을 맞추는 것과도 닮아 있다. 미래학을 전공하면서 우리는 어떻게 사회와 기술, 경제의 조각들을 맞추어 나가야 하는지를 배우고, 그것이 현실 세계에 어떤 영향을 미칠지를 탐구한다. 이런 지적인 놀이는 동시에 큰 우리 사회의 미래를 새롭게 디자인해 나가는 과정이기도 하다. 물론, 문술미래전략대학원은 놀이터일 뿐만 아니라 책임과 열정이 필요한 곳이기도 하다. 하지만 이곳에서의 놀이는 언제나 의미 있고, 도전적인 경험으로 이어진다. 카이스트 문술미래전략대학원은 우리에게 열린 현실 세계의 놀이터이며, 우리는 여기에서 학습하고 성장하여 미래를 개척하는 모험을 즐기고 있다.

인구 감소의 대가

정책 예산 분배의 한계

인구구조 변화에 대한 고민은 정치권에서도 꾸준히 진행되어
온 중요한 사안이다. 특히 한국에서는 과거에도 인구를 늘리
기 위한 정책에 상당한 예산이 투입되었다. 그러나 현재 상황
을 고려할 때, 이러한 예산 분배가 충분했는지에 대한 의문
이 드는 것도 사실이다. 몇 년 전에 인구 1명을 늘리기 위해
얼마나 많은 자금이 투입되어야 하는지에 대한 연구를 한 적
이 있었다. 그 결과는 나에게는 매우 충격적이었다. 한 명의
인구를 증가시키는 데에는 상당한 비용이 들더라도 그 미래
가치가 엄청나게 크다는 결론이었기 때문이다. 과장해서 1명
을 키우는데 9,900억 원이 든다고 해도 그 한 명이 가지는
미래 가치가 1조 원이라면, 한 명을 더 키움으로써 미래의 경
제 생산력이 상당히 증가하게 되는데, 이런 관점에서 볼 때
큰 예산을 투입하는 것도 합리적인 결정일 수 있다는 것이
나의 의견이다.

유럽 국가들도 이미 1960년대에 인구 감소가 나타나자 서서히 대응책을 마련하였으며, 이제 몇몇 국가에서는 미비한 인구 반등 효과가 나타나고 있다. 그러나 한국은 저출산 문제는 그 심각성에 비해 대중에게 인지된 것은 그리 오래 되지 않았다. 따라서 우리가 인구구조 변화에 대해 서양 국가들과 동일한 노력을 기울여 왔는지에 대한 의문을 던져 본다. 이런 측면에서 노력을 통해 인구 반등을 이루어내야 한다는 주장도 합리적일 수 있다고 주장해 본다. 그러나 중요한 것은 국회와 정부뿐만 아니라 국민들의 의식 변화이다. 인구 문제를 심각하게 생각하지 않는 국민들이 있다면 정치인들도 그에 반응할 것이고. 이것은 악순환의 원인이 된다. 그래서 국민들의 의식을 바꿔야 한다. 국민들이 미래를 걱정하고, 인구 문제를 해결하려는 정책을 지지하는 마음을 갖게 된다면, 국회와 정부 역시 미래를 위한 정책을 적극적으로 추진할 것이기 때문이다. 정치 집단은 그런 곳이다.

미래전략프로그램 5기,
미래를 말하다

유지곤

카이로보틱스(주) 대표

창업에서 대학, 그리고 미래: 나의 여정

나는 고등학교를 졸업한 후, 곧바로 창업했다. 21세 때 창업을 시작했고, 교통약자들의 불편을 첨단 기술을 통해 해결하는 회사를 창업하고 운영하고 있다. 이렇게 사업을 3, 4년 정도 진행한 뒤, 창업활동을 하면서 공부를 해야겠다는 생각이 들었다. 그래서 서울에 있는 한 대학교에 진학하여 산업공학을 전공했다. 산업공학 전공 과정에서 창업가로서 필요한 다양한 역량을 조금씩 키우는 경험을 했다. 미래에 대한 실질적인 통찰력을 확장하고자 했고, 그런 과정에서 미래전략대학원의 모집 공고를 발견하고 지원했다. 다행스럽게도 합격 소식을 들었고, 카이스트에서 학업을 할 수 있게 되었다.

입학 이후에는 여러 어려움과 아픔을 겪었다. 동기들은 나의 상황을 잘 알고 있다. 학교에 입학한 직후, 위암 진단을 받게 되었고 어려운 시기를 보냈다. 휴학을 하고 치료를 받은 뒤에는 완치 판정을 받았으며, 현재는 건강하게 활동하면서 세 아이를 키우고 있다.

최근에는 사회적 약자들의 불편과 장벽에 대한 관심이 더 커졌고, 이러한 문제를 해결하고자 정치 분야에도 진출하게 되었다.

미래의 리더로서의 역할: 미래전략대학원에서의 경험

미래전략대학원에서의 경험을 통해 배운 점은 나에게 몇 가지 측면에서 큰 도움이 되고 있다고 느낀다. 먼저, 사고하는 방식이 현실에 국한되지 않는 것이다. 또한, 가까운 미래와 먼 미래를 모두 고려하며 끊임없이 사업에 도전하고 있다. 이러한 접근 방식은 특히 사업 분야에서 큰 가치를 창출하는 데 도움이 되고 있다. 나는 현재 보조 공학 분야의 기업을 운영하고 있는데, 한국이 세계 공유 경제의 선두에 서고 있는 추세를 고려하면, 나의 사업이 장애인을 위한 스마트 휠체어를 개발하는 것에서 그치지 않을 것이라는 것을 알고 있다. 이 기술은 미래에는 노인 및 모든 사람들을 위한 이동수단으로 확장될 것으로 예상되며, 그에 따라 미래 가치가 더 커질 것이다.

또한, 정치 활동 분야에서도 미래를 대비한 정책과 필요한 변화를 연구하고 발굴하는 데에도 이 경험이 큰 도움이 되고 있다. 미래에 필요한 정책과 그 기준이 현재와는 다를 것이기 때문에 미래전략대학원에서 얻은 지식과 접근 방식은 나에게 큰 이점을 제공하고 있다.

미래전략대학원 출신들은 이미 다양한 분야에서 성공적으로 활동하고 있으며, 나에게 조언과 지도를 제공하고 있다. 미래전략대학원에서의 학습과 네트워킹은 미래에 대한 생각을 공유하고 발전시키는 데에 큰 도움이 되고 있다. 미래에 대한 전문가가 되는 것은 아직 멀었지만, 동기들과의 교류와 협력을 통해 함께 더 나은 아이디어와 전략을 개발할 수 있다고 믿는다. 나는 혼자보다는 다양한 경험과 지식을 공유하는 과정에서 미래의 리더로서의 역할을 보다 강화시킬 수 있다고 생각한다. 이러한 경험은 대한민국의 혁신과 미래전략에 기여할 수 있을 것이다.

'미존(未存)' 수업과 엉뚱한 아이디어
: 대한민국 야식 공화국의 탄생

학교생활에서 가볍게 기억에 남는 에피소드로는 수업 중에 제공된 김밥이나 햄버거가 정말 맛있었다는 것이다. 우리 수업은 아침 9시부터 저녁 7시까지 하니까 아침, 점심, 중간 간식까지 맛있는 걸로 신경 써서 챙겨준 것이 솔직히 그게 너무 좋았다.

그리고 진짜 좀 인상 깊었던 것은 이광형 총장님의 '미존' 수업을 들을 수 있었던 것이다. 지금은 이광형 총장님 수업을 들을 수 없다. 과연 어떻게 해야 기존의 좋은 점수를 받을 수 있을까 그걸 위해 정말 처절하게 많은 고민을 했었던 것이 가장 기억에 많이 남는다. '미존' 수업은 참고로 현재는 존재하지 않지만 미래에 존재하는 것들이 무엇인지 찾아서 발표하는 수업이다. 이광형 총장님은 엉뚱한 사람들이 세상을 바꾼다는 그런 가르침을 주고 계시다. 그런 것에 선구자이시다. 즉 그분이 '미존' 수업을 하기 때문에 더 '미존'다운 '미존' 수업이 된다. 그래서 나도 똑같은 엉뚱한 사고를 하기 위해 정말 처절한 노력을 했다. 하지만 그토록 엉뚱한 과제를 가져갔음에도 불구하고 다른 사람들의 발표에 비해 나는 너무 평범하다는 걸 느꼈다.

　나의 아이디어는 먹는 즉시 칼로리가 제로가 되어 아무도 살찌지 않는 그런 사회가 온다는 것이었다. 칼로리 제로 약이 개발되면서 일어나는 미래 사회의 이야기를 했다. '칼로리 제로 약이 만들어지면 대한민국은 야식 공화국이 된다. 그래서 대한민국의 모든 권력과 경제를 야식업자들이 모두 쥐게 된다. 막대한 부와 권력을 다 쥐게 되고, 축산 등이 지금보다 훨씬 고도로 발전하게 된다. 그 결과 대한민국은 야식 공화국이 되어간다.' 뭐 이런 설정의 소설 같은 이야기를 준비했는데, 나는 이 정도면 A라고 생각했다. 하지만 어떤 분은 나와 비슷한 설정이었지만 한 단계 더 뛰어넘는 이야기를 발표했다. 나는 그 이야기를 듣고 정말 충격을 받았는데, 윤리적 문제가 없는 자기 세포를 배양해서 먹는 고기에 대한 이야기였다. 아무도 희생시키지 않고 내가 나를 먹는 개념이다. 그것은 나나 다른 사람에게도 피해를 주지 않으면서 육식을 할 수 있는 가장 합리적인 방법이다. 그것을 '자가 배양육'이라고 했고, 그렇게 해서 내 고기와 너의 고기를 바꿔

먹는 이야기였다. 이런 이야기를 어느 수업에서 할 수 있겠는가.

50년 뒤 대한민국의 인구 위기와
미래전략대학원의 중추적 역할

지금이 2023년이면 50년 후는 2073년이다. 지금 대한민국은 인구 절벽, 국가 소멸 위기에 직면하고 있다. 출산율이 0.7대로 급감한 것만 봐도 큰 위기다. 세계 인구학자들은 대한민국의 출산율 0.7에 경악했다. 실제로 최근 통계에 따르면 이번 연도의 출산율은 0.68에 이를 것으로 예상된다.

2050년에는 노인 인구가 1,800만 명에 이를 것이고, 2070년에는 이 문제가 더욱 심화될 것이다. 이렇게 봐도 앞으로 50년 동안 대한민국의 미래는 어둡다. 나는 카이스트 미래전략대학원이 대한민국의 인구 정책과 국가 미래전략을 주도하는 싱크탱크로서 중요한 역할을 해야 한다고 생각한다. 현재 국가 정책이나 정부 부서에서 그런 역할을 하고 있지만, 미래전략대학원은 이 분야를 전문적으로 연구하고 있다. 그러므로 미래전략대학원이 싱크탱크의 역할을 하면서 대한민국의 인구 위기, 그리고 다양한 사회 문제를 극복하는 방향으로 연구와 전략을 세워 나가야 한다는 생각을 하고 있다.

미래를 위한 환경 설계의 필요성

카이스트와 베리어프리(Barrier-free)[1] 환경

나는 얼마 전 카이스트 창업원에서 '행복한 바퀴'라는 행사를 주최했다. 이 행사는 장애인과 비장애인, 그리고 그들의 문제를 이해하고 해결하려는 이해당사자들, 과학자, 국회의원, 예술인, 인권운동가 등 다양한 배경을 가진 사람들을 한자리에 모아 문화와 예술을 매개체로 즐겁게 시간을 보내게 했다. 이런 모임은 대한민국의 역사적으로 보기 드문 경우였다.

그러나 이 행사 후에 창피한 경험을 했다. 카이스트 학생 식당으로 가기 위해 장애인들을 도와주면서 경사로의 부재와 불편한 시설로 인한 어려움을 직접 체험했다. 명성에 비해 카이스트의 시설은 장애인들에게 접근이 어려웠다.

미래의 사회는 다양한 사람들이 함께 공존하는 곳이다. 이러한 미래를 위해 우리는 유니버설 디자인과 같은 모두를 위한

---

1) 베리어프리 Barrier-free 장애인 및 노인 등 사회적 약자들이 편하게 살아갈 수 있게 물리적인 장애물, 심리적인 벽 등을 제거하자는 운동 및 정책을 말한다. 영문을 직역하자면 장벽 barrier으로부터 자유롭게 하자는 의미이다.

환경 설계에 대해 더욱 심도 있게 고민해야 한다. 장애인뿐만 아니라 노약자, 임산부, 어린이 등 모든 사람이 편리하게 이용할 수 있는 환경을 만드는 것은 선택이 아닌 필요성이다. 우리 모두가 잠재적으로 장애를 겪을 수 있으며, 그렇기에 더욱 더 우리 사회가 베리어프리 환경을 추구해야 한다.

결국, 미래 세대와 그 이후의 사람들을 생각하면 우리가 지금 바로 행동을 취해야 하는 순간이다. 카이스트와 같은 대한민국 최고의 학교에서 시작하여 전국의 모든 기관과 사회가 함께 이 움직임에 동참해야 한다.

미래전략프로그램 6기,
미래를 말하다

강수경

공정과상식(주) 대표

육아의 미래, 'AI 육아'

"아가야, 왜 우니? AI야, 넌 아니?"

먼저 언급하고 싶은 점이 있다. '기술^{Technology}이 미래를 이끄는 가장 중요한 동인 Driving Force'이라는 KAIST 문술미래전략대학원의 믿음과 철학이다.

그 믿음에 전적으로 공감하고 있었고, 연구 주제를 찾을 때에도 기술의 변화가 인간 삶을 바꾸는 핵심 동인 Key Driving Force이 되는 그런 현상을 연구하고 싶었다. 돌이켜보면, 알파고 이후 AI 기술은 사회적으로 큰 관심과 주목을 받고 있었다. '첫째도 AI, 둘째도 AI, 셋째도 AI'라는 손정의 소프트뱅크 그룹 회장의 말을 굳이 인용하지 않더라도, 당시는 4차 산업혁명의 유행 속에서 그야말로 'AI 광풍의 시기'였다.

당시 임신·출산·육아 플랫폼을 운영하는 스타트업 대표로 재직하고 있었던 와중에 흥미로운 사실을 발견하게 되었다. 생후 100일까지의 신생아 울음은 '생존을 위한 필사적인 의사 표현'이자 동시에 '만국공통어'라는 점이다. 만일 이것이 사실이라면, 몇 가지 유형의 신호만으로도 말 못 하는 갓난아기들이 왜 우는지 더 정확히 알 수 있다. 나아가 AI 음성인식 같은 기술이 육아 플랫폼에 접목된다면 우리 아기들뿐 아니라 전 세계 갓난아기들을 이해하는 데도 큰 의미가 있겠다는 생각을 했다.

실제 연구를 진행하는 데에는 어려움도 있었다. AI 개발은 구글이나 네이버와 같이 대기업이 아니면 접근하기 어려운 영역이었기 때문이다. 하지만 기술이 발전할수록 스타트업도 AI 기술을 활용해 훨씬 쉽게 사회 문제 해결에 기여할 수 있겠다는 믿음으로 진행을 결심하였다. 운영하고 있었던 임신·출산·육아 플랫폼을 통해 육아 문제나 저출산 문제에 조금이나마 도움이 되었으면 한다는 소명의식도 있었다. 나아가 '미역국'과 '포대기'로 상징되는 'K-출산', 'K-육아'가 우리나라 아기, 산모들뿐만 아니라 전 세계에 보급되었으면 하는 바람도 있었다. 지금도 여전히 'K-출산', 'K-육아' 문화가 '新한류'의 또 다른 후보라 믿고 있다.

아기 보기 어렵지 않아요, AI가 아기 마음을 읽어주니까요

AI로 아기 울음소리를 해석하겠다는 시도는 애초에 청각장애인 부모 등 육아에 어려움을 겪는 부모를 위해 시도되었다. 가령 UCLA

아리아나 앤더슨 교수를 들 수 있는데, 이후 일반 부모에게까지 확장되었다. 일반 부모들도 장애인 못지않게 아기들 마음읽기를 어려워했기 때문이다. 최근에는 신생아 울음소리로 자폐를 예측하려는 노력도 진행되었고 상당히 성과가 진척된 것으로 알려져 있다. 이처럼 AI 육아는 장애가 있는 부모에게는 불가능한 것을 가능하게 해주었고, 일반인 부모에게는 보다 정확하고 쉽게 아기의 마음을 읽을 수 있게 해주었다. 조기에 병을 발견해서 아기들을 돕기도 한다.

나아가 AI 기술을 활용해 아기와 부모 사이에 더 정확하게 의사소통이 가능하다면 더 많은 순기능이 있을 것으로 생각한다. 아기는 기저귀 교체, 배고픔, 트림, 열이 나거나 뭔가 불편할 때 울음을 통해 이를 알림으로써 적절한 케어를 받을 수 있다. 부모는 더 쉽고 정확하게 조치를 해줄 수 있다. 이러한 과정을 통해 아기가 양육자로서 부모를 훨씬 강하게 신뢰하게 되고, 부모-아기 간 애착 형성도 더 잘 이루어질 수 있을 것이다. 간접적인 효과지만 육아 스트레스, 가족 간의 양육 스트레스나 이로 인한 사회적 비용이 줄어들어 궁극적으로 저출산 문제 해결에도 순기능을 할 수 있을 것으로 예상한다. 사실 육아 문제는 엄마에게는 그 자체로 스트레스지만 고부갈등의 주요한 원인이 되기도 한다. 전통 육아 방식과 신세대 엄마의 육아 방식에 큰 차이가 있기 때문이다.

AI 육아는 이렇듯 단순한 아기 울음소리 포착에 그치지 않는다.

영화 같은 이야기지만, 기술이 단지 아기 울음소리를 분석하는데 그 치지 않고 아기들이 보내는 다양한 신호를 포착해 이해할 수 있다면 더 큰 변화가 있을 거라 생각한다. 예를 들어, 영유아들의 바이탈 체크는 물론 뇌파까지도 실시간 체크가 되어 헬스케어나 감정 관리, 의사소통 등이 가능하게 된다면 육아 방식이나 아기-엄마의 관계에도 많은 변화를 겪을 것이라 생각한다. 이러한 일이 현실화된다면, 이것이야말로 마크 와이저가 말했던 "기술이 우리 사회에 스며들어 pervasive, 작동하지만 우리는 그 존재를 모르는" 꿈만 같았던 4차 산업혁명의 궁극적 모습, 진정한 유비쿼터스 사회가 아닐까.

이머징 이슈: AI 육아로, 다양한 육아의 미래 모습을 그려본다

이머징 이슈 Emerging Issue는 '현재는 그 추세나 영향이 미약하지만 미래에 트렌드로 발전했을 경우 사회에 큰 영향을 줄 수 있는 이슈'를 의미한다. 미래 변화를 예측하기 위해 이머징 이슈를 발굴하고 예측하는 것은 중요하지만, 이는 또한 참 어려운 작업이기도 하다. 이머징 이슈나 마이크로 트렌드가 본격적인 트렌드나 메가트렌드로 발전해 나갈지를 판별하는 기준에 대한 연구도 부족한 것이 현실이다.

당시 연구 과정에서 이머징 이슈가 되기 위한 요건을 제시했었다. 제시했던 3가지 요건은 ① 존재하는 하나의 현상이 일정한 추세나 방향성을 가질 것 Vector ② 그 추세나 방향성이 현재 미약할 것

Emerging ③ 트렌드로 발전하였을 때, 사회에 큰 영향을 줄 수 있을 것 Impact 등이다. 연구 당시 이러한 관점에서 AI 육아를 하나의 유력한 이머징 이슈라 판단하였고, 빠른 시간 내에 트렌드로 자리를 잡아갈 것이라 예상했었다. 지금 판단해 보면, 아직 트렌드로서 티핑포인트 Tipping Point를 넘어섰다고 보기는 어렵지만 여전히 의미 있는 이머징 이슈라 할 수 있을 것 같다. 최근 아기 울음을 활용해 다양한 육아 관련 서비스가 개발되는 것을 보면 더욱 그러하다.

이머징 이슈인 AI 육아로 인한 다양한 미래 모습, 즉 '복수의 미래 Futures'가 있을 수 있다. 구체적인 미래 이미지는 문술미래전략대학원의 4가지 미래상 4 Futures 방법론에 따라 그려 볼 수 있다. 4가지 미래의 양상에 따라 육아에 있어 AI 기술을 활용하는 수준이 많이 달라질 수 있고, 육아 문화도 상당히 다르게 변화할 수 있다.

가령 AI 기술이 육아에 접목됨으로써 다양한 서비스가 개발되고, 기술 융합이 촉진됨에 따라 과거 육아 방식이 AI에 의해 상당 수준 대체되기도 하고 Grow 미래, 심지어 유전자학이나 바이오인포매틱스 등과 결합되거나, AI가 출산 과정부터 작동함으로써 신생아 개인별로 맞춤형 케어가 가능할 정도로 발전할 수도 있다 Transform 미래. 물론 육아라는 보수적 영역의 특성상 여전히 AI 적용에 대한 거부감에 의해 배척되거나 Collapse 미래, 정책적으로 필요한 한도 내에서 제한적으로 이루어질 수도 있지 않을까 Discipline 미래 전망해 본다.

경험과 관행에 의존했던 육아, AI로 새로운 길을 '탐색'하다

육아 영역은 매우(!) 보수적이고 전통이 작동하는 영역이다. 여전히 '금줄'과 '삼칠일'의 금기를 지키는 것 등은 문화권마다 각자 배운 대로 오랜 기간 지켜온 지혜의 결정체라 할 수 있다. 이러한 측면에서 전통적인 육아는 전형적인 '활용Exploitation'의 영역이라 할 수 있다. '하던 대로 하고', '모르면 안 하는' 경험과 습관의 영역인 것이다.

반면 AI 육아는 이러한 기존의 경험과 관행에 도전하며 새로운 방식을 찾는 '탐색Exploration'의 영역이라 할 수 있다. 인류는 '활용Exploitation' 방식을 통해 집단의 안정성을 유지하고 비용 효율성을 획득해 왔으며, 나아가 '탐색Exploration' 방식을 통해 새로운 진보를 이루어 왔다. 한 마디로 인류 역사는 '도전과 응전', '활용과 탐색' 과정의 연속이 아닐까 하는 생각도 해본다. '탐색'에 의해 발견된 새로운 지식이 그 사회의 '활용'하는 문화로 안착됨으로써 한 단계 업그레이드되는, 그러한 과정의 연속이 진보의 역사가 아닐까. 신화적이고 미신적이기까지 했던 전통적 육아 영역에 기술의 도움이 가미되면 부모나 아이 모두가 더 행복한 삶이 가능할 수 있을 거라 생각한다.

다만 AI 육아는 단순히 이러한 '육아'나 '아이 케어'에만 그치는 것이 아니다. 육아에 있어서의 AI 적용 가능성이 확인된다면 그 확장 가능성은 상당히 크다 할 것이다. 즉 가장 보수적이라 할 수 있는 육아 영역에서 AI 육아 문화가 사회적으로 수용될 수 있다면, 육아에도 수용되는 기술이 다른 영역으로 확산되는 것은 훨씬 쉽고 강력할 것이다. 그동안 의사소통이 어려웠던 대상, 예를 들어 의사소통이 어려운 환자나 반려동물 등에게도 훨씬 쉽게 이러한 기술이 적용될 수 있을 것이고 관련 산업도 더 활성화될 수도 있을 것이다

엄마 자리에 도전하는 AI, 그 한계는 어디까지

AI 육아에도 한계가 있을 것이다. 우선 기술적인 한계다. AI 육아는 'ICT 기술 특히 음성인식 기술을 활용하여 신생아의 마음읽기를 할 수 있다'는 데서 출발한다. 그러나 실제로 이러한 기술이 얼마나 정확한지에 대해서는 더 많은 연구가 필요하다. 특히 보수적인 '활용 Exploitation' 영역인 육아는 우리가 해당 기술을 전적으로 신뢰할 수 있을 때까지는 AI 육아가 전면적으로 확산되기에는 한계가 있을 것으로 생각한다.

무엇보다 중요한 것은 AI가 제 아무리 발전해도 엄마를 완전히 대체할 수 있을까 하는 점이다. 좀 거창한 표현을 쓴다면 '존재론적인 한계'라 할 수 있다. 우선 육아에 있어서 최종적 의사결정자는 주양육자인 엄마라는 점은 변화가 없다. 기술 발전으로 모성을 기술이 대체하는 특이점 싱귤래리티이 온다 하더라도 육아에 있어서 최종 책임은 엄마한테 있다. 신생아 마음을 읽는데 AI가 엄마를 훨씬 더 추월하는 상황에서조차 엄마라는 존재를 대체할 수는 없을 것이다. 엄

마라는 존재 그 자체가 주는 정서적 안정감, 그 누구도 아닌 '엄마'와의 교감을 통해 얻는 행복감은 그 무엇과도 대체될 수 없다. 한마디로 '엄마라는 존재 자체가 곧 선물'인 것이다.

최근 AI 관련 영화들에서도 이러한 주제를 많이 다루고 있는 것을 보면, 위와 같은 고민이 담겨있는 것 같다. AI나 로봇으로 문제가 해결되는 듯 보였던 상황이 여러 한계에 노출된다는 스토리텔링인데, 종전에는 '터미네이터'처럼 AI에 의해 인간이 지배당할 수 있다는 위기감을 다룬 것들이었다면, 최근에는 AI 기술을 활용하여 관계를 회복하고 존재의 의미를 성찰하는 작품들이 많아졌다. 이미 고전으로 평가받는 'her'도 그렇고, 죽은 아내를 살리려는 '아카이브' 등 많은 작품에서 이러한 존재론적 한계 문제를 다루고 있다.

기술이 인간을 이해하는 디지털 시대,
AI 육아에서 새로운 가능성을 보다

연구의 말미에, AI 육아가 일반화되는 것을 넘어 AI-Care를 '아이케어'로 읽혔으면 한다는 개인의 바람을 담아두었다. 다만 이는 '기술이 인간 삶에 더 유용하게 활용되었으면 한다'는 소망을 표현한 것이지, 미래에 대한 대단한 예측을 담거나 한 것은 아니다.

'아이케어'라는 표현이 확산되는 것과는 별개로, AI 육아가 일반화될 가능성은 높다는 생각이다. 즉 AI 육아도 '디지털라이제이션

Digitalization'이라는 메가트렌드의 한 양상이라는 점에서 AI 육아가 앞으로 더 광범위하게 확산될 것이라는 확신이 있다. "디지털라이제이션'의 핵심은 아날로그에 대한 우월성, 즉 '디지털이 아날로그보다 더 효율적이고, 자동화가 가능하고, 더 정확하다"는 특성에 있다기보다, 기술의 방향성, 즉 "디지털화로 인해 이제는 '로봇'이 '인간'을 이해할 수 있게 되었다"는 점에 초점을 맞추고자 한다. 호모파베르^{도구}_{의 인간}로서 인류가 지금까지 외부 세계를 이해하는 데 초점을 두어왔다면, 디지털화로 인류의 관심이 인간을 더 잘 이해하는 것으로 그 방향이 바뀌었다. 즉 디지털화가 진행될수록 인간이 잘 못하는 것을 더 잘할 수 있게 되었음은 물론, 인간을 더 잘 이해할 수 있게 되었다는 점에 큰 의미가 있다. 컴퓨팅의 발전, 빅데이터 축적 등으로 인한 AI 기술의 발전은 결정적으로 이를 더욱 급진전하게 만들었다.

2020년 초 'AI 국가전략'이 발표되었을 때 "이것이야말로 국가의 명운을 걸고 추진해야 할 과제"라는 취지로 전문가 칼럼을 기고한 바 있다. 이때 "이제부터는 인간이 AI를 이해하기보다 AI가 인간을 더 잘 이해해야 한다"는 주장을 하였다. 그 취지가 본문에서 언급된 "디지털라이제이션의 모든 변화는 인간을 향해 있고, 향해야 한다"는 클리셰와 같은 우리 KAIST 문술미래전략대학원 철학의 기조를 다시금 언급한 것이다. 이러한 취지를 고려할 때, AI 육아가 구체적으로 어떤 모습으로 나타날 것인지에 대해서는 '여러 개의 미래^{Future's}'

가 존재하겠지만, 어떤 미래에서든 AI 육아는 확산될 것이 분명하다.

24시간 우리 아기 돌봐주는 AI 보모, 더 이상 꿈이 아니다

AI 육아도 새로운 국면을 맞고 있다. 바로 생성형 AI의 출현이다. 이로 인해 AI는 물론 산업 전반에 근본적인 변화를 겪게 될 것이라는 전망이다. 동의한다. 챗GPT의 의미나 그 양상, 그로 인해 변화되는 미래를 그려보는 것 자체가 거대한 연구 주제라 여기서 다 논의하는 것은 쉬운 일이 아니다.

다만 생성형 AI의 핵심은 맥락을 이해한다는 점이다. 육아에 있어서도 단순 울음소리 인식이라는 텍스트 Text 시대에서, 아이들의 마음을 읽는 '콘텍스트 Context' 시대로 접어든 것이다. 맥락을 알게 되면, 정해진 솔루션이 아니라 '맞춤 솔루션'을 보다 '구체적으로' 제공해 줄 수 있다. 더욱이 로봇 산업이 '산업용'에서 '서비스 로보틱스'로 변화가 더 심화될 것이라는 예상도 가능하다. 이 기술이 여타 발전된 기술, 가령 3D 프린팅 등의 액츄에이터 Actuator와 결합될 경우 로보틱스 산업에도 드라마틱한 변화가 예상된다.

AI 육아는 연구 당시는 울음소리를 통해 '신생아 마음읽기'라는 '센싱 Sensing'에 집중되었다면, 향후에는 영유아에 대한 맞춤 케어도 가능하게 되는 '액츄에이팅 Actuating' 영역으로까지 발전할 것이다. 나아가 육아산업 전반에 더 많은 변화가 예상된다. 신생아 마음읽기는 울음 외에도 몸짓, 표정, 반사행동 등을 학습한 AI에 의해 훨씬 정확해질 것이다. 아기의 구강 구조에 맞춰진 '쪽쪽이'는 말할 것도 없고, 아이가 울기만 하면 우리 아기 한 명만을 위해 만들어진 AI 요람이 아이를 돌봐주는 시대가 열리게 된 것이다. 육아 행위 전반에 대한 더 섬세한 디자인이 가능할 뿐만 아니라, 로보틱스와 결합됨으로써 육아 관련 제품 설계나 모니터링 방식, 기타 육아 서비스들에 획기적인 변화를 가져올 것이다.

우리가 원하는 육아의 미래는?

지금까지 필자의 수년 전 연구 결과를 기반으로 육아의 미래를 예측해 보았다. AI가 우리 엄마들이 아기 키우는 데 도움이 되었으면 하는 바람에서 출발했던 연구이다. 그러나 미래학의 가치는 미래를 예측하는 데에만 있는 것은 아니다.

우리나라는 현재 저출산의 늪에 빠져 있다. 고령화는 세계적인 현상임에 반해, 저출산은 그 어떤 나라보다 우리가 더 심각하게 겪고 있다. 문제는 저출산이 또 다른 사회 문제의 원인이 될 수도 있다는 점이다. 잠재성장률 하락이나 국력 저하는 물론이고, 현재 우리가 겪고 있는 세대 갈등, 양극화 등의 문제도 어쩌면 우리 사회가 '새로운 생명'을 맞이하는 설렘, 그 아기를 키우는 정성을 잊어가고 있기 때문이 아닐까. 기술이 사회의 변화를 이끈다고 했지만, 결국 그 변화도 인간을 향해야 한다. 미래는 주어지는 것이 아니라, 우리가 만들어가는 것이라는 그 흔한 말을 새삼 되새기게 된다. 중요한 것은 우리가 원하는 미래가 어떠한 것이냐 하는 점이다. 우리에게 희망은 있다. 지금의 초저출산 상황이 역설적으로 새로운 사회를 열어가는 대전환의 계기가 될 수도 있다. 아기 울음소리가 주는 에너지가 잊혀가고 있는 지금, 우리 모두는 머리를 맞대고 우리의 미래를 고민해야 한다. 여러 다양한 미래 Futures를 펼쳐 놓고, '바람직한 미래 Preferred Future'를 다 같이 그려보자. 국가가 소멸될 수도 있다는 위기감이 오히려 새로운 출발의 동력이 되었으면 한다.

마지막으로 미래학의 대부이자 은사님이신 짐 데이터 James Dator 교수님의 명언을 인용하면서, 아기의 울음소리, AI 육아에 대한 고민을 마무리하고자 한다.

"붕괴는 새로운 시작이다" Collapse is New Beginning

미래전략프로그램 6기, 미래를 말하다

문형채

(주)코어라인소프트 HR Lead

육아의 미래, 'AI 육아'를 바라본 다른 시선 1

과거에서 현재로, 그리고 미래로 진화하는 AI 육아

첫째가 12세, 둘째가 9세인 아이들 아빠로, 어느덧 부모 경력 13년차 인생을 살고 있다. 지금도 육아는 진행 중이지만, 논문에서 제시한 신생아에 대한 AI 육아는 졸업한지 오래되어서 아내에게 "우리는 어떻게 갓난아이를 키웠지?"라고 물어보았다. 역사가 과거와 현재의 끊임없는 대화라고 E.H. Car가 말했듯, 미래도 과거를 근간으로 변화의 단초를 얻고 바꿔갈 수 있다고 생각했기 때문이다. 아내의 경험으로는 당시 네이버 맘카페에 가입했고, 이를 통해 신생아 육아에 대한 초보적인 지식과 그 지역 커뮤니티 정보를 활용해서 큰 도움이 되었다는 답을 들었다. 주위 지인들에게도 물어보니 지금도 맘카페에 대한 영향력은 아직 건재해 보인다. '카페'라는 온라인 커뮤니티가 컴퓨터의 가상공간을 플랫폼 삼아서 축적된 정보를 사용하는 기술이라면, 그 이전에는 어땠을까? 책을 통하거나 혹은 사람과 사람 간의 정보 공유, 즉 구전으로 정보가 전달되었을 것이다. 결국 컴퓨팅 기술로 인해 이전과 이후의 육아가 크게 변화했던 것이다. 그렇다면 챗GPT 시대가 도래하면 과연 어떠한 변화가 찾아올까? 예상해 보건데 여전히 맘카페의 영향력이 있겠지만 AI 육아가 그 판도를 충분히 바꿀 수 있다고 생각한다. AI라는 플랫폼이 거대화되면서 점차 AI를 이용하는 초보 부모의 비중이 늘어갈 것이고, 자연적으로 그 헤게모니가 기존 맘카페에서 AI로 옮겨갈 가능성을 생각해 본다. 물론, AI 육아 기술이 맘카페보다 신속 정확하게 구체적인 맞춤 솔루션을 제시할 수 있어야 할 것이다. 또한 어떤 문제가 해결된 뒤에도 연쇄적으로 일어나는 문제들까지 같이 해결해 줄 수 있다면 AI 기술은 분명히 맘카페를 넘어서는 '육아의 대세'가 될 수 있을 것이다.

고급 육아의 파트너로서의 AI 역할

태초부터 부모는 아이에게 있어서 최후의 보루이자, 신神적인 존재였다. 그래서 아이가 성장하는 데 절대적인 영향을 끼칠 수밖에 없었다. 그런데 이제 챗GPT 시대의 도래로 부모의 역할이 다소 양분되지 않을까 싶다. 즉 부모는 코치로서의 역할로 아이가 커나가는 인생의 조력자 역할에 집중하고, AI 는 아이가 궁금한 지식들을 찾아주고 가르쳐주는 역할을 할 수 있을 것으로 기대해 본다. 또한, 자연스럽게 AI가 '고급 육 아'를 담당할 수 있다고 생각한다. 과거의 고급 육아는 어땠 을까? 고대 계급 사회에서 왕이나 귀족층들은 자녀의 전담 스승이 있었다. 어린아이가 자라면서 가장 많이 하는 말이 "이거 뭐야?"라는 질문일 것이다. 점차 더 자라면 부모가 감 당하는 수준을 넘어서는 질문도 많이 하게 되는데, 부모가 이에 대응하지 못하는 순간 부모의 위상은 내려가고 심리적 으로도 위축되는 경향이 있다. 그래서 일반적인 육아에서는 "그런 건 몰라도 돼!"라면서 일축하는 부모들도 상당 수 있 다. 그런데 왕이나 귀족층의 육아는 일찌감치 학문이 우수한 선생을 고용해서 아이의 지식 욕구를 채울 수 있었고, 부모 들은 체면을 잃지 않으면서 전반적인 인생의 조언 등을 해주 는 등 고급 육아를 할 수 있었다. 그러한 고급 육아가 앞으로 는 빈부격차 없이 AI 육아 기술을 통해서 이뤄질 것으로 보인다. 아이들은 지적 호기심을 본인이 원하는 만큼 AI를 이용해 무한대로 채워나갈 수 있을 것이며, 부모들은 코칭 역할을 전담하고 부족한 능력은 AI로부터 도움받을 수 있겠다. 이를 통해 부모의 육아 스트레스도 경감시켜 줄 것으로 기대해 본다.

AI 육아의 진화, 음성 대화 기술과 외형적 혁신 필요

먼저 AI 육아 도구를 챗GPT로 자유롭게 구현할 수 있으려면 앞서 강조한 신속 정확성과 구체적인 맞춤 솔루션을 제시할 수 있어야 가능해진다는 점을 전제로 서술하고자 한다. 이러한 전제 위에 애플리케이션상의 변화로 텍스트에서 음성으로 실시간 대화할 수 있는 형태로 진화해야 한다고 생각한다. 물론 지금도 음성으로 대화하는 AI 스피커 기기가 있기는 하다. 아마존의 알렉사나 구글홈, KT의 기가지니, SK텔레콤의 누구 등이 그것이다. 하지만 아직 대응 능력이 초보적인 수준으로 향후 더 발전해야 된다고 생각한다. 막상 육아를 하게 되면 특히 어린 신생아일수록 빠르고 정확한 대응을 해야 하고, 전문가가 항상 옆에서 지켜보고 있는 수준으로 구체성과 연속적인 해답을 제시하는 레벨로 발전해야 육아 플랫폼의 전환이 이뤄지리라고 예상해 본다. 지금의 현실상 반복되는 육아 문제가 생겨도 아이는 부모가 문제를 해결하도록 기다려 주지 않는다. 연속적인 육아 대응에 집중하다 보면 어느새 해당 문제는 계속 뒤로 미뤄지고, 어느 날 시간이 허락할 때 작정하고 문제를 찾아보고 겨우 답을 얻는 것이 '찐육아'의 현실이다. 미래의 육아는 이와는 다르게 빠른 질문, 실시간 정확한 응답으로 대응이 가능해야 실효가 있을 것이다. 그러려면 외형하드웨어적으로도 변화가 와야 된다고 생각한다. AI 스피커의 예시를 들었는데, 그보다는 아이언맨의 쟈비스 시스템이라든가 무언가 더 사람에 밀착해서 대응을 할 수 있는 수준으로의 외형 진화가 이뤄진다면 이것이 미래 AI 육아의 큰 모멘텀이 될 것이라고 생각한다. 필자가 어렸을 때 타임트랙스Time Trax라는 SF 미드를 본 적이 있었는데, 주인공이 어려움에 처할 때마다 신용카드 크기의 컴퓨터에서 쎌마SELMA라는 개인비서가 홀로그램으로 나타나서 문제를 해결해주곤 했다. 이러한 외형적 기술의 혁신이 있다면 언제 어디서든 AI 컨설팅을 받을 수 있게 된다.(물론 현재 기술로도 인간의 몸에 작은 바코드를 이식할 수 있다고는 하지만, 종교적인 문제나 사회 문화적인 양식에 위배되는 경향이 있다.) 결국 지금의 핸드폰보다 훨씬 더 작거나 사람의 몸에 부착되어도 불편함 없는 수준의 외형적 전환을 하는 것이 큰 도움이 될 것으로 보인다.

AI 기술이 육아에 긍정적인 영향을 미치는 세 가지 측면

챗GPT와 같은 AI 기술이 향후 아이의 성장과 발달에 긍정적인 영향을 미칠 수 있다고 확신한다. 단, 여기에는 전제조건이 있다. 부모가 여전히 아이의 주 양육자로서 모성과 부성이 계속 발휘되고 있다는 전제 하에 그렇다. 이런 경우에 챗GPT와 같은 AI 기술은 세 가지 측면에서 긍정적인 영향을 미칠 수 있을 것이다.

첫째로, 육아에 있어서 맞춤형 조언을 해줄 수 있다. 예를 들어 아이의 성향을 파악하여 심적 안정을 위한 수면 컨디션을 제안해 줄 수 있다. 이것은 해당 아이에 대한 맞춤화 전략으로서 챗GPT가 지속적으로 관찰한 데이터를 통해서 정확한 진단을 해줄 수가 있는 점에서 긍정적인 영향을 미칠 수 있다고 생각한다. 다음으로는 육아의 일정 부분의 데이터를 자동 기록을 통해 관리할 수 있다는 점이 긍정적이다. 예를 들어, 내 아이에 대한 예방접종 일정을 알아서 AI가 알려줄 수 있다. 키와 몸무게 변화에 따른 정량적 지표를 통해 성장을 추적 관리할 수 있다. 이를 통해 성장이 지체되는 것의 변수를 파악하고, 누적된 바이오 데이터 분석을 통해 영양식단 등을 제시해 줄 수 있다. 마지막으로 챗GPT와 같은 AI 기술이 부모에게 정신적인 안정을 지원해 줄 수 있다. 즉 현재 부모로서 받고 있는 육아 스트레스가 어느 정도로 심각한 수준인지, 그래서 해당 수준에서 극복할 수 있는 적절한 방안을 제시해 준다든지, 이를 넘어서 직접적으로 AI가 정신 상담을 실행해 준다면 훨씬 긍정적인 작용을 할 수 있을 것이다. 더 빠른 조치가 가능해지기 때문이다. 쉽게 말하면 AI 기술이 부모에게 정신적인 안정을 지원하는 것은 '1인 1오은영 박사'를 고용하는 것이나 다름없게 되는 것이다. 이런 세 가지 측면으로 볼 때 AI 기술이 육아에 긍정적인 영향을 미칠 수 있다고 생각한다.

육아의 미래에 대한 내 시선을 요약해 본다면, 챗GPT와 같은 AI 육아 기술이 자유롭게 구현할 수 있으려면 AI가 육아에 대한 신속정확성, 구체성, 그리고 연속적 맞춤 솔루션이 제공되어야 비로소 실현 가능해진다는 점과 아울러 AI 기술로 육아에 도움을 받는다 해도 부모는 항상 아이의 주양육자의 역할을 충실히 해야 한다는 점을 강조하고자 한다. 이러한 시점에서 기술의 발전과 인간의 적응 능력이 시너지를 이룬다면 AI 육아는 머지않아 일상적인 현실이 될 것임을 확신한다.

미래전략프로그램 6기, 미래를 말하다

신덕순

NAVER ESG 경영고문

육아의 미래, 'AI 육아'를 바라본 다른 시선 2

AI 기술이 부모들에게 제공하는 육아
혁신의 가능성을 확인하다

AI로 아이의 울음소리를 실시간으로 분석해 부모의 육아를 돕는 아이디어는 매우 신선하고 흥미롭다. 저자가 제시한 AI 육아 콘셉트는 연초부터 불고 있는 하이퍼클로버X, 챗GPT 와 같은 초거대 생성형 AI 기술의 등장으로 육아에 대한 접근 방식에 혁신적 변화를 가져올 수 있다고 생각한다. 아울러 나와 같이 두 명의 대학생을 전통적인 육아 방식으로 키운 경험을 가진 다수의 부모들에게도 새로운 기회와 도전을 분명하게 제공할 수 있다고 본다. 먼저, AI가 아이의 울음소리를 실시간으로 모니터링하고 분석하게 되면 아이의 상태에 대해 부모가 자신의 시간을 효율적으로 사용하면서도 객관적이고 과학적 지식을 도움받게 된다. 예를 들어, 아이가 충분한 수면을 하고 있는지, 온도나 습도 등 환경 조건이 적절한지, 배가 고픈지, 기저귀를 갈아야 하는지를 정확히 인식하고 대처할 수 있게 된다. 특히 고령 임산부가 증가하면서 육아 경험을 충분히 갖추지 못한 부부에게 더할 나위 없는 필수 아이템으로 등극할 것이다. 이처럼 AI가 육아 과정을 지원하면 부모들은 보다 깊은 관계 형성과 교육적인 역할에 집중할 수 있게 된다. AI는 반복적인 업무를 수행하고, 부모들은 더 가치 있는 경험을 제공할 수 있게 된다.

AI 육아 방식이 부모들에게 제공되는 긍정적 영향

무엇보다 저자가 제시하고 있는 AI를 활용한 실시간 아이 울음소리 분석 콘셉트는 하나의 플랫폼을 자연스럽게 형성하게 되면서 아이와 혈연으로 연결된 부모, 형제, 조부모 등 가족 간의 커뮤니케이션을 활성화할 수 있다. 즉 AI가 실시간으로 모니터링하는 아이의 상태를 육아 경험을 풍부히 갖고 있는 할머니 등 가족이 함께 공유하며 부모의 육아의 지혜로운 조언을 할 수 있고 이를 매개체로 가족 간의 따뜻한 커뮤니케이션 공간으로 활용될 것이다. 또한, AI는 아이의 발달을 추적하고 부모에게 발달 지표를 제공하는가 하면, 부모 간 지원 네트워크를 구축하는 데도 도움을 줄 수 있다. 부모들은 AI를 통해 다른 부모들과 경험을 공유하고 육아에 대한 조언을 받을 수 있다. 이를 통해 아이의 성장과 학습을 더 효과적으로 지원하는 건 덤이 되겠다. 기존의 부모들은 이러한 변화를 경험하면서 AI가 육아에 미치는 영향에 대해 더 심층적으로 생각하게 된다. 기존의 육아 방식과 AI를 통한 육아 방식을 통합하고, 언제 AI를 활용하고 언제는 인간적인 소통과 상호작용을 중요시하는 방법을 찾게 된다. 이러한 변화는 기존 부모들에게 새로운 도전과 기회를 제공할 것이며, 육아 문화를 변화시키는 데 중요한 역할을 할 것으로 예상된다.

여전히 신중해야 할 AI 기술 사용

그러나 아이의 울음소리를 통해 데이터를 수집하는 AI 시스템은 개인정보 보호 문제를 야기할 수 있다. 부모들은 이러한 측면을 신중하게 고려해야 한다. 아울러 부모들이 너무 많은 일상 관리를 기술에 의존할 경우, 기술의 장애나 오류로 인해 스트레스가 폭발할 수도 있다는 점도 잊지 말아야 한다. 따라서 저자가 적시했듯 아이에게 AI를 활용하는 경우, 기술을 유용한 보조 도구로 활용하되 항상 인간적인 상호작용과 감독이 중요하다. AI는 도움이 될 수 있지만 부모의 주도와 관심, 헌신적 사랑이 아이의 건강과 발달에 큰 영향을 미친다. 아이의 성장은 언제나 그리고 영원히 인간적인 관심과 사랑, 지원이 더 중요한 역할을 한다.

미래전략프로그램 7기,
미래를 말하다

황수호

에이아이더뉴트리진(AltheNutrigene) 상무

미래전략 프로그램으로의 여정: 한국 사회에 대한 고민

미래전략프로그램 석사 7기를 마치고 현재는 박사 과정에 참여하고 있다. 또한, AI와 같은 신기술을 다루는 스타트업에서 종사하고 있다. 입학 계기를 돌이켜보면, 석사로 진학한 이유와 석사를 마치고 박사로 더 나아가기로 결심한 이유를 비슷하지만 조금은 다른 면을 가지고 있다. 석사를 시작한 계기로서 한국 사회에 대한 특별한 관심을 갖게 된 배경이 있다. 한국은 오랜 기간 동안 제조업 중심으로 경제 성장을 이루어 왔지만, 이후에는 활력을 잃어가는 모습을 목격하게 되었다. 이러한 변화 속에서 어떤 것이 미래의 성장 동력이 될 수 있을까에 대한 고민이 나를 미래전략 프로그램으로 이끌었다. 입학 전에는 다른 대학과 과정도 비교 분석을 했다. 서울대 공대, 사회대 등 다양한 선택지 중에서도 카이스트의 융합적인 교육과 프로그램이 가장 나에게 맞다고 느꼈고, 그래서 석사 과정을 시작하게 되었다.

석사를 마치고 박사로 나아가기로 결정한 이유는 어떠했을까? 석사 과정에서는 기존 연구를 발전시키는 데에 시간을 투자했다. 하지만 교수님들과의 학문적 논의와 토론, 그리고 개인 연구를 통해서 새로운 도전을 하고자 하는 열망이 크게 자라게 되었다. 이러한 도전정신과 교수님들의 격려 덕분에 박사 과정으로 나아가기로 결정하게 되었다고 회상한다.

스타트업 펀딩 네트워크,
혁신과 지속가능성을 위한 고민

현재 나는 스타트업의 펀딩 네트워크에 대한 탐구를 하고 있다. 이 주제에 대한 고민을 시작한 계기는 현대 사회가 네트워크 구조의 중요성을 점차 깨닫고 있기 때문이다. 우리 주변에서 일어나는 모든 현상과 관계, 심지어 개인 간의 관계까지도 네트워크 구조로 설명할 수 있다고 믿는다. 본 연구는 사회적 성원을 향한 고민에서 시작되었다. 우리 사회에서 한 사람이 실패하면 이로부터 교훈을 얻을 수 있어야 하며, 성공한 사람이 어떻게 성공했는지를 다른 이들도 알 수 있어야 그 성공 DNA를 복사할 수 있다. 이를 위해서는 적극적인 정보와 지식의 공유가 필수적이며, 또한 미래를 위해 새로운 기업들이 출현하여 사회에 활력을 불어넣어야 한다고 생각한다. 그리고 이러한 기업의 발전과 성장의 기초는 창업 이후에 오는 펀딩이다. 그러나 펀딩을 받는 것은 단순히 운이 좋다거나 특정 개인의 능력에 의해 결정되는 것이 아니다. 펀딩 네트워크에서는 어떤 패턴이나 구조가 존재할 것이며, 이것은 정부 정책의 향후 진행 방향이나 스타트업 간의 교류, 네트워크 중계 역할에 영향을 미칠 것으로 예상된다. 지금은 아직 연구가 진행 중이지만, 이를 통해 스타트업 생태계의 협력과 중재의 중요성을 밝히고자 하는 것이 연구의 목적이다. 협력이 부족한 상황에서도 중재자가 시장에서 조율해 줄 수 있다면 스타트업 간의 협력이 촉진될 것이고, 스타트업이 자체적으로 상품화를 완료하지 못한 경우라도, 서로 협력하여 시장에서 지불할 만한 가치를 창출할 수 있는 기회가 될 것이기 때문이다.

스타트업의 사회적 역할

스타트업은 사회 전체에 두 가지 중요한 의미를 지닌다. 첫째, 스타트업은 청년층에게 희망을 줄 수 있는 중요한 요소 중 하나이다. 젊은 세대가 경제적인 고민을 하며 나아가 자신의 경력과 미래를 고민하는 것은 당연한 과정일 수 있지만, 이러한 고민을 풀어주는 주체로서 대기업이나 공공기관은 명백한 한계가 있다. 스타트업은 이러한 청년들에게 도전의 기회를 제공하고, 그들이 자신의 아이디어와 열정을 실현할 수 있는 틈을 만들어 줄 수 있다. 둘째, 스타트업은 사회의 경제적 활력과 성장을 견인하는 역할을 한다. 이러한 역할은 시간이 걸릴지라도, 미래의 경제와 사회를 주도해 나갈 중요한 주체로서 기능을 하며, 스타트업 생태계의 발전은 더 다양한 기업과 혁신을 불러올 것이며, 그 결과로 사회적인 발전과 경제 성장을 촉진할 것이다.

한국의 스타트업 생태계: 현실과 희망

한국의 스타트업 생태계는 다른 국가와 비교할 때 몇 가지 독특한 특징을 지닌다. 그중 가장 두드러진 특징 중 하나는 소비재 중심의 스타트업이 많다는 점이다. 이러한 경향은 한국 시장의 특성과 관련이 깊다. 한국의 빠르게 성장하는 중산층과 소비문화는 다양한 소비재와 서비스를 필요로 하기 때문에 다방, 직방과 같은 부동산 중개 플랫폼, 또는 패션 스타트업 등이 성공적으로 발전하고 있다. 그러나 한국 스타트업 생태계에서는 근간 기술에 중점을 둔 스타트업은 상대적으로 적다. 인공지능^AI이나 블록체인과 같은 첨단 기술을 기반으로 하는 스타트업은 미국과 같은 나라로 창업을 이전하는 경향이 있다. 이러한 현상의 배경에는 나중에 스타트업이 성장하고 출구 전략을 고려할 때, 한국에서의 합병 및 인수^M&A 기회가 제한적하기 때문이라고 판단하고 있다.

한국 스타트업 생태계의 장점과 단점 또한 분명하다. 장점 중 하나는 최근에 나타난 스타트업의 약진이다. 일본과 비교할 때 한국은 유니콘 스타트업의 숫자가 3배 이상 더 많다고 한다. 이는 한국 스타트업의 활력과 창의성을 반영하는 결과로 볼 수 있다. 한국 스타트업은 한계와 어려움을 극복하는 데에도 열정과 파이팅 정신을 보여주고 있다. 그러나 아쉽게도 한국 스타트업은 큰 규모의 투자가 필요한 경우가 많다. 미국과 비교하면 한국의 스타트업 투자 규모는 아직도 부족한 편이다. 이는 한국 스타트업이 글로벌 시장에서 성공을 거두기 위해 더 많은 자금과 리소스를 필요로 하기 때문에 중요한 과제 중 하나다.

한국 스타트업의 쏠림 현상

한국의 스타트업 생태계를 관찰하면 어떤 부분에서는 특정 업종에 몰입하거나 쏠림 현상이 발견된다. 하지만 이러한 현상에 대한 개인적인 생각은 좋고 나쁨을 따지기보다는 상대적인 관점에서 이해할 필요가 있다고 생각한다. 이것은 단점이나 장점이라고 정확히 레이블링하기 어려운 복잡한 사회적 현상이기 때문이다. 예를 들어, 독일의 스타트업 포트폴리오를 보면 자동 계측 기술 분야에 투자한 스타트업이 상당히 많다는 것을 알 수 있다. 반면에 프랑스의 경우 슈퍼마켓 및 마트와 관련된 스타트업이 더 많은데, 독일에서는 이러한 스타트업이 상대적으로 드물다는 것이다. 이러한 현상은 어떤 분야에 투자하고 어떤 분야에 투자하지 않는 것은 스타트업이 아니라 전반적인 사회적 선호도와 수요에 반영된 것으로 해석하는 것이 옳다고 생각한다. 따라서 스타트업 생태계에서의 이러한 쏠림 현상을 단점으로만 보기보다는 이것이 그 사회의 특징과 욕구를 반영한다고 해석해야 하며, 사회는 다양한 서비스와 제품에 다양한 수요를 가지고 있기 때문에 스타트업은 이러한 수요를 충족시키기 위해 다양한 영역에서 활동해야 하는 것이다. 누구나 동일한 분야에 창업하지 않는다는 것은 스타트업 생태계가 시장의 다양성을 반영하고 있다는 증거라고도 볼 수 있다.

AI와 스타트업: 변화와 전망

AI의 등장, 특히 LLM Large Language Models 등장 전후로 스타트업 생태계는 분명히 변화하고 있다. 그러나 이러한 변화는 예상 가능한 것으로 여겨진다. 스타트업 업계에서 AI는 새로운 기술이 아니라 점진적으로 발전해온 분야다. 따라서 일반 국민들에게는 큰 놀라움을 주는 것보다는 기술의 진화를 예측하고 이해하는 과정으로 여겨진다. 이는 스타트업 창업자들이 자신의 사업 아이템이 AI와 관련이 있는지 여부를 고민하게 만드는 중요한 요소 중 하나다.

 AI와 관련된 스타트업이 폭발적으로 늘어날 가능성은 매우 높다. 실제로 이미 AI를 기반으로 한 스타트업이 늘어나고 있으며, AI를 포함하지 않는 사업 모델은 점점 어려워지고 있다. AI는 이제 더 이상 선택 사항이 아닌 필수 도구로 여겨지며, 비즈니스 성과에 큰 영향을 미치는 것을 의미한다. 예를 들어, 숙박 업계에서 야놀자와 직방은 AI 기술을 활용하여 고객 서비스를 향상시키고 효율성을 높였다. 이제는 AI를 사용하지 않고서는 경쟁력을 유지하거나 신규 비즈니스를 개발하기 어려운 상황이다. AI는 높은 성능을 제공하기 때문에 스타트업 창업자들은 어떤 산업이던지 AI의 적용을 고려해야 할 것이다.

또한, AI가 빠르게 발전하고 보급되고 있기 때문에 스타트업 생태계에서 AI를 활용하지 않으면 퍼포먼스가 낮아질 가능성이 높다. 이는 단순히 경쟁에서 밀리는 것뿐만 아니라, 비즈니스 성과와 지속가능성에도 영향을 미치는 것을 의미한다. 따라서 스타트업 창업자들은 AI를 자신의 비즈니스에 효과적으로 통합하여 미래에 대비해야 할 것이다.

미래전략대학원 해외 탐방 프로그램과의 만남

미래전략대학원의 해외 탐방 프로그램 Global Pioneer Program, GPP은 대학원에 다니면서 가장 인상 깊게 기억하는 경험 중 하나이다. 이 프로그램을 통해 싱가포르의 발전과 혁신을 경험하게 되었는데, 그 경험은 나에게 많은 인사이트와 교훈을 안겨주었다. 싱가포르는 아시아에서 혁신적인 국가 중 하나로, 그 동력을 어떻게 유지하는지에 대해 큰 궁금증을 품었다. 개인적으로 싱가포르를 방문하는 기회는 없었지만, 학교에서의 지원과 협조를 통해 싱가포르 총리실 직할의 미래전략 조직과 리콴유 스쿨 등에서 미래를 고민하는 수많은 석학분들을 만날 수 있었다. 이러한 만남은 제게 혁신과 미래에 대한 싱가포르의 고민을 직접 듣고 이해하는 기회를 제공했다.

더욱 중요한 점은 아시아 각 국가가 유사한 고민을 하고 있다는 것을 깨달았다. 싱가포르와 한국은 다르지만, 둘 다 인구 저출산과 혼인 문제와 같은 공통된 고민을 가지고 있다. 그러나 두 나라가 이러한 문제를 다르게 바라보고 다르게 해결하고 있다는 것을 보면서, 서로 교류하고 정보를 공유한다면 얼마나 많은 것을 얻을 수 있을지 얻는 중요한 계기가 되었다.

해외 탐방 프로그램은 미래를 고민하는 엘리트 조직과 리더들이 어떤 고민을 하고 있는지를 보여주는 중요한 경험이었다. 현장에서 미래에 대한 인사이트를 얻고, 다른 국가와의 교류를 통해 보다 나은 방향을 찾을 수 있음을 알게 된 것은 매우 중요한 기회였다. 이 프로그램을 착실하게 발전하고 네트워킹과 경험을 강화할 수 있도록 가이드를 개발한다면, 해외 탐방 프로그램은 미래를 고민하는 조직과 리더들에게 더 큰 가치를 제공할 수 있는 모범적인 사례가 될 것이다.

기후변화와 리질리언스

기후변화, X-이벤트

매년 기후와 관련된 현상은 역사상 유례가 없는 X-이벤트로 불리며, 우리가 예상하지 못했던 규모의 변화를 가져오고 있다. 이러한 현상은 예측 가능한 범위를 벗어난다는 점에서 특이하며, 예상을 정확하게 하려는 노력이 어려울 정도로 큰 변화를 겪고 있다. 독일과 유럽에서 최근 100년 만에 발생한 홍수도 예측하거나 대비할 수 없었다. 앞으로 우리에게 닥칠 기후변화, X-이벤트 현상은 더 이상 막을 수 없다고 보는 입장이다. 이전까지 경험하거나 통계적으로 확인한 것 이상의 충격이 발생할 것으로 예상된다. 기상 현상에서부터 경제 충격까지 우리는 예측할 수 없는 충격에 직면하고 있으며, 이를 예방하기 위해 예산을 증액하는 것은 어려운 결정이다. 왜냐하면 이러한 충격은 우리가 경험한 바가 없으며, 예산 증액이 합리적으로 이뤄질 수 있는 근거가 부족하기 때문이다. 또한 사회에 충격을 가져올 것으로 예상된다. 이 충격은 어떻게든 발생할 것이며, 그것을 막을 수 없다. 따라서 우리가 집중해야 할 부분은 이러한 충격이 발생한 후에 어떻게 회복하고 교훈을 얻어 미래에 대비할 것인가이다. 이것이 리젤리언스^{회복탄}^{력성}의 개념이다. 우리는 충격이 발생했을 때, 그것을 어떻게 교훈으로 삼고 미래에 대비할 수 있는 체계를 구축해야 한다.

또한, 기후변화로 발생하는 다양한 임팩트에 대응하기 위해서는 협치가 필수적이다. 공공 부문, 지방 정부, 민간 부문 간의 협력이 없으면 이러한 X-이벤트에 대처하기 어렵고 피해는 더욱 커질 것이다. 예산은 제한적이기 때문에 정부 혼자서 이 문제를 해결하기 어렵다는 점은 반드시 고려해야 한다. 협력을 통해 효율적으로 대처할 수 있는 방안을 모색해야 하는 것이 매우 중요한 당면 과제이다.

기술과 사회적 수용성

기후변화에 대한 대응은 어려운 과제임에 틀림없다. 수십 년간 지속된 문제를 단기간에 해결할 수 있다는 기대는 비현실적이다. 그럼에도 불구하고, 기술과 과학이 이 문제를 해결하는데 큰 역할을 할 수 있다고 믿고 있다. 기술은 문제 해결에 빠르게 적용할 수 있는 도구이며, 그 중요성은 사회에서 이미 입증되었다. 예를 들어, 핸드폰의 보급과 개인정보 관리 방법의 변화는 기술이 어떻게 사회적 수용성을 가질 수 있는지를 보여주는 좋은 사례이다. 하지만 기술의 도입은 단순히 기술의 성능과 관련된 문제가 아니다. 사회적인 합의와 수용성 역시 중요한 고려사항이다. 사람들이 새로운 기술을 수용하려면 그 기술이 가지는 영향과 위험에 대한 이해가 필요하다. 핸드폰의 경우 개인정보 보호와 관련된 논의와 법률 개정이 필요했고, 이러한 과정은 사회적 합의와 협력이 필요했던 사례로, 기술의 성능뿐만 아니라 기술의 사회적 영향을 고려하는 것이 중요하다는 것을 보여준다.

미래전략프로그램 8기,
미래를 말하다

윤채우리

KAIST 문술미래전략대학원 석사

언택트 송년회에서 마주한 따뜻한 인연들

대학원에 진학한 후, 매번 강의가 있는 날이 기다려질 정도로 매 순간이 소중했다. 수많은 순간 중에서도 내게는 2021년 성황리에 열렸던 '언택트 송년회'가 가장 기억에 남는다. 당시 대학원에서 연구하는 것 외에도, 이곳에서 내가 조금이나마 어떤 역할을 하면서 도움이 될 수 있을까 하는 고민이 많았다. 그러던 중 소속감을 갖고 '언택트 송년회'를 함께 준비할 수 있는 기회가 생겨서 누구보다도 의미 있고 따뜻한 연말을 맞이했다. 당시 함께 송년회를 준비했던 박사과정 선배의 참신한 아이디어와 늦은 시간까지 스크린을 빼곡하게 채운 우리 원우님들의 열정적인 참여, 강의실에서뿐만 아니라 카이스트의 한 해 소식을 전하는 PT에서도 단연 빛나던 우리 교수님들의 활약, 바쁘신 가운데에도 문술미래전략대학원의 일이라면 늘 마음 써주시는 이광형 총장님의 깜짝 등장까지!!! 추운 겨울이었지만, 마음이 훈훈했던! 비록 몸은 멀리 있지만 '카이스트'라는 이름 아래 마음은 하나임을 느낄 수 있었던 소중한 시간이었다.

일과 학업 사이에서 발견한 삶의 활력소, 문술미래전략대학원

회사를 다니면서 대학원 생활을 한다는 게 쉽지는 않았다. 그러나 강의를 듣거나 과제를 할 때면 나도 모르는 에너지가 생겼다. 하나라도 더 알고 싶고 또 배우고 싶은 열정이 가득해지는 것을 보면서 '미래전략대학원에 진학하기를 잘했다'라는 생각을 많이 했다. 바쁜 생활 속에서도 그렇게 대학원 생활은 내게 '삶의 활력소'이자 '원동력'이 되었다. 일과 학업을 성실하게 병행하는 동기들은 내게 '긍정적인 촉매제'가 되어 더 알차게 살아나갈 수 있는 힘을 주었다.

특히 당시 문술미래전략대학원에서 강의를 하셨던 이광형 총장님의 수업을 들으면서 첫 팀플을 할 때가 기억에 많이 남는다. 첫 만남의 어색함도 잠시, 열정 많고 능력이 출중한 팀원들을 만나 주말 내내, 또 퇴근 후에 자정을 넘기면서까지 함께 발표 준비를 했던 때가 떠오른다. 누가 먼저라 할 것 없이 선제적으로 솔선수범하면서 프로젝트를 해나가는 모습을 보면서 '이래서 공부를 시작했었지', '이런 것이 함께 배우는 즐거움이구나' 하는 생각들이 들었다.

업무를 할 때에는 좋은 아웃풋을 위해 늘 고민했었는데, 대학원 생활을 하면서 좋은 인연들도 생기고 새로운 지식들로 차근차근 채워나가고 있다는 생각에 더욱 힘이 났다. 미래전략대학원에서의 시간들은 현재를 열심히 살면서도 다가오는 미래를 함께 고민하며 준비하고 있다는 보람을 느끼게 했다

미래 탐구의 중심에서 현장을 잇는 연결다리를 구축하다.

'미래'에 대한 연구는 기본적으로 '변화하는 것'을 탐구한다는 점을 고려할 때, 변화에 가장 민감하게 반응하는 '세대 간 의식 차이'를 반영한 연구들이 활발하게 이루어질 필요가 있다. 예를 들어 남북관계, 결혼 및 출산 문제 등 연령대 별로 가치관 차이가 크게 나타날 수 있는 분야의 키워드들은 세부적으로 그 흐름을 살펴보는 것이 효율적이라고 본다. 특히 내가 연구한 '통일에 대한 국민들의 의식 변화' 같은 경우는, 과거에 비해 세대 간 의견 차이가 가장 극명하게 드러나는 사례로 몇 년 전부터는 차이의 폭이 배가 될 정도로 변화가 컸다. 그런 면에서 의식의 변화가 '단순한 차이'가 아니라, '사회의 잠재적인 갈등'이 되고 미래에는 그 갈등이 폭발할 수도 있다는 것을 고려한다면 선제적이고 체계적인 연구가 필요하다.

또한, 가까운 미래를 예측하는 단기 과제뿐만 아니라 중장기적 도전과제에 대한 투자와 연구도 지속되어야 한다. 값진 연구는 오랜 시간을 필요로 하는 경우가 많다. 당장 눈에 보이지는 않더라도 긴 호흡으로 꾸준하게 진행한다면 데이터 축적이나 연구 성과 면에서

결과론적으로는 더 의미 있는 결실을 맺을 수 있을 것이다.

또한, 연구가 '학문적 의미의 연구'로만 그치는 것이 아니라 현장에까지도 적용이 가능하도록 하여 시너지 효과가 날 수 있는 방안을 강구할 필요가 있다. 특히 미래에 대한 연구가 학문기관 외에도 개인이나 기업, 정부 등과 긴밀하게 연결되어 구체적인 로드맵을 제시할 수 있고 현실에 적용이 가능해진다면 그 효율성이 배가 될 것이다.

미래전략대학원에서 '현재'와 '미래'를 교차시키다

많은 사람이 '미래'라고 하면 현실과 동떨어진 것, 추상적인 것으로 여기고는 한다. 또한 아직 다가오지 않은 '미래'를 연구하는 것에 대해 막연함이 있는 것도 사실이다. 그렇기 때문에 미래전략대학원의 역할이 더욱 중요해지고 있다고 생각한다.

미래전략대학원이 미래 연구와 미래 정책 방향을 선도하기 위해서는 먼저 '미래학·미래연구= 카이스트 미래전략대학원'이 될 수 있도록 미래 이슈 연구에 대한 싱크탱크로서의 역할을 수행해야 한다. 그러기 위해서는 일반 대중들과 기업, 정부 간에 긴밀한 협조 체제를 구축하는 징검다리, 즉 매개체가 되어야 하며, 더 나아가 '현재와 연결된 미래', '체감하는 미래'로 갈 수 있도록 구체성을 가지고 홍보까지 병행한다면 더욱 효율적일 것이다. 예를 들어 일반 대중들이 미래를 연구하는 것에 대한 막연함을 느낀다면, 우리 미래전략대학원이 대전 및 서울에서 '쉽게 다가가는 우리의 미래 이야기'라는 주제로 전문가 세미나 및 학생 대상 설명회 등을 주기적으로 개최하고 적극적인 액션 플랜을 실행한다면 대학원의 노력으로 인해 많은 사람들이 '미래'를 좀 더 가치 있고 가깝게 느낄 수 있을 것이다.

많은 사람이 'Here & Now'의 중요성을 강조한다. 순간순간 현재를 열심히 살아가면서 그 발자취를 따라 다가오는 미래를 미리 준비한다는 것, 그것만큼 매력적인 일이 또 있을까? 이 매력적인 일이 바로 미래전략대학원에서라면 실현 가능하다고 믿는다.

미래전략프로그램 8기,
미래를 말하다

김지원

KAIST 문술미래전략대학원 석사

우리나라 노인일자리 사업의 발자취와 그 미래에 대한 궁금증

우리나라는 저출산과 고령화 문제에 대응하기 위해 2006년부터 2022년까지 약 280조 원이라는 막대한 저출생 대응 예산을 지출함과 더불어 제4차 저출산·고령사회 기본계획2021~2025을 중장기적으로 시행하였다. 그럼에도 불구하고 출생아 수 급감과 인구 자연감소 추세를 막지 못해 우리나라는 인구 고령화가 급속도로 진행되고 있다.

이러한 시대적 과제가 산재해 있는 가운데, 나는 정부의 노인일자리 사업을 운영하고 관리하는 실무에 종사하며 노인일자리에 대한 보다 거시적이고 장기적인 시각의 중요성과 필요성을 느끼게 되었다.

이에, 노인일자리 사업에 대한 실무 경험을 기반으로 노인일자리 사업의 과거, 현재, 미래에 대해 학문적으로 접근해 보고 싶은 동기가 생겼고, 실질적이고 성장 지향적인 방향으로 노인일자리의 미래에 대해 고민하고 연구해 보고자 미래전략대학원에 입학하게 되었다.

미래전략대학원, 그리고 뜻깊었던 시간

2020년 쾌청한 바람이 불던 어느 가을 저녁, 현 카이스트 총장님이시자 문술미래전략대학원을 설립하신 이광형 교수님의 퇴임 기념 식사자리에 참석했다.

대학원 선후배, 동기들과 함께 담소를 나누고 교수님의 퇴임을 축하해 드린 후 교수님께서 자리를 떠나시며 남기신 마지막 말씀이 아직도 가슴 한편에 감동으로 남아 있다.

"괴짜여서 외로웠지만 행복했다."

공학에 관한 조예를 넘어서 한국 최초의 미래학 연구기관을 설립하기까지의 무한한 열정, TV를 거꾸로 매달아 놓고 보시는 기상천외한 창의력, 카이스트 내 서열 1위 거위들을 유성시장에서 데려와 키워내신 따뜻한 감성까지…….

언제나 소년 같으신 이광형 총장님의 뜨거운 정열을 잊지 않고, 총장님을 본받으려 노력하겠다고 다짐했던 순간이었다.

고령화와 노인일자리 연구

2022년 우리나라는 합계출산율 0.78명이라는 역대 최저치의 출산율을 기록하였다. 이러한 충격적인 통계치를 안고 연구 논문을 써내려 간지 얼마 되지 않아 현 에세이를 집필하고 있는 지금 시점에는 2023년 2분기 합계출산율 0.7명이라는 더욱 하향된 통계치를 접하게 되었다.

OECD에 속한 국가 중 압도적으로 가장 낮은 합계출산율을 기록하는 가운데 출산율이 더욱 하향곡선을 그려가는 우리나라는 그야말로 암흑의 미래가 그려질 수밖에 없는 상황이다. 이는 더 이상 지체할 수 없는 심각한 문제이다.

이제는 기존의 많은 비판을 받아왔던 탁상공론적 대응이 아니라 실질적이고 효과적인 미래 대안을 제시해야 할 때라고 생각한다. 이에 카이스트 문술미래전략대학원에서는 인구문제에 대한 미래전략과 더불어, 빠르게 진행되는 고령화에 효과적으로 대응하는 노인일자리 연구를 더욱 강화해야 할 것이다.

미래전략프로그램 8기,
미래를 말하다

한국방송광고진흥공사 차장

미래를 향한 내 인생의 전환점

현재 한국방송광고진흥공사에서 가구별 맞춤 광고인 '어드레서블 TV 광고' 파트를 담당하고 있는 내가 미래전략프로그램 8기로 입학을 결심한 것은 그리 큰 계획이나 꿈이 있었던 것은 아니었다. 단순히 삶이 흘러가고 있지만 그 흐름이 어디로 향하고 있는지, 그리고 나 자신이 그 흐름 속에서 어떤 역할을 하고 있는지에 대한 의문이 들었던 때였다. 이미 직장 생활을 15년 가까이 한 시점에서 그냥 흘러가는 대로 두기보다는 미래에 대한 더 큰 이해와 준비가 필요하다고 느꼈다. 그러던 중 어떤 분야를 공부하면 내가 미래를 더 잘 예측하고 대비할 수 있을까라는 고민이 머리를 스쳤다. 언론 분야에서 미래를 다루는 대학원도 있겠지만 그보다는 좀 더 독특한 영역을 찾고 싶었다. 그렇게 '미래학'이라는 분야를 알게 되었고, 그 안에서 미래를 다루고 연구하는 것이 나에게 맞는다고 생각했다.

또한, 카이스트에 대한 특별한 동경이 있었다. 혁신과 과학기술 분야에서 세계적인 선도 위치에 있는 이곳에서 미래를 연구하고 싶은 열망이 문술미래전략대학원에 지원해 입학하게 된 강한 동기가 되었다. 입학을 결심한 계기는 어쩌면 평범한 것처럼 보일 수 있지만, 그 결정 덕분에 나는 더 넓은 시야에서 미래를 이해하고 대비할 수 있는 기회를 얻게 되었다. 어드레서블 TV 광고 사업에서도 미래를 예측하고 적용하는 데에 도움이 되는 다양한 지식과 경험을 쌓고 있으며, 이 모든 것은 입학을 결심했던 그 순간으로부터 시작된 여정의 한 부분이다. 미래는 늘 미지수이지만, 그 안에 내가 준비하고 성장하는 모든 순간이 가치가 있음을 믿고 나아가고 있다.

미래학의 확장과 현실 세계의 결합

학부 시절, 나는 사학을 전공하며 과거의 역사와 현재의 순간에 집중했다. 과거는 이미 지나간 시간이며 현재는 짧고 순간적인 경험으로 느껴졌지만 미래는 넓고 열려 있는 공간으로 여겨졌다. 이런 이유로 미래는 우리 모두에게 공통적으로 다가온다고 느껴진다. 대학원에 진학한 후, 내가 미래학에 대한 생각이 조금씩 바뀌었다. 기본적으로 미래는 여전히 예측하기 어려운 것이라고 생각하지만, 미래가 현재로 다가왔을 때 그 미래가 어떻게 형성되었는지에 대한 논리적인 이해를 갖게 된 것이었다. 대학원에서의 짧은 기간 동안 나는 미래학에 대한 새로운 시각을 개발하게 되었다. 미래를 이해하고 대비하기 위해서는 단순히 예측하는 것뿐만 아니라 미래가 어떻게 형성되는지에 대한 원리와 과정을 이해하는 것이 중요하다는 것이었다. 이러한 개념을 토대로 문술미래전략대학원에서 얻은 지식을 현실 세계에 적용하려는 노력을 시작했다.

특히 대학원에서 배운 것은 마치 세상에 대한 매뉴얼을 읽은 것 같은 느낌이었다. 과학과 기술이 어떻게 변화하고 진화하는지에 대한 개념을 이해하게 되었다. 이러한 지식을 토대로 회사 내에서 새로운 프로젝트를 시작하게 되었다. 뉴로 마케팅을 실험적으로 적용하고 뇌파 측정과 시선 추적을 통해 공익 광고에 대한 효과를 분석했다. 이 프로젝트를 통해 각 광고의 반응이 다르다는 것을 확인하며 뇌와 광고 간의 상호작용에 대한 통찰을 얻었다.

광고는 예술적인 요소가 강조되는 분야로 알려져 있지만, 대학원에서 배운 지식은 과학적 도구와 인문학적 관점을 접목시키는 방법을 제시했다. 이러한 경험은 회사 내에서의 방향성을 새롭게 고민하게 하였고, 과학적 도구들을 통해 광고 분야에서의 혁신을 모색하는 계기가 되었다. 문술미래전략대학원에서의 공부는 미래를 이해하고 대비하는 데 있어서 더 나은 시각을 제공하며, 과학과 인문학의 조합이 현실 세계에서 실용적으로 활용될 수 있는 가능성을 열어주었다

코로나, 다양한 배경, 하나의 화면

2020년, 나는 대학원에 입학했다. 그해는 코로나 팬데믹의 영향으로 오프라인 교육을 받은 경험이 전혀 없는 채 시작되었다. 수업은 모두 줌Zoom을 통해 이루어졌으며, 줌 수업을 들으며 가장 놀라운 점은 수업에 참여한 학생들의 다양성이었다. 각자의 자택, 카페 혹은 다른 장소에서 수업을 듣는데, 그 배경이 다른 것을 보면서 놀랐다. 어떤 사람들은 편안한 자택에서 공부하고, 어떤 사람들은 카페나 다른 장소에서 열심히 수업을 따라가고 있었다. 이러한 다양성은 주말 시간을 투자해 수업을 듣는 학생들의 열정과 헌신을 보여주었다. 그 순간, 나는 이런 사람들과 함께 공부하고 있는 특별한 경험을 하고 있다는 것을 깨달았다. 코로나로 인해 어려운 환경에서도 교육에 대한 열망을 지속적으로 추구하는 사람들을 만나게 되었다. 이들의 흥미와 열정은 나에게 큰 자극을 주었고, 더 높은 목표를 향해 나아가는 계기가 되었다. 온라인 교육에서는 기술적인 문제나 커뮤니케이션 어려움이 종종 발생하곤 했다. 그럴 때마다 학우들은 서로를 도와주고 협력하여 문제를 해결했다. 이는 현실 세계에서도 필요한 인내와 협력의 정신을 배우게 되는 소중한 경험이었다.

문술미래전략대학원의 지속적인 교육

문술미래전략대학원이 10년 후에 어떤 모습일지 상상해 보면, 미래를 준비하고 예측하는 역량을 키우는 교육의 성과가 더욱 돋보일 것이라 생각한다. 10년이라는 시간 동안 문술미래전략대학원은 수많은 유능한 졸업생을 배출하게 될 것이며, 그들의 성과가 문술미래전략대학원 교육의 성과로 평가받을 것이다. 이는 문술미래전략대학원의 입학생 모집에 긍정적인 선순환 효과를 가져 올 것으로 예상되며, 오히려 10년 후에 내가 문술미래전략대학원에 입학하고 싶다면 어떤 준비를 해야 할지 고민스럽다

문술미래전략대학원의 가치를 높이고, 미래를 준비하는 학생들을 끊임없이 유입시키기 위해서는 졸업생에 대한 지속적인 교육과 지원이 필요하다. 졸업생들이 학교와의 연결을 유지하며 지속적으로 발전할 수 있도록 학과 차원에서 리마인드 특강을 개최하고 온라인 강의를 공유하는 것은 문술미래전략대학원답다고 할 수 있다. 졸업생들에게 교수님들과의 커뮤니케이션을 통해 학습 경험을 되새김질하는 기회를 제공하면, 그들이 학문을 잊지 않고 계속해서 적용하고 발전시킬 수 있다. 이러한 특강은 최신 연구 동향이나 실무 경험을 공유하고, 졸업생들이 현재의 지식을 확장하고 발전시킬 수 있도록 도와줄 것이다. 또한, 온라인 강의를 통해 졸업생들에게 평생 학습의 기회를 제공할 수 있다. 이러한 자원은 졸업생들이 필요에 따라 지속적으로 학습을 이어갈 수 있는 환경을 조성하며, 문술미래전략대학원의 경쟁력을 높일 것이다.

미래 대비를 위한 파트너십 구축

문술미래전략대학원은 미래에 대한 전망과 대비책을 제시하는 역할을 더욱 확대해야 한다. 정책 결정자들과 대중에게 가능한 시나리오들을 제공하고, 미래의 위험과 도전에 대한 경고를 제공할 수 있어야 한다. 또한, 인구구조 변화와 관련된 연구와 강의를 통해 대중에게 인식을 높이고 대처 방안을 제시할 필요가 있다. 문술미래전략대학원은 연구 결과물과 정책 제언을 대중과 정책 결정자들에게 보다 쉽게 전달할 수 있는 방법을 모색하고, 이를 위해 다양한 매체와 플랫폼을 활용한 정보의 보급과 홍보가 수반되어야 하며. 대중 강의, 웹사이트, 미디어 등을 통해 문술미래전략대학원의 연구와 역할을 알리는 노력이 매우 중요하다.

또한, 문술미래전략대학원은 다른 기관, 대학, 연구소와의 협력을 강화하고 파트너십을 구축하여 다양한 분야의 전문가와의 협업을 통해 미래 대비와 인구구조 변화에 대한 종합적인 접근을 가능하게 할 수 있어야 한다. 또한, 국내와 국제적인 네트워크를 활용하여 정보 교류와 연구 공유를 확대할 수 있는 파워가 문술미래전략대학원에 있다고 본다.

인구구조 변화와 다양성의 복잡화

인구와 국가의 미래

인구구조 변화는 현대 사회에서 중요한 과제 중 하나로, 이를 무시할 수 없는 이유가 있다. 그 중요성은 기술 혁신과 환경 문제와 같은 다른 글로벌 문제와 밀접한 관련이 있다. 여기에서는 인구구조 변화의 중요성을 몇 가지 관점에서 지적할 수 있다.

기술 혁신과 환경 문제는 전 세계에 영향을 미치는 이슈인 것에 반하여 인구는 국가 차원에서의 매우 심각한 이슈이다. 인구 감소는 국가의 경제, 사회, 문화 등 모든 측면에 영향을 미친다. 기술 혁신이나 기후 변화와 같은 글로벌 문제가 발생하더라도 그 영향을 받는 것은 국가 자체다. 따라서 인구 감소 문제를 해결하지 않으면 기술 혁신과 환경 문제의 중요성이 희석될 수 있다.

인구 감소에 대처하기 위해서는 이민이 고려될 수 있다. 이민은 새로운 인구를 유입시키는 방법 중 하나이지만, 이는 문화적인 갈등을 초래할 가능성이 크다. 문화적 정체성은 국가의 핵심적인 가치와 연결되어 있으며, 이민을 통해 다양한 문화가 유입되면서 갈등의 원인이 될 수 있기 때문이다. 예를 들어, 한민족의 역사와 단군신화에 대한 관념은 50년 후에도 유지될 것인지, 또는 문화적 다양성을 허용할 것인지에 대한 논의가 필요할 것이다. 즉 인구구조 변화의 중요성은 단순히 인구 숫자의 측면이 아니라 문화적 변화와 관련이 있다는 것을 의미한다. 인구구조 변화에 대처하기 위해서는 교육과 이해, 문화적 다양성을 존중하는 태도가 필요하다. 국가 차원에서는 다양한 문화 간의 조화와 공존을 촉진하고, 정체성을 유지하면서도 다양성을 수용하는 방법을 모색해야 할 시점이다.

고령화와 이민, 그리고 사회적 문제

고령화는 현대 사회에서 복잡한 문제들을 일으키고 있으며, 그중에서도 빈부 격차와 이민으로 생길 수 있는 문제들이 주목받고 있다. 고령화로 인해 수명이 연장되었다는 사실은 긍정적인 변화이지만, 이것이 곧 모든 이에게 축복이 되지는 않다. 고령자를 위한 복지 정책은 보다 보편적으로 확대되어야 함을 의미한다. 그러나 이를 위해 필요한 자원은 젊은 세대에서 나올 수밖에 없기 때문에 자원 분배와 관련한 갈등이 발생할 수 있다. 이러한 갈등은 사회적 불평등을 심화시킬 수 있으며, 고령화 사회에서는 더욱 신중한 정책과 교육이 필요하다.

이와 같은 고령화에 따른 인구 감소를 보완하기 위해 이민을 늘린다면 사회적 불안 요소가 발생할 수 있음을 지적하고자 한다. 다양한 문화와 배경을 가진 이민자들은 새로운 환경에서 자신의 정체성을 유지하고 발전시키려는 노력을 기울이며 적응해야 하지만, 이민자와 그들의 자녀들이 사회적 차별이나 정체성 문제 등을 겪을 수 있다. 또한, 이민자와 국내 노동자 간의 경쟁은 사회 불안을 증폭시킬 수 있으며, 이에 발생 가능한 사회 불안과 갈등을 최소화하기 매우 진지한 접근이 필요하다. 이민자와 국내 노동자 간의 경쟁을 완화하고, 다양한 문화를 존중하며 조화를 이루는 방안과 이민자와 그들의 자녀들에 대한 교육과 지원을 강화하여, 사회적 차별과 정체성 문제를 예방하고 해소할 장치를 마련해야 한다. 이러한 사회적 예비 조치를 통해 고령화와 이민으로 인한 문제를 현실화되지 않게 하기 위한 논의가 지속되어야 한다.

미래전략프로그램 8기, 미래를 말하다

이요셉

KAIST 경영공학부 박사과정

대학원의 진학, 그리고 미래 속에서 찾는 문화예술 산업의 방향

'문화예술 산업의 미래는 어떻게 변화할 것인가?' 미래전략대학원에서의 수학을 통해 답을 얻고자 한 질문이었다. 학부 시절 문화예술경영을 전공하며 늘 스스로 되물었던 질문이기도 하다. 4차 산업혁명의 대두로 문화예술 역시 그 영향력을 무시할 수 없었기 때문이다. 네트워크와 클라우드, 빅데이터 등의 발전으로 넷플릭스와 같은 글로벌 콘텐츠 유통·제작 기업의 등장을 가능하게 했고, 예술의 창작 부문에 있어서도 AI가 점층적으로 사용되고 있었기 때문이었다. 이제는 딥페이스 기술은 연기자 없이도 영화를 만들 수 있게 되었고, 디즈니의 '시크릿 인베이젼' 오프닝 시퀀스를 AI가 직접 만든 것과 같은 사례는 쉽게 찾아볼 수 있다.

이러한 실정에서 문화예술 산업의 변화에 대해 온전히 이해하지 못하고 변화에 따라가기 급급한 현실에 답답함을 느꼈다. 그리고 불안함으로 다가왔다. 기술에 의해 예술 창작자들까지 대체된다는 것은 결국 일자리의 문제와 직결되는 것이었기 때문이다. 그렇게 미래 변화에 대한 불확실성, 그리고 이를 이해하고 해결하고픈 내적 이끌림으로 문술미래전략대학원에 입학하게 되었다.

미래전략대학원에서의 첫 수업은 지금도 기억이 생생하다. 미래 예측의 기본 전제 중 하나인 '미래는 복수의 이미지로 구성되어 있고, 우리는 그 중에서 바람직한 미래 preferable future를 만들어 나가기 위한 전략을 구성해야 한다'는 수업의 내용은 머리를 크게 맞은 것 같은 기분이 들게 해주었다. 이미 예견된 미래를 어떻게 대응할 것인가 보다 어떻게 만들어 나갈 수 있을까에 대한 오늘의 전략이 중요하다는 생각을 알려주었다. 이후, 문화예술 산업을 바라보는 나의 관점은 완전히 달라졌다. 기존에 이루어지던 문화예술 산업의 변화를 지켜보던 관점에서 벗어나 그 변화를 예측하고 주도해야겠다는 목적이 생겼다.

미래 연구 방향성에 대한 제언,
미래 연구의 과거, 현재, 미래 관점

문술미래전략대학원에서 필자가 수행했던 문화예술산업에 대한 연구는 단적으로 '기술결정론'에 입각하였다. 구체적으로 한류 Korean Wave가 급속도로 전 세계에 확산될 수 있었던 그 이론적 근거를 사회 변동의 관점에서 바라보고자 하였다. 기술결정론은 앨빈 토플러의 '제3의 물결'에서 언급하듯, 기술은 사회를 근본적으로 결정하는 힘이 있고 기술 발전이 사회 변동의 주요한 원인으로 작동한다는 관점의 이론이다. 기술결정론의 관점에서 현재의 문화예술 산업을 바라본 것은 문화예술이 존재하는 데 있어 기술이 필요조건은 아니지만 그 생산성과 유통에 지대한 영향을 끼친 것은 부정할 수 없는 사실이었기 때문이다.

하지만 그렇다 해서 기술이 온전히 사회 변화를 전부 설명할 수 있는 것은 아니다. 미래를 변화시키는 주요 동인에는 스테퍼STEPPER 트렌드 분석 기법에서도 설명하듯, 사회, 기술, 환경, 정치, 인구, 경제, 자원 등의 관점에서 다각도로 볼 수 있다. 한류 현상 역시 기술 관점 이외에도 사회 속 기저에 깔린 사회문화적 관점에서 해석할 수도 있으며, 인구의 세대적 구분이나 정치, 환경과 같은 동인에서도 그 변화를 살펴볼 수 있을 것이다. 특히 코로나19와 같은 블랙스완[1]이 한류를 디지털 국면의 전환으로 인도한 것과 같이 전염병이 또 다른 변화를 가져올 수도 있을 것이다.

미래전략 연구의 중요성 역시 이에 있다고 본다. 다양한 관점에서 미래의 이미지를 그려보아야 할 것이다. 문화 산업과 관련된 연구에

---

1) Black Swan 검은 백조와 같이 누구도 예측하지 못한 일이 발생하여 사회 전체에 영향을 줄 수 있는 사건

서만 해도 문화 예술을 통한 사회적 다양성과 국가 간 문화 교류의 변화, 초고령화 사회에 따른 문화예술 산업의 미래 전략, 남북통일 속 문화예술 산업의 활용과 미래, 친환경 이슈의 대두 속 지속가능한 문화예술 산업의 모델 탐색 등 향후 이루어져야 할 연구는 많다. 필자의 경우 문화 예술이 사회 구성원의 인식 변화에 미치는 영향과 이를 통한 경영 환경 및 사회에 줄 수 있는 함의를 보기 위해 현재는 경영대학으로 소속을 옮겨 연구를 이어가고 있다.

문술미래전략대학원의 100년, 순수한 미래 연구의 중심

문술미래전략대학원은 모든 사회과학 학문이 가지고 있는 목적을 가장 순수하게 pure 접근하고 있다는 생각이 든다. 사회 현상을 분석해 앞으로 나타날 변화를, 나아가 앞으로 만들고자 하는 변화를 연구하는 곳이다. 문술미래전략대학원에서 배운 미래에 대한 관점은 경영공학부에서의 박사과정을 이어가고 있는 현재에도 연구의 가장 중요한 길잡이 역할을 해주고 있다. 문술미래전략대학원의 10주년을 졸업생으로서 더욱 축하하고, 또 감사한 마음이 든다. 10주년을 넘어 50년, 100년까지도 바라보는 세계 최고의 미래 연구기관이 되길 희망한다.

미래전략프로그램 9기, 미래를 말하다

안진우

해양수산부 사무관

미래, 언제나 누구에게나 준비가 필요하다

나는 정부에서 일하고 있다. 뭘 잘 모를 때는 정부의 공직자라고 하면 현재에 국한된 일을 하고 있다고 착각한 적도 있었다. 하지만 일을 하면 할수록 누구보다 미래지향적으로 생각하고, 미래를 잘 알아야 하는 일에 종사하고 있다는 생각을 했다. 그런 이유에서 내가 하고 있는 일에 꼭 필요한 시각이지만 쉽게 함양할 수 없는 미래지향적 시각을 강화하고 싶다는 기대감을 가지게 되었다. 입학 후의 일이긴 하지만, 어떤 선배와의 대화가 기억난다. 기후변화 대응을 위한 계획을 준비하여 발표를 목전에 두고 있을 때, 언론과 정치권에서는 한창 민생경제에 관한 대책을 적극 고민해야 한다는 목소리가 높아졌다. 선배에게 이런 상황 속에 적극적으로 기후변화 대응 계획 발표를 준비하는 것이 적절할지 고민된다고 말씀드렸더니 우문현답을 주셨다. "누군가 당장의 민생을 챙기면, 누군가는 미래로 나아갈 방향을 제시해야 하지 않겠는가." 선배의 말씀처럼 현재와 미래는 병립 불가한 것이 아닌 것이다. 오히려 사람들은 현재에서 미래를 그린다. 현재를 완전히 단절하고 미래를 찾는 사람은 거의 없을 것이다.

미래에 관한 얘기는 언제나 도전적이다. "미래에는 사회가 더 빨리 변할 것"이라는 말은 이제 누구나 입에 담는 일종의 클리셰가 되어버렸다. 이러한 빠르게 변화하는 미래를 준비하는 방법은 무엇일까? 혹은 단순히 '미래'에 대한 정보를 습득하는 것만으로 충분한가? 물론 지금의 교육기관이나 미디어, 그리고 다양한 출판물들에서 AI나 기후변화, 초고령화 같은 주제로 넘쳐나는 정보를 제공하고 있지만, 이런 정보는 미래를 이해하는데 중요한 첫 걸음에 불과하다. 미래는 그저 알려진 정보만큼 단순하지 않기 때문에 미래를 이해하기 위해서는 더 큰 그림, 체계적인 접근법이 필요하다. 그럼에도 불구하고 우리는 미래의 미래를 알 수 없다. 그렇기에 우리는 그 '불확실성'을 잘 이해하고, 그 안에서도 우리만의 미래를 그릴 준비가 돼 있어야 한다. 이러한 생각을 배경으로 두고, 문술미래전략대학원의 필요성을 적극적으로 주장하고 싶다. 이는 단순히 KAIST나 특정 기관의 필요성에 그치는 것이 아니라 사회 전체의 틀에서 모든 교육기관이 적극 도입하고 실천해야 할 필요성을 강조하는 것이다. 그리고 그 이유는 간단하다. 미래를 이해하고 전략을 세우는 것은 단순한 학문적 지식을 넘어, 사회를 리드하려는 모든 사람들의 필수 교양이 되어야 하며, 만약 여러 교육기관이 이러한 미래 교육의 중요성을 인지하고 도입한다면 우리 대학원은 그 선봉에 서 있어야 할 것이다. 마지막으로, 대학원의 비전을 생각해 보면, '세계 미래 교육 선도'라는 목표는 꽤나 알맞아 보인다. 미래를 향한 교육, 그리고 그 교육을 통한 세계 선도. 이것이 우리 대학원, 그리고 우리 모두가 나아가야 할 방향이라고 생각한다.

미래를 그리는 사람들: 기후변화와 정부의 역할

공직자들은 매일 여러 가지 현재와 미래를 마주한다. 아직 우리 시장에 친숙하지 않은 신기술을 도입하고자 하는 기업이 협력을 요청하여 이를 검토하기도 하고, 국제 사회가 제안하는 더욱 강력한 목표를 고려하여 국가 목표를 세우고 이해관계자, 전문가들과 함께 숙의하기도 한다. 이 과정에서 A라는 미래를 그리는 사람과 B라는 미래를 그리는 사람을 함께 만난다. 모두가 각자의 현재에 서서 미래를 보고 있기에 바라보는 미래상이 다르다. 누군가의 미래는 다른 누군가의 미래와 함께 할 수 없는 경우도 있다. 정부는 여러 가지 현재를 감안하여 모두가 함께 할 수 있는 미래를 만들어 나가는 역할을 한다. 앞선 사례에서 언급한 기후변화처럼 거대한 주제가 아니라도 마찬가지다. 새로운 법과 제도, 예산 사업이 받아들이는 사람마다 각기 다른 미래가 되어 불화의 씨앗이 되지 않도록 여러 가지 시나리오를 늘 상상한다. 미래전략대학원에서의 공부는 이런 업무를 해내야 하는 나에게 큰 기대를 주었고, 미래전략대학원에서의 시간은 기대 이상이었다. 현재 기후변화 대응 업무를 담당하고 있으며, 석사 논문은 기후변화 대응을 위한 이행 수단 중 하나인 블루카본 증진에 관한 연구로 진행했다. 이에 주요 미래 이슈 중 하나인 기후변화에 관하여 이야기해 보고 싶다.

미래전략프로그램 10기,
미래를 말하다

정승교

대한민국 육군 대위

미래의 안보환경을 향한 여정, 문술미래전략대학원로의 입학

나는 군인으로서 전문지식을 연구하고 정책적 역량을 함양하기 위해 국비 교육생^{군 위탁교육생}으로 선발되었고, 그에 따라서 '미래의 안보환경'에 대해 살피는 연구를 할 수 있도록 지원받았다. 안보환경에 대한 개념이 점차 확장되어 현재에는 '포괄적 안보', '비전통 안보', '신흥 안보' 등의 개념으로 논의되고 있지만, 전통적으로 안보는 정치학의 세부 분야로 다루어졌다. 그래서 정치학과로 진로를 결정해야 하는지 고민도 했었지만, 내가 주목한 것은 '미래'였고 미래를 가장 잘 배우고 연구할 수 있는 곳이 미래전략대학원이라고 생각하여 진학을 결심했다. 물론 각 학문 분야에서 미래에 대한 연구를 독자적으로 많이 진행하고 있다. 그러나 그것은 기존 연구 결과의 추세를 기반으로 한 단선적인 '학문의 미래' 예측이 대부분이며, '미래' 자체에 대한 전문적인 연구는 미흡했다고 생각했다. 따라서 미래를 전문적으로 연구하고 그 방법을 배울 수 있는 문술미래전략대학원에 지원을 결심하였다.

입학 전, 나는 미래에 대해서 막연하게만 생각했다. 구체적인 요소를 생각하기보다는 단순히 현재의 담론은 존재하지 않을 것이고, 무언가 새로운 것이 등장할 것이라고만 생각했다. 그리고 현재와 비교할 수 없을 정도로 더욱 복잡한 세상이 되어있을 것이라고 두루뭉술하게 생각했다. 그럼에도 안보는 여전히 중요한 가치로 남아 있으리라 생각했고, 안보를 설명할 수 있는 요소들이 미래에는 어떠한 모습으로 나타날지 알아보고 싶었다. 다행히도 문술미래전략대학원의 입학은 이러한 생각을 더욱 정교하게 다듬어 주고 발전시켜 주는 계기가 되었다. 막연하게 생각한 미래 사회의 환경에 대해서 STEPPER, STEEP, 기술-기후-인구 등의 체계화된 형태로 미래를 바라보는 시각을 다듬어 주었고, 변화된 관점을 바탕으로 연구 대상인 '미래 안보환경'에 대해서 공부할 수 있게 도와주었다.

역사 속으로,
또 미래로의 도전 그리고 문술미래전략대학원의 변화

향후 100년을 생각할 때, 역설적으로 미래전략대학원은 역사 속에서 찾게 되어야만 한다고 생각한다. 미래전략대학원은 현재 한국에서 미래학과 미래전략을 연구하는 유일의 학과이지만, 미래에는 미래학이 요구하는 역량과 가치가 보편화되어서 많은 분야에서 널리 사용되는 기본소양과 같이 되기를 희망하고 있다. 따라서 미래학을 위한 역량을 선구적으로 제시한 학과로서 다가올 역사 속에 남고, 또 그 시대에서 독보적으로 진취적이고 미래지향적인 학과로 다시 변화되어 있지 않을까 생각하고 있다. 나아가 더욱 전문화된 집단으로 성장했으면 좋겠다. 아직은 부족한 융합 학문으로서의 정체성을 더욱 강화하여 미래를 개척해 나가는 역할을 선도했으면 좋겠고, 그래야 한다고 생각한다.

실제로 미래학에서 널리 사용되는 시나리오 기법은 군사 및 안보 문제에 대해 깊은 고민을 해온 싱크탱크 랜드연구소 The RAND Corporation 에서 처음 등장했다. 그리고 이제 시나리오기법은 군사 및 안보 문제뿐만 아니라 여러 사회 문제를 해결하는 데 폭넓게 사용되고 있는 대중적인 개념이 되었다. 이러한 역할을 우리 미래전략대학원이 하게 되리라 기대하고 싶다. 미래전략대학원이 고민하는 과정에서 나타난 유용한 개념과 도구가 미래 사회에서 대중에게도 널리 받아들여졌으면 좋겠다.

미래학,
보이지 않는 미래를 조명하며 대안적 가치를 제안하다
앞으로 다가올 전혀 새로운 세상에 대한 대안적인 시선의 제시가 필요하다. 그래서 한국은 물론 세계에서 최고의 연구 성과를 만들고 있는 KAIST에서 미래 연구가 진행되는 것이 매우 중요한 역량이자 기회이다. 각 학문은 사일로 Silo와 같이 너무 깊이, 그리고 공고하게 자신만의 분야를 구축해 나가고 있다. 따라서 단선적으로 그 연구 성과에 대한 미래를 조심스럽게나마 예측할 수 있다. 그러나 좁은 사일로를 통해서는 세상의 변화를 제대로 이해할 수 없으며 무언가 그들을 통하게 할 수 있는 역량이 필요한데, 이런 것이 융합 학문으로서, 규범적 학문으로서 성격을 가지고 있는 미래학이 가진 강점이 아닐까 한다.

따라서 KAIST에서 최고의 연구진들이 연구하는 내용을 엮어내어 거시적인 미래의 변화 추세를 인식하고 전혀 생각지 못한 대안을 꾸준히 제시해 나가야 한다. 미래학의 선구자이자 미래전략대학원의 겸임교수이신 짐 데이터 James Dator가 강조했듯, 대한민국은 Fast Follower의 모습을 탈피하여 First/Creative Mover의 모습을 보여주어야 하는 기로에 놓여 있다. 따라서 한국이 보여주게 될 미래는 국제 사회에 큰 시사점이 있다. 앞으로 개척해 나가야 하는 미래가 여러 국가에 이정표가 될 것이기 때문에 지금까지 없었던 새로운 미래를 생각해 내야 한다. 마치 짐 데이터의 '미래 연구 제2법칙'과 같이 말이 되지 않을 것 같은 상황까지도 적극 가정할 수 있어야 하며, 이것이 미래학이 가지는 힘이다.

이에 따른 미래 연구에 대한 트렌드는 인간을 더욱 인간답게 하는 것이 무엇인지, 인류의 다음 가치가 무엇인지 판단하는 것이다. 흔히 미래 사회를 바라볼 때 변화의 기준이 되는 인구구조 변화, 기후변화, 기술 발전은 특정한 현상일 것이다. 각각의 요소는 다양한 문제를 발생시키고 해결할 수 있는 잠재력이 있지만, 그것을 받아들이는 주체인 인간은 가치 판단에 따라 움직인다. 예컨대 우리나라가 직면한 초저출산 문제는 현재 상황에서는 극복해야 하는 도전과제로 이해할 수 있지만, 나아가 여기에 '과연 인구의 수를 유지하고 늘려야만 하는가?' 하는 본질적인 질문과 함께 '미래 사회에서 어떠한 것이 더욱 가치가 있을까?'를 가정해 볼 수 있다.

동시에 미래학이 무엇인가를 진지하게 성찰하며 그 결과를 적극적으로 알려야 한다. 미래학에서는 미래를 예측할 수 없다고 역설적으로 제시한다. 그리고 누군가는 그러한 성격을 꼬집어 미래학의 학문적 정체성을 비판한다. 그러나 인간 사회와 인문학의 기반이 되는 역사학과 철학이 보이지 않는 무언가를 연결하고 가치를 생산하는 것과 같이, 미래학도 보이지 않는 무언가를 현재의 관점에서 만들어나가는 것이기 때문에 그 가치가 더욱 크다는 점을 강하게 알려야 한다고 주장한다. 알지 못하면 행동할 수 없게 된다.

마지막으로, 당연하게도 이러한 연구를 위해서는 현재 과학의 발전 양상과 기술에 대해 명확히 이해하고 받아들이는 것이 무엇보다도 중요하다고 믿는다.

미래연구자로서의 문술에 대한 기대와 희망

미래 연구자가 되길 희망하는 학생으로서 미래전략대학원의 역할과 정체성이 매우 중요하다고 본다. 다양한 분야의 연구진들이 한 장소에 모여 미래에 대한 담론을 형성하고 연구해 나가고 있기 때문이다. 여러 분야의 교수님들과 학생들이 미래라는 주제를 바라보며, 한데 모여 공부하고 연구하는 장이기 때문에 미래전략대학원은 특별한 의미가 있다. 따라서 융합 학문이 성장하는 데에 핵심적인 역량으로써 작용하는 구성원 간의 원활한 '소통과 조화'가 미래전략대학원의 고민과 논의를 더욱 가치 있게 만들 것이다. 이러한 움직임은 현재의 학계에서 미래학이 학문으로서 인정받고 그 정체성을 더욱 키워갈 수 있는 원동력이 될 것이다. 이러한 움직임에 힘을 얻어 미래학이 더욱 활발히 연구되기를 기대하고, 나도 일조하고 싶다. 기존의 연구와 미래 연구의 연결점을 찾아가며 정상 과학의 경계에서 기존 연구의 외연을 확장하는 시도가 이루어지길 바란다. 후술할 학위 논문을 통해 시도해 보는 첫 연구가 이러한 성과로 잘 이루어지며 미래학의 발전에 이바지했기를 바라고 있다.

미래를 향한 짧은 칼럼
인구구조 변화의 선제적 고민

한국의 미래, 고령화와 이주의 복합적 영향

한국 사회의 두드러진 변화 중에서 고령화와 이주 현상은 무시할 수 없는 영향을 주고 있다. 이 변화들은 단순한 인구구조의 문제를 넘어 사회 전반의 가치와 구조에 큰 변화를 가져오게 될 것이다. 고령화는 사회의 노화를 의미한다. 그렇다면 이 노화는 단순히 나이가 많은 사람들이 늘어나는 것을 넘어서는 복잡한 현상들을 수반한다. 우리 사회의 속도가 느려지며, 노인들의 적응이 중요해진다는 것이다. 그런데 이것은 단순히 노인들의 안전과 건강을 위한 문제가 아니다. 경제, 산업 구조, 그리고 사회 전반의 가치와 방향성이 크게 바뀔 것이다. 이 변화를 받아들이고 적응하기 위해서는 우리 사회 전체가 재검토와 재조정이 필요하다.

다음으로, 이주 현상의 경우 한국은 독특하게도 단일민족에 대한 인식이 굉장히 강하다. 이러한 배경 속에서 이주율이 증가한다면 갈등의 요소가 증가할 것이다. 우리 사회의 규범과 가치, 심지어는 경제와 사회 문화, 그리고 과학기술의 발전 방향까지도 이에 영향을 받게 될 것이다. 따라서 이러한 변화에 적응하고 바람직한 방향으로 유도하기 위한 폭넓은 논의와 토론이 필요하다. 한국의 미래는 이러한 복합적인 변화의 영향 아래에서 다양한 고민과 대응이 필요하다. 고령화와 이주 현상은 단순한 인구 통계를 넘어 사회 전반의 구조와 가치에 큰 변화를 가져올 것이며, 이에 대한 선제적 대응과 적응 전략이 중요하다.

문술미래전략대학원의 전략적 접근
: 인구구조 변화의 중심에서

미래전략대학원은 현재 국가의 수많은 문제점을 다양한 전문성을 토대로 탐색하고 해결하는 싱크탱크 역할을 지향한다. 이러한 대학원의 존재 이유와 그 특성을 감안할 때, 인구구조 변화에 대한 접근은 그저 단순한 인구 통계의 변화를 넘어선 통합적인 사회 구조의 재편과 그 영향을 중심으로 이뤄져야 한다. 인구구조 변화는 그 자체로 사회 전체의 구조적 변화를 의미한다. 그렇게 되면 해당 사회의 장단점, 강점과 취약점 모두를 재평가하고 재구성해야 할 필요가 생긴다. 그리고 이 변화는 다양한 전공의 전문가들이 모여 다양한 관점에서 활발한 토론을 통해 통합적인 대안책을 모색해야 한다.

또한, 인구구조 변화는 과학기술의 발전과 그리고 기후변화와 같은 다양한 문제와 깊게 연결되어 있다. 이러한 문제들을 각각 별개의 이슈로 바라보는 것이 아니라, 인구구조의 변화를 통해 나타나는 사회 구조의 변화와 함께 통합적으로 다루어져야 한다. 왜냐하면 과학기술의 발전이나 기후변화 역시 인구구조의 변화와 불가분의 관계로 연결되어 있기 때문이다.

문술미래전략대학원은 인구구조 변화를 단순히 인구수의 증감 문제로 보는 것이 아니라, 사회 전반의 구조적, 문화적, 기술적 변화와의 관계에서 접근할 수 있는 역량을 가지고 있으며, 이를 통해 더 깊고 포괄적인 해결책과 미래전략을 모색할 수 있을 것이다.

미래전략프로그램 10기,
미래를 말하다

김지수

KAIST 문술미래전략대학원 석사

비전을 현실로: 미래전략대학원의 가치와 나의 여정

내가 미래전략대학원에 입학하게 된 배경에는 두 가지 주요 동기가 있다. 먼저, 미래전략대학원의 중장기 전략 수립 능력을 키우고 실제 실행에 필요한 역량을 갖추는 것을 목표로 한다는 비전에 큰 관심을 가졌다. 단기적인 목표에 그치지 않고 장기적인 미래를 고려하며, 넓은 시야를 가지고 접근하는 것에 중점을 둔다는 특징이 지속적인 성장과 변화를 추구하는 나에게 매우 매력적으로 다가왔다.

두 번째로, 일과 병행하면서 나의 비전을 확장하고 발전시키고자 했다. 이 과정에서 나의 인생의 미래전략을 구체화하고 싶었고, 이러한 목표와 미래전략대학원의 비전이 일치하여 입학을 결심하게 되었다. 또한, 어린 시절부터 해외에서 자란 경험으로 한국에서의 전략적 시각을 보다 풍부하게 발전시키고 함께 성장할 동료들을 만나고 싶었다.

현재 미래전략대학원에서는 이러한 비전을 현실로 만들기 위한 지식과 경험을 공유할 수 있는 동료들을 만나 큰 도움을 받고 있다. 대학원 생활은 기대 이상으로 만족스럽게 진행 중이며, 앞으로의 미래에 대한 비전을 발전시키는 데 큰 도움이 되고 있다. 이곳에서의 경험은 나에게 큰 가치와 인사이트를 제공하고 있으며, 더 나은 미래를 위해 지속적으로 성장하고 발전하는 계기가 되고 있다.

미래전략대학원은 융합의 피자를 구워낸다

지금까지의 대학원 생활을 회상하면, 가장 기억에 남는 순간은 융합이 이루어지는 순간이었다. 대학원에서 다양한 분야의 전문가들이 한 자리에 모여 공동의 목표를 향해 나아가고 있을 때, 그리고 진정으로 토론하고 의견을 나눌 때, 나의 시야가 넓어지는 것을 체험했다. 다양한 배경과 전문성을 가진 사람들이 모여서 서로의 시각과 지식을 공유하며 협업하는 경험은 나에게 큰 영감을 주었다. 서로의 시야가 교차하며 새로운 통찰력을 얻는 과정이 진정으로 고민과 협력을 통해 일어난다는 것을 깨달았기 때문에 이 순간은 무척 소중하게 다가왔다.

학교 앞에 피자 맛집이 있어서 피자를 예로 들어보자면, 이러한 순간은 마치 다양한 피자 조각들이 모여 새로운 피자 한 판이 되는 것과 같았다. 처음에는 각자 다른 피자 조각처럼 분리되어 조화를 이룰 수 없을 것 같았다. 각기 다른 모양에 너무 다른 토핑을 갖고 있는 조각들이 모인다. 그러나 함께 수업을 듣고 미래전략대학원의 언어를 구사하게 되며 피자 조각들에 치즈를 올리게 된다. 비슷한 고민을 하며 공동의 목표와 협력을 통해 오븐에서 구워지는 과정을 통해 새로운 피자 한 판이 완성된다. 공통된 언어와 비전이 우리가 알게 모르게 형성했던 벽을 무너뜨렸던 것이다.

이러한 경험은 학문과 현실에서의 협업과 융합이 얼마나 중요한지 깨달을 수 있게 해주었으며, 미래에도 계속해서 큰 영감을 주는 순간으로 기억될 것이다. 이렇게 다양한 배경과 전문성을 가진 사람들과 함께하며 더 나은 미래를 모색하는 여정은 무척 의미 있고 삶을 풍요롭게 만드는 요소인 것 같다.

미래전략대학원에서 만난 소중한 인연들

미래전략대학원 출신 가족들을 다양한 곳에서 만나 행복한 기억이 많다. 두 가지 특별한 에피소드가 떠오른다. 외부 컨퍼런스에서 우연히 알게 된 사람이 미래전략대학원 졸업생이었고, 대학원에 관하여 이야기를 나누며 단기간에 친해질 수 있었다. 이후에도 계속 연락을 주고받으며 대학원 관련 정보를 교환하고 졸업생 동기에 대한 소식도 들을 수 있었다. 미래전략대학원 졸업생들과의 연결고리가 생성되고 나에게 다방면의 조언을 제공해주실 수 있는 선배들을 만날 수 있어 감사했던 기억이 난다.

또 다른 에피소드로는 주중 점심시간에 길을 걸어가다가 우연히 미래전략대학원 동기를 마주쳤던 순간이 생각난다. 예상치 못한 곳에서 마주친 후, 길거리에서 뜻밖의 인사와 웃음을 나눌 수 있었다. 내가 교육받으러 갔던 지역과 동기의 거래처 미팅이 예정되어 있던 지역이 우연하게 일치해서 놀라움을 느꼈다. 이후에는 따로 시간을 내어 만나 식사하면서 수업과 진로에 관한 이야기를 나누고, 이후에는 연애 상담도 했던 기억이 난다. 서로 다른 분야에서 활동하고 있지만 미래전략대학원이라는 울타리 안에서의 공감과 지원을 통해 서로에게 큰 힘이 되었다.

이러한 에피소드들은 미래전략대학원에서의 소중한 경험 중 하나로, 더 나아가 미래에도 계속해서 이런 소중한 인연들을 강화하고 나누어 나갈 것이다. 미래전략대학원 구성원으로 가족처럼 함께 공감하고 힘이 되어주는 존재를 확인할 수 있다는 점이 든든하다.

미래전략대학원의 100년 미래
: 세계적으로 인정받는 혁신적인 학문의 성지

미래전략대학원의 향후 100년 동안의 비전을 상상한다면, 다음과 같은 모습이 그려진다. 먼저, 강력한 커뮤니티를 구축한다. 미래전략대학원은 졸업생과 재학생들 간의 교류를 강화하며, 지속적인 연결과 협력을 촉진하는 플랫폼으로 발전한다. 졸업생과 현재 학생들 간의 네트워크는 더욱 강화되고, 이를 통해 지속적인 지식 교류와 상호 지원이 이루어진다. 둘째, 대학원은 연구 역량을 꾸준히 키워 세계적인 연구 기관의 자리를 굳힌다. 다양한 분야에서 선도적이고 혁신적인 연구를 수행하며, 이를 통해 실제 문제에 대한 해결책을 제시하고 사회에 긍정적인 영향을 미친다. 셋째, 미래전략대학원은 사회 문제 해결에 앞장선다. 연구 결과물은 실제로 사회에 적용되는 형태로 발전하고, 미래전략대학원은 다분야의 기관과의 협력을 강화하여 사회적 문제 해결을 위한 리더로 나서게 된다. 미래전략을 개발하는 데 중요한 역할을 수행하며 대학원은 지속가능한 미래를 모색하고 실현한다. 마지막으로, 미래전략대학원은 국제적인 연구 및 교류에 적극적으로 참여하며, 국제 사회와 협력하여 글로벌 문제에 대한 해결책을 모색한다. 학생들은 다양한 문화와 배경을 경험하며 국제적 시각을 키우는 기회를 가진다.

미래 연구는 변하지 않는 가치를 탐구해야

미래의 연구 트렌드와 필요한 연구 방향을 고려할 때 '변하지 않는 것'에 대한 탐구가 중요하다고 생각한다. 인간이 항상 추구해온 것이 무엇인지, 그리고 전략적인 관점에서 변하지 않는 가치를 어떻게 고려할 수 있는지 고민해야 한다. 현대 사회는 계속해서 변화하고 불확실성의 요소가 증가하는 추세다. 이런 환경에서 모든 변수를 정량화하여 단일한 해결책을 찾는 것은 어려워진다. 이러한 불확실한 상황에서 인간의 가치와 욕구, 인간성에 대한 깊은 이해가 더욱 중요해진다. 변하지 않는 인간의 본질과 가치에 관한 연구는 우리가 미래를 대비하고 더 나아가 발전하는 데에 필수적일 것이다. 이러한 연구를 통해 연구자 개인의 성장과 함께, 작은 규모의 연구 그룹부터 사회 및 국가 전체가 발전할 수 있는 가능성을 열어갈 수 있을 것이다.

융합을 통한 통찰력이 강조되어야

현재의 학문적 흐름 속에서 미래전략대학원은 융합을 추구하며 앞장서서 실천하는 핵심적인 위치에 있다. 전 세계적으로 학문, 산업, 기술 분야에서는 다학제적인 융합이 강조되고 있으며, 이러한 흐름을 미래전략대학원에서 강력하게 반영하고 있다. 미래전략대학원은 다양한 학문 분야와 전문성을 가진 학생 및 교수진들이 모여 융합연구와 학습을 적극적으로 추진하고 있으며, 이를 통해 현재와 미래의 사회적 문제를 해결하기 위한 지식과 창발성 기반의 해결책을 연구하고 있다. 따라서 미래전략대학원은 융합을 앞장서서 실천하고 이끌어가는 중요한 위치를 차지하며, 학문과 실무의 경계를 허물며 새로운 지식과 아이디어를 형성하고자 노력하고 있다. 이러한 노력은 혁신과 발전의 핵심에 서 있으며, 미래의 복잡한 문제들을 해결하기 위한 중요한 지식과 방법론을 개발하고 전파하는 역할을 한다. 나의 연구도 이러한 위치를 반영하며, 융합과 혁신을 통해 새로운 통찰력과 해결책을 모색하는 데 기여하고자 노력하고 있다.

미래전략대학원의 선도적 전략: 융합, 실용성, 네트워크 강화

미래전략대학원은 이미 갖추고 있는 요소들을 강화하여 미래 연구와 국가의 전략적 정책 방향을 더욱 선도해 나갈 것이다. 현재 대학원 내의 커뮤니티는 여러 분야의 전문가들이 활발하게 협력하면서 다양한 시각과 지식을 통합해 혁신적인 아이디어와 솔루션을 창출해 내는 환경을 조성한다. 이러한 과정에서 융합을 강조하며 이론적인 지식뿐만 아니라 현장에서 직면하는 문제들을 해결할 수 있는 실용적인 능력이 강화된다. 이를 위해 미래전략대학원은 학생들에게 실제 문제 상황에 대한 해결 방안을 모색하고, 그것을 실제 정책 제안과 실행에 연결시킬 수 있는 실질적인 교육 기회를 제공한다. 그리고 이 모든 것을 뒷받침하는 강력한 네트워크는 더욱 강화될 것이다. 재학생뿐만 아니라 졸업생들과의 네트워크도 끊임없이 강화되어야 한다. 이렇게 구축된 네트워크는 서로의 아이디어와 경험을 공유하는 플랫폼으로서 미래 전략에 있어 더욱 심도 있는 토론과 방향성을 제시하는 데 큰 역할을 할 것이다.

미래를 향한 짧은 칼럼

기후변화와 고령화

복합적 대응 전략이 필요하다

기후변화는 우리 세대의 가장 큰 도전 중 하나로 부상했다. 매년 기후변화에 의한 영향이 피부에 와 닿는다. 자연재해의 빈번도는 높아지고 심각성은 커지고 있다. 허리케인, 홍수, 폭염과 같은 일련의 기후 이벤트는 이제 예전의 모습과는 비교할 수 없을 정도로 막대한 피해를 주고 있다.

현재, 국가들이 함께 모여 넷제로 실현을 위한 정책을 수립하고 있다. 그리고 여러 방면에서 기후변화에 적응하기 위한 정책을 펼치고 있다. 이중에도 눈에 띄는 변화 중 하나는 'Green Infrastructure' 혹은 '녹지' 증가를 중심으로 한 기후변화 적응 정책이다. 녹지는 도시의 온도를 낮추고 홍수를 방지하는 등 여러 방면에서 환경적 이점을 제공한다.

기후변화 대응은 그저 한 지역의 기후변화에 대응하는 단순한 문제가 아니다. 인구구조의 변화, 사회적 및 경제적 영향과 같은 다양한 요소들을 함께 고려해야 한다. 복합적인 문제이기 때문에 단순한 해결책은 없다. 다양한 요소를 고려한 통합적인 접근 방식이 요구된다. 기후변화와 고령화라는 현상을 동시에 겪고 있는 현대 사회에서는 다양한 변수를 동시에 고려하며 전략을 세워야 한다.

두 거대한 변화의 만남: 인구와 기후의 연결고리

인구와 기후는 서로 다른 분야에서 연구되는 주제로 볼 수 있다. 각각을 독립적인 이슈로만 생각한다면, 이 두 주제가 교차점을 갖게 될 것이라는 생각을 하지 못할 수도 있다. 그러나 두 주제는 현대 사회의 메가트렌드이며 서로에게 영향을 주는 주제이다.

첫째, 인구구조의 변화, 특히 고령화와 저출산의 현상은 기술과 의학의 발전과 맞물려 최근에 부각된 이슈다. 현대 사회에서는 의학의 발전과 삶의 질 향상에 따라 생존율과 기대수명이 높아졌다. 반면 기후변화는 환경적인 변화와 인간의 활동, 특히 산업화와 에너지 사용 패턴의 변화와 연관되어 있다. 이는 고도의 산업화와 빠른 경제 성장이 진행됨에 따라 발생한 현상으로, 그 영향력은 점차 확대되어 현대 사회의 주요한 과제로 부상하게 되었다.

이 두 주제가 교차하는 시점이 왔다. 인구구조의 변화와 기후변화는 서로에게 영향을 주고받으며, 이 둘의 연결고리를 연구하는 것은 문술미래전략대학원 같은 곳에서 중요한 연구 주제로 다뤄져야 한다고 본다. 우리는 이제 이 두 주제에 대한 종합적인 해결 방안을 찾아야 한다.

미래전략프로그램 10기, 미래를 말하다

황선우

대한민국 육군 중위

미래전략대학원에 입학하게 된 계기
:〈우주전쟁〉과 〈엘리시움〉

나는 육군 장교로 복무하며 미래전략대학원을 다녔다. 〈우주전쟁〉과 〈엘리시움〉, 두 영화를 통해 미래전략대학원에 입학한 계기를 설명하고자 한다. 영화 〈우주전쟁〉은 외계인의 침공과 그에 맞서는 인류의 이야기를 다룬다. 어린 시절의 나에게 가장 깊은 인상을 남겼던 것은, 군대가 피난민과 정반대 방향으로 돌격하며 외계인과 전면전을 벌이는 장면이었다. 위기의 상황에서 사람들을 지키기 위해 가장 앞으로 나서는 이가 되고 싶었고, 나는 직업 군인이 되었다.

〈엘리시움〉에서는 22세기 중반의 미래를 다룬다. 기술은 끊임없이 발전하였으나 지구는 자원의 소모를 감당하지 못했고 인류는 지구를 버린다. 극소수의 상류층만이 지구 궤도의 우주 정거장 〈엘리시움〉에서 호의호식하며 살아간다. 대다수의 인간들은 황폐화된 지구에서 쓰레기 더미를 뒤지며 연명한다. 무력을 다루는 군인들은 다행히 〈엘리시움〉의 말단 좌석을 차지하지만 썩 아름다운 그림은 아니다. 나는 그저 내 몸 하나 건사하기보다는 좀 더 공동체를 좋게 만드는 일에 종사하고 싶다는 생각이 들었다.

'헬조선' 이 말은 우리 시대의 비관적인 분위기를 관통하는 단어다. 저출산, 인구 소멸, 연금 고갈, 북한의 핵개발, 자동화, 실직, 극단주의, 분노 사회…… 내가 오감으로 느끼고 있는 현재는 위기 그 자체다. 그리고 우리의 미래는 더욱 어두울 것이라 예상한다. 이러한 걱정이 기우에 불과할 수도 있겠지만, 나는 우리나라, 우리 사회가 지속될 수 있는 방안이 있을지 찾아내고 실천하고 싶었다. 그래서 미래전략대학원에서의 수학을 통해 자그마한 단서라도 얻고자 카이스트의 문을 두드렸다.

미래전략프로그램 11기, 미래를 말하다

김마리

국가과학기술인력개발원 부연구위원

미래전략과 과학기술: 연구자로서의 경로와 발견

나는 과학기술 분야의 박사 학위를 취득하며 연구 세계에 뛰어들었다. 그러나 대학을 나와 사회를 바라보니, 인구 감소와 과학기술 혁명의 중요성을 깨닫게 되었다. 이에 따라, 나는 과학기술과 관련된 정책의 브리징 역할을 하는 사람이 필요하다는 생각을 했다. 그래서 미래전략을 공부하기 시작했다. 미래전략대학원에서 첫 학기를 보내면서 개인적인 관심 분야에 대한 깊은 연구를 할 수 있었다. 교수님, 동료 학생들과의 토론을 통해 미래전략에 대한 통찰력을 얻었다. 이러한 학문적 토론은 나에게 매번 새로운 시각과 아이디어를 제공했다.

미래전략대학원의 학업이 현재 업무에도 큰 도움이 되었다. 나는 대학원에서 배운 키워드와 아이디어를 업무에 접목시켜 나만의 전문성을 구축하기 시작했다. 물론 조직이라는 제한적인 구조 때문에 혁신을 바로 적용하기는 어렵지만 내부에서의 전문가로서의 역할은 점점 뚜렷해지고 있다.

특히 디지털 전환과 산업 생태계 변화와 관련된 특강은 나에게 큰 영감을 주었다. 생성형 AI와 교육 분야의 접목, 그리고 그것이 단순한 스킬이 아닌 개념적인 부분에서 어떻게 다가올 것인지에 대한 깊은 생각을 하게 했다. 나는 미래전략과 과학기술에 대한 깊은 통찰력을 얻으면서 연구자로서의 나만의 길을 찾아가고 있다.

대학원의 교류: 북클럽에서 세미나까지

나는 대학원 생활에서 가장 소중했던 경험 중 하나로 북클럽을 꼽는다. 일상에서는 만나기 어려운 동기들과 책을 통해 깊은 대화와 공감을 나누는 그 시간은 정말 소중했다. 첫 번째로 선택한 《성장의 한계》는 수업에서도 배운 내용이었지만, 실제로 그 책을 깊게 읽고 토론하면서 나는 많은 것을 얻어갔다.

어느 날 북클럽의 회원 중에 한 분이 회사에서 그 책 얘기를 했는데 분위기가 싸해지면서 저 얘기를 왜 하나 하는 눈빛으로 쳐다봤다고 했다. 우리는 그걸 가지고 2시간 가까이 온오프라인으로 접속해서 엄청 재밌게 얘기를 했었는데 말이다. 그래서 이게 대학원의 관심 있는 분야의 사람들이니까 이런 얘기를 할 수 있는 거구나 하는 생각을 했었다.

그리고 대학원에서의 또 다른 장점은 카이스트라는 큰 조직에서 일어나는 다양한 과학기술과 관련된 세미나에 참여할 수 있다는 것이다. 과학기술, 인문사회 등 다양한 분야의 세미나에서 얻는 정보는 나의 연구와 관점을 넓히는 데 큰 도움이 되고 있다.

미래전략 교육과 카이스트 싱크탱크의 중요성

미래는 불확실성이 가득하다. 그 불확실성 속에서 방향을 잡기 위해 전략적 사고는 더 이상 선택이 아니라 필수가 되어야 한다. 대학들, 특히 카이스트 같은 선두주자는 그 필요성을 인지하고 있다. 지금부터 50년, 100년 후의 세상을 위한 준비는 지금부터 시작되어야 한다. 이미 급변하는 사회 변화라는 말은 관용어처럼 쓰이며, 그 속에서 미래의 방향성을 어떻게 잡을지는 우리 모두에게 큰 숙제다.

카이스트에도 아직 학부 단계에는 미래전략학과가 없다. 카이스트뿐만 아니라 다른 대학교에서도 학부 단계에서부터 미래에 대한 전략적 사고를 갖출 수 있게 기본 교양 프로그램을 갖추면 좋겠다. 이를 통해 학생들은 미래 사회의 변화에 대응하는 능력을 키울 수 있을 것이다. 미래전략을 우리의 DNA에 심어줄 필수 교육이 필요하다.

그리고 카이스트의 독립적인 싱크탱크 역할이 중요하다. 싱크탱크가 독립성이 없으면 정부 부처나 산하 기관들이 원하는 방향으로 연구나 정책 제안을 하기 쉽다. 그러나 카이스트와 같은 학계의 싱크탱크는 독립성을 유지하며 연구를 진행할 수 있다. 이 독립성은 연구의 깊이와 질을 향상시킨다.

융합 학문의 특성상 다양한 분야에서 온 대학원생들은 각자의 연구 방법론을 미래학에 접목시킬 수 있다. 이런 다양한 배경은 카이스트의 큰 강점이다. 그 강점을 살려, 미래에 대한 다양한 시각과 접근법을 탐색하며 사회에 큰 변화를 가져올 수 있다.

끝으로, 10주년을 맞이하여 앞으로의 50주년을 생각하면 카이스트의 아카이빙과 네트워킹은 더욱 중요해질 것이다. 선배들의 활동과 경험을 정리하면 후배들에게 큰 도움과 가이드가 될 것이다.

미래를 향한 짧은 칼럼

AI와 일하는 미래 사회

'인구'는 미래를 연구하는 우리 자신과 미래 세대를 통합하는 키워드이고, '기술'은 문제 해결책이자 이를 수행하는 '사람'을 이어주는 매개가 된다.

인구구조 변화와 AI: AI와 인간이 함께 일하는 미래 사회

인구구조 변화와 관련하여 기술의 발전을 함께 고려해야 한다고 생각한다. 특히 강조하고 싶은 기술은 바로 인공지능^{AI}이다. AI 개인이나 조직, 국가 단위, 더 나아가 국가 간 협력 관계를 구축하고 빠른 속도로 진화를 거듭하고 있다. AI는 현재와 미래의 과학기술 혁신에 중요한 역할을 하고 있다. 자동화, 예측, 의사결정 지원 등 거의 대부분의 응용 분야에 적용되며, 새로운 알고리즘과 데이터 처리기술 등을 통해 발전하고 있다. 이러한 기술의 발전과 신기술 활용에 대한 니즈는 사람들의 삶과 조직 시스템에 큰 영향을 끼칠 것이다. 앞으로 AI와 인간이 협업하고 상호작용하여 서로가 서로를 증강^{augmentation}시키는 미래 사회의 모습에 대한 연구 트렌드를 집중할 필요가 있다.

미래 AI 연구의 핵심 트렌드
: 인간과 AI의 상호작용, 신뢰성 및 지속가능성

위에서 언급한 AI와 관련하여 우리가 집중해야 할 연구 트렌드를 크게 세 가지로 고민해 봤다. 먼저, 인간과 기계와의 상호작용과 협업 강화 주제다. 자연어 처리, 음성 인식, 제스처 인식, 감정 분석 등 다양한 모드에서 사용자와 기계 간의 원활한 의사소통을 개선하는 기술들이 발전하고 있다. 나는 인간과 인공지능이 함께 일하는 환경에서 생산성을 향상시키는 연구에 집중해야 한다고 생각한다.

둘째, 신뢰성과 투명성 강화다. AI 시스템의 결정 과정과 예측 불확실성, 편향성 등을 더 잘 이해하고 설명할 수 있는 방법을 연구하는 것이 필요하다. AI가 본격적으로 상용화되고 있는 최근, AI 모델의 투명성, 공정성, 민감 데이터 보호, 알고리즘 편향 해소 등에 대한 관심이 높으며 다방면에서 논의되고 있다. 신뢰성 있는 AI 시스템은 연구 분야뿐만 아니라 의료, 금융, 통신, 자율주행 등 일상생활과 관련된 분야에서 핵심적이기 때문이다.

셋째, 지속가능한 AI다. 이는 우리 대학원의 주요 관심사 중

하나인 '기후'와도 연결이 된다. AI 모델의 대규모 훈련과 운영은 에너지 소비와 탄소 배출을 늘리는 요인 중 하나다. 모든 연구가 환경 친화적일 수는 없다 하더라도 과학기술 관련하여 전 지구적인 기후 문제를 간과해서는 안 된다. 환경 친화적인 AI 알고리즘과 하드웨어 개발, 에너지 효율적인 모델 훈련 방법 개발 등으로 진행해야 한다. 재사용 가능한 모델과 데이터 전략을 연구하여 AI와 AI 증강 조직의 지속가능성을 집중적으로 연구해야 한다고 생각한다.

이러한 연구 트렌드를 통해 사람과 조직은 보다 혁신적이고 유용한 솔루션을 개발하고 윤리적, 안정성, 지속가능성 측면에서 책임감 있는 방식으로 발전하도록 노력해야 한다.

미래전략프로그램 11기,
미래를 말하다

손수민

대한민국 공군 대위

공군 대위의 KAIST 미래전략대학원 입학과 그 배경

나는 11.5기로 미래전략대학원 석사과정에 입학하게 된 손수민 대위이며, 공군에서 9년차 복무 중에 있다. 스스로를 발전시킬 수 있는 방법을 생각하던 중에 KAIST 미래전략대학원을 선택하게 되었다. 현재 공군과 KAIST 간의 교류협력 업무를 수행하며 미래 국방기술 R&D 협력 창구 역할을 하면서 느낀 점은, 과거에는 공군에서 활용하고 있는 미군 무기체계를 구매하였으나 기술 이전이 통제되면서[1] 향후에는 국방 R&D 연구개발이 중요하다는 생각을 하게 되었다. 그리고 KAIST 미래전략대학원 과정은 미래와 전략에 대한 이해, 그리고 각종 과학기술과 관련된 전문지식을 쌓을 수 있어 미래 공군 발전에 접목시킬 수 있다고 생각해서 지원하게 되었다.

---

1) 정용진 외, 2014, 전략기술 이전 통제제도 하의 항공기 부품용 초고강도 복합재 생산기술 개발방안 연구, 대한기계학회 춘추학술대회

미래 공군의 발전과 KAIST 미래전략대학원에서의 교육

공군은 〈공군 비전 2050〉을 통해 2050년 창군 100주년을 대비하여 미래 항공 우주력 발전을 위해 노력하고 있다. 미래 공군의 발전을 위해서는 기존의 군사적 안보 위협이 아닌 사이버 범죄 및 감염병과 같은 초국가적 비군사적 안보 위협, 전통적 전장 영역이 아닌 우주·사이버·전자기파 영역 등 전투 수행 개념의 진화, 4차 산업혁명 시대의 급속한 과학기술 변화에 능동적으로 대응이 필요하다고 생각하며 이를 위한 전문지식을 익히고자 한다. 4차 산업혁명과 연계된 과학기술의 급격한 발전은 인류의 삶뿐만 아니라 전쟁 수행 양상을 변화시키고 있다. 이에 따라 세계 각국은 경쟁적으로 첨단 기술을 접목한 무기체계 확보를 주력하고 있으며, 급변하는 안보 정세에 능동적으로 대응하고 미래 전쟁에 대비하기 위해 혁신적인 기술을 익혀 국방에 적용할 수 있는 방법을 모색해야 한다고 생각한다.

이번 가을 학기부터 시작하여 아직 많은 것을 배우지는 못하였으나, 최근 항공무기체계 기술발전 세미나에 참석하여 '공군 군수의 오늘과 내일'이라는 군수참모부장님 강연을 들었는데 군수 환경 분석에서 대한민국 인구 절벽이 병력 감소가 영향을 미치며 대응방안이 필요하다는 내용을 알게 되었다. 대한민국의 인구구조의 변화가 내가 근무하고 있는 부서에 직접적으로 영향을 미칠 수 있으며, 이에 대한 대응 전략은 미래전략대학원 교육 과정에 습득할 수 있는 부분이라고 생각해서 수업에 집중하여 해당 지식을 쌓고자 한다. 또한, KAIST와 공군 간 교류협력 업무를 수행하면서 각종 세미나에 참석하거나 교수님과 미팅을 잡을 때 학생으로서 접근할 수 있어서 업무를 보다 원활하게 수행하는 데 도움이 된다.

KAIST 도서관과 캠퍼스의 낭만

KAIST 도서관을 처음 이용하였을 때가 가장 감명 깊었던 순간이었다. KAIST 본원 중앙에 위치한 도서관의 외형에 감탄하며 안으로 들어가면 입구에는 높이가 3층까지 이어진 책장이 있다. 입구에 시연되어 있는 안면 인식 기술 또한 매우 신기하다. 1층 Travel Zone에서는 3D 지도를 통해 세계 유명 대학교를 가상으로 방문해 볼 수 있다. 도서관에는 과학기술 분야의 최신 정보와 인문사회과학 자료를 접할 수 있는 방대한 책자와 논문을 열람할 수 있다. 높은 층고의 열람실을 이용하고 있으면 외국 명문대학 도서관에 온 듯한 생각이 든다. 도서관 앞에 기념품점에서 판매하는 넙죽이, 거위 기념품들도 귀엽다. 도서관 밖으로 나와서 KI 빌딩 카페에 앉아 오리 연못을 바라보면 캠퍼스의 낭만을 느낄 수 있다.

디지털 인문학: AI와 인문학의 접목

KAIST 이광형 총장님의 'AI-혁명 다음이 온다, AI 시대, 위기인가 기회인가?'라는 강연에서 총장님께서는 21세기의 인류의 발전에 필요한 도구는 하드웨어적인 관점에서 우리의 신체를 강화시켜 주는 기술이 발전할 것이라고 설명하셨다. 그 예로 유전자 가위 기술이 있다며, 유전자 편집을 이용해 건강한 삶을 영위하려는 인간의 욕망에서 인간의 존엄성을 지켜내는 것이 인류의 과제다. 또한, 소프트웨어적인 관점에서 우리의 지적 능력을 강화시켜 주는 도구인 인공지능이 있다. AI 기술 발전의 기반인 빅데이터와 딥러닝을 바탕으로 지속적으로 발전하고 인간의 영역을 대체하는 약한 AI뿐만 아니라 자의식을 가진 AI 등이 등장하고 있으며, 향후 100년 후에는 인간과 유사한 자의식을 가진 AI가 등장할 수 있다. 이러한 세계에서 우리는 미래를 위해서 'AI'라는 새로운 도구의 등장에 새로운 질서가 필요하며 이를 대비하는 것이 인간의 역할이다. AI의 강점과 약점, 디지털 방식을 이해하고 대화를 통해 AI와 협력하면서도 인간의 주도권을 잃지 않기 위해 인간 스스로에 대한 성찰을 위한 인문학이 중요하며 과학기술과 인문학을 접목하는 것이 필요하다고 하셨다.

이러한 내용을 접목해 본다면 향후 FS 100주년의 비전은 과학기술 특히 인공지능이라는 거대한 수레바퀴 앞에서 인간과 인공지능이 공존하는 세상을 만들기 위해 디지털 인문학을 추구하는 방향이지 않을까 생각하며, 과학기술의 발전과 인구 절벽, 기후변화 등 다양한 사회 현상에 대응할 수 있는 교육과정이 편성되지 않을까 생각한다.

미래전략대학원에 바란다

문술미래전략대학원에서 남산 등산, 체육대회 등 각종 행사를 통해 선후배나 동기들과 다른 과와 교류 협력할 수 있는 기회가 많았으면 좋겠다. 또한, 하와이에 계신 짐 데이터 ^{James Dator} 교수님을 뵙는 등 해외연수 프로그램이 다시 진행되면 좋을 것 같다.

2060년 인구, 기후, 기술의 미래

세계에서 저출산·고령화 속도가 가장 빠른 나라, 대한민국

책《대한민국 인구 트렌드 2022-2027》에서 저자는 대한민국을 세계에서 출산율이 가장 낮은 나라, 세계에서 고령화 속도가 가장 빠른 나라로 명시하고 있으며, 인구구조 변화는 거대한 위협이 되고 있다[전영수, 2022, 대한민국 인구 트렌드 2022-2027].

우리나라의 인구는 2010년 4,800만 명으로 증가하였으며, 향후 2035년까지 완만하게 증가하여 5,200만 명 수준에 이른 후, 감소하기 시작하여 2060년에는 4,900만 명 수준에 머물 것으로 추정된다. 또한 우리나라는 출산율 감소와 기대수명 증가에 따라 2010년 이후 고령화가 급속히 진행되어 2060년에는 37%에 이를 것으로 예측되고 있다[조병구 외, 2015, 고령화, 저성장 시대 대한민국의 지속 발전을 위한 정책과제]. 이러한 고령화는 경제 성장에 부정적인 영향을 미칠 수 있을 것으로 예측된다. 인구구조의 고령화는 부양비를 높이고 잠재성장률을 둔화시켜 경제의 지속가능성을 위협한다. 특히 생산

가능인구^{15~64세 인구} 100명당 유소년 인구^{0~14세}와 고령인구^{65세} 이상을 정의하는 인구 총부양비는 노년 부양비 증가에 따라 향후 50여 년간 증가될 것으로 예상된다. 또한 인구 문제는 지방 소멸, 부동산 문제, 일자리, 국민연금, 부양 부담, 저성장, 양극화 등의 문제와 연결될 수 있다. 이러한 인구구조의 고령화와 관련하여 잠재성장률을 개선하기 위해 여성 및 출산 배려 정책, 고령자의 경제활동 유도, 외국인 근로자의 도입 확대, 교육의 수준 제고 등의 다양한 정책이 필요하다.

2060년, 저출산·고령화 사회가 오지 않을 수도 있다?

대한민국 저출산·고령화 인구 구조 트렌드에 영향을 줄 수 있는 다른 요인은 무엇이 있을까?

첫째, 남북한의 통일이다. Stephen 연구에서 북한의 합계출산율^{TFR, Total Fertility Rate}이 남한에 비해 높다는 사실에 비추어, 통일로 인한 남북한 인구 통합이 남한의 저출산·고령화 문제를 부분적으로 해결할 것이라는 기대한다.[1] 그러나 북한연구학회 남북한 인구통합 전망에 따르면 북한도 이미 2004년 고령화

---

1) 최지영, 2020 : 재인용 Elizabeth H. Demography of a Reunified Korea. Washington DC : Center for Strategic and International Studies, 2013.

사회에 진입했고, 출산율 또한 인구 유지에 필요한 대체출산율 replacement level fertility 이하로 하락한 상태라는 것에 유의할 필요가 있다고 명시한다. 물론 북한의 인구구조가 상대적으로 젊기 때문에 남북한의 인구를 단순 통합하는 경우 남한 인구만을 고려한 경우보다 고령화 수준이 낮아지는 효과가 있을 것이다. 통일로 인한 사회경제적 여건 변화는 출산과 사망, 국제 이동 등의 변화를 통해 인구 구성 및 분포에 영향을 미치는 여러 변수에 충격을 미칠 수 있다.[2]

둘째, 과학기술의 발달이다. 보시럽 Boserup, 1981; 2005은 인구 증가가 과학기술 발전의 동기로 작용한다고 한다. 암세포가 끊임없이 세포 분열을 할 수 있는 텔로머레이즈의 연구가 완성되고 각종 질병에 대응할 수 있는 기술력이 증대되어 인구의 과잉 증가로 영화 〈더문〉에서 나오는 대한민국 유인 달 탐사를 넘어서 화성으로 인류가 이동하는 시대에 대한 생각도 해보았다.[3] 그러나 인구적 측면에서 인구 과잉에 대한 논의는 줄어들고 있으며 전 지구적 차원에서 인구 증가세는 감소하고 있다.[4]

2) 최지영, 2020, 독일통일을 통해 본 남북한 인구통합 전망
3) 최슬기, 2020: 재인용 Boserup, Ester. 1981. Population and technological change: A study of long-term trends. Chicago: University of Chicago Press.
4) 최슬기, 2015, 한국사회의 인구 변화와 사회 문제 : 인구 변동 요인과 인구 수/

인간이 지구를 뜨겁게 만들고 있다

2021년에 발표된 기후변화에 관한 정부 간 협의체[5]의 종합보고서는 "인간의 영향으로 대기, 해양, 육지가 온난해지고 있는 것은 명백한 사실"이며 "광범위하고 급속한 변화가 발생하고 있다."라는 과학적 사실을 공유하였다.[6] 또한 기후변화의 원인은 인간의 영향이며, 실제로 대기 중 온실가스의 축적과 지구 온난화 등 부정적 영향이 늘어나고 있음을 강조하고 있다. 또한, 이 보고서에 따르면 2021~2040년 안에 산업화 이전과 비교해 지구 평균 기온이 1.5℃ 높아질 가능성이 크며, 이러한 기후변화는 전 세계 모든 곳에서 극한 기상[폭염, 호우, 가뭄, 열대성 저기압]의 강도와 빈도를 높일 것으로 예상된다.

우리나라도 지난 100년간 평균기온이 1.8℃ 상승하였으며, 집중 호우 일수가 증가하는 등 기후변화의 영향을 직접적으로 받고 있다.[7] 국지성 집중 호우, 마른장마, 가을철 슈퍼 태풍 등은 반복되는 홍수와 가뭄은 언론에 등장하는 주요 용어가 되었

인구 구조를 중심으로, 경제와 사회
5) Intergovernmental panel on climate change: IPCC
6) 이태동, 2022, 재인용 : IPCC, 『기후변화 2021: 과학적근거 정책결정자를 위한 요약본 번역』(뉴욕: 캠브리지 대학 출판부, 2021), pp.3-14, 한국국제정치학회
7) 박무종, 2019, 기후변화에 대비한 체계적 국가 재난관리를 위한 제언, 국토

다. 우리나라도 이러한 기후변화에 따른 기상 이변으로 많은 자연재해가 발생하고 있으며, 장마 및 가을철 태풍은 우리나라에 많은 영향을 주고 있다. 이러한 기후변화에 자연재해에 대한 효과적으로 대응하기 위해 대비책을 마련하고 특히 온실가스, 이산화탄소를 어떠한 방향으로 감축하여야 하는지가 기후변화 대응의 관건이 된다고 할 수 있다.

미래 전쟁을 대비한 대한민국의 첨단 전력 기반 구축

미국의 군사력 평가기관 '글로벌파이어파워'^{GFP}가 분석한 2023 세계 군사력 순위에 따르면 대한민국의 군사력은 세계 6위다.[8] 과거에는 미군에서 검증된 무기체계 도입하고 기술 이전을 받았으나, 우리나라가 FA-50 경공격기, K9 자주포, K2 전차를 수출하는 등 국방과학 기술 수준이 향상된 지금은 미군에서 기술 이전이 통제되고 있다.[9]

첨단 과학기술에 기초한 스마트한 강군 건설을 위해 안보 위협에 대응 가능한 첨단 전력 기반을 구축하고 국방과학기술의 발

---

8) 2023 Military Ranking, https://www.globalfirepower.com/countries-listing.php
9) 유준구 외, 2015, 미국 수출통제 법제의 특성과 시사점, 미국헌법 연구

전이 필요하다고 생각한다. 인공지능, 유무인 복합, 우주, WMD 대응 등 국방전략기술 10대 분야에 대해 국방기술 확보 전략을 수립하고, 미래 전쟁을 선도할 수 있는 미래 도전 국방 기술 기획을 추진해야 한다. 또한, 첨단 무기체계 소요 창출과 사전 개념 연구와 연계를 강화하고, 소요 결정이 되거나 소요 가 예상되는 무기체계의 핵심 기술을 분석하여 중장기 기술 확 보 계획을 수립하여 첨단 무기체계 소요 기획을 추진할 수 있 도록 해야 한다고 생각한다.

이를 위해 공군과 산·학·연과의 교류협력 활성화를 통해 다양 한 첨단 기술 분야의 신기술 특허 및 논문 실적 등 우수한 연 구 성과를 공군에 적용할 수 있도록 미래도전 기술 및 핵심 기 술에 대한 소요를 지속적으로 발굴해야 한다. 그리고 장기적으 로 산·학·연에서 수행되는 연구 과제의 국방 활용성과 국방 특화 분야를 식별하고 신규 무기체계 개발에 필요한 기술을 반 영하여 핵심 전력을 적기 전력화하는 등 공군의 미래 비전과 첨단 국방기술 발전 추세를 고려한 무기체계 소요를 창출하는 국방기술 기획이 중요하다고 생각한다.

2023

2013

4장

/

에필로그

—

▲ 문술미래전략대학원 10주년 기념 책자 발행을 위해서 서면원고 제출과 병행하여 대면 인터뷰도 진행했다. 토의와 인터뷰를 위해 서울과 대전에서 몇 차례 모임이 있었다. 2023년 9월 10일, 도곡캠퍼스에서 오랜만에 모인 반가운 분들끼리 기념사진을 찍는 모습 왼쪽부터 황수호(7기), 정승교(10기), 고락현(1기)

▲ 개인 인터뷰 차례를 기다리는 동안, 황수호(맨 오른쪽 검정 티셔츠)를 중심으로 개인 소개와 근황을 교환하고 있다. 황수호(7기)로부터 왼쪽으로 정승교(10기), 송미경(5기), 김영휴(1기), 박태준(8기), 고락현(1기), 김지수(10기, 얼굴이 머리카락에 가림)

▲ 개인 인터뷰가 끝난 후 집단 인터뷰의 카메라 세팅을 준비 중 찍은 사진, 왼쪽의 이지민(11기) 님이 대전에서 서울까지 올라왔다. 주말 교통이 혼잡하여 개인 인터뷰에는 참석하지 못하였다. 이 인터뷰에서는 역발상을 주제로 한 다양한 이야기가 오고갔다. 좌로부터 이지민(11기), 김영휴(1기), 정승교(10기), 김지수(10기)

▲ 두 번째 팀이 집단 인터뷰를 기다리는 동안 김영휴(1기) 님은 카메라 스태프 자리에서 영상 노하우를 전달한다.

▲ 2번째 집단 인터뷰가 진행 중이다. 오른쪽에 있는 황수호(7기)님께 자칫 부담스러울 수 있는 질문을 많이 드렸다. 어려운 질문에도 불구하고 정성스럽게 답변해주셔서 감사하다. 우로부터 황수호(7기), 송미경(5기), 고락현(1기), 박태준(8기), 가운데 뒷모습은 본 행사를 기획한 한승오(9기)

▲ 4시간에 걸친 긴 인터뷰가 마무리되었다. 짧은 시간이었지만 문술미래전략대학원의 미래와 개인의 생각을 카메라에 담을 수 있었던 의미 있는 시간이었다. 좌로부터 고락현(1기), 이지민(11기), 김영휴(1기), 주먹에 얼굴이 가린 김지수(10기), 박태준(8기), 황수호(7기), 정승교(10기), 송미경(5기), 가운데 양팔로 파이팅 포즈를 취하고 있는 한승오(9기)

▲ 여성 미래전략 기수분들끼리의 오붓한 한 컷. 특히 멀리서 힘들게 방문해주신 이지민(11기) 님께 다시
한 번 감사드린다. 긴 시간 동안 인터뷰 차례를 기다리는 일이 쉽지 않았음에도 불구하고, 활짝 웃어주
셨다. 좌로부터 김영휴(1기), 송미경(5기), 이제는 얼굴이 가리지 않은 김지수(10기), 이지민(11기)

▲ 2023년 9월 10일, 대전 본원에서도 집단 인터뷰가 진행되었다. 문술미래전략대학원 휴게실에서
2070년 기술, 인간, 환경의 미래에 대한 즐거운 토의가 2시간 동안 이어졌다. 좌로부터 김마리(11기),
유지곤(5기), 손수민(11기)

▲ 신나게 토의하고 나오니 날이 어둑해졌다. 카이스트 대전 본원 문술미래전략대학원 앞에서 한 컷. 좌로부터 유지곤(5기), 김마리(11기), 손수민(11기)

▲ 2023년 9월 12일, 카이스트 여의도 금융전문대학원. 6기의 '육아의 미래'를 공동집필한 세 분의 동문과 인터뷰 촬영이 진행되었다. 3시간이 넘는 시간 동안 진행된 인터뷰에 모두들 지치셨지만 마무리 사진에는 모두들 활짝 웃고 계신다. 항상 열정적이신 영원한 6기 회장 신덕순(오른쪽 안경) 님께 감사드린다. 그 옆으로 한승오(9기)는 기획과 촬영을 담당하였고, 가운데 아름다우신 강수경 선생님께서 본 저자이시다. 왼쪽에 계신 문형채 님께도 깊은 감사를 드린다. 6기와 함께 모든 인터뷰는 마무리가 되었다.

2023

2013

5장
/
카이스트 문술미래전략대학원
연혁, 교수진

—

카이스트 문술미래전략대학원 연혁

[IP/SJ]_석사과정

2009.08.25.   지식재산 Intellectual Property, IP 대학원프로그램

　　　　　　설치·운영 시행

2009.11.30.   과학저널리즘 Science Journalism, SJ 대학원프로그램

　　　　　　설치·운영 시행

2010.02.20.   지식재산/과학저널리즘 석사 창립 입학식

　　　　　　〈석사과정 1기 입학〉

2019.11.23.   지식재산/과학저널리즘 석사 10주년 기념행사

[FS]_석사과정

2012.11.14.   2013학년도 신입생 모집[1기]

2012.11.21.   미래전략 Future Strategy, FS 대학원프로그램

　　　　　　설치·운영 시행

2013.02.19.   미래전략 석사 창립 입학식 〈석사과정 1기 입학〉

[GFS]_박사과정

2013.09.01.   미래전략대학원으로 승격

　　　　　　(미래전략대학원 부서 신설)

2014.07.10. 미래전략대학원 박사과정 Graduate School of Future
Strategy, GFS 신설

2015.03.01. 문술미래전략대학원으로 명칭 변경

2015.03.01. 박사과정 1기 입학

연도	IP SJ	FS	GFS	
2009				(IP)2009.08.25 지식재산대학원프로그램 설치·운영시행 (SJ)2009.11.30 과학저널리즘대학원프로그램설치·운영시행
2010	1			(IP/SJ)2010.02.20 지식재산/과학저널리즘 석사 창립 입학식 〈석사과정 1기 입학〉
2011	2			
2012	3			(FS)2012.11.21 미래전략대학원프로그램 설치·운영 시행
2013	4	1		(FS)2013.02.19 미래전략 석사 창립 입학식 〈석사과정 1기 입학〉 (GFS박사)2013.09.01 미래전략대학원으로 승격(미래전략대학원 부서 신설)
2014	5	2		〈FS석사 2기〉 2014.07.10 미래전략대학원 박사과정 신설
2015	6	3	1	2015.03.01 문술미래전략대학원으로 명칭 변경 〈FS석사 3기〉 2015.03.01 박사과정 1기 입학
2016	7	4	2	〈FS석사 4기〉 (GFS박사 2기)
2017	8	5	3	〈FS석사 5기〉 (GFS박사 3기)
2018	9	6	4	〈FS석사 6기〉 (GFS박사 4기)

연도	SJIP	FS	GFS	
2019	10	7	5	<FS석사 7기> (GFS박사 5기) 2019.11.23. 지식재산/과학저널리즘 석사 10주년 기념행사
2020	11	8	6	<FS석사 8기> (GFS박사 6기)
2021	12	9	7	<FS석사 9기> (GFS박사 7기)
2022	13	10	8	<FS석사 10기> (GFS박사 8기)
2023	14	11	9	<FS석사 11기> (GFS박사 9기) 2023.10.21. 문술미래(GFS)/미래전략P(FS). 10주년 기념행사

KAIST 문술미래전략대학원프로그램 교수진

김승겸 (Seung-Kyum Kim)	김형준 (Hyung-Jun Kim)	박성필 (Sung-Pil Park)	박태정 (Park-Tae Jung)
도시계획 및 환경전략, 기후변화 적응, 부동산, 도시재난과 회복탄력성	기후변화와 물-에너지-식량-경제	지식재산권, 국제법	국제법(국제경제법,국제환경법), 법경제학, 법개발학, 디지털통상 및 인공지능법, 지식재산권과 국제법 및 법경제학

서용석 (Yong-Seok Seo)	양재석 (Jae-Suk Yang)	이광형 (Kwang-Hyung Lee)	이상윤 (Sang-Yoon Yi)
미래학, 사회변동론, 거버넌스	복잡계과학, 조직 및 전략	인공지능, 미래예측	전략, 조직, 혁신, 학습

전우정 (Woo-Jung Jon)	전주영 (Joo-Young Jeon)	정재민 (Jae-Min Jung)	차지호 (Ji-Ho Cha)
IP 금융, 가상자산, AI Legal Tech, 한국형 디스커버리 제도, 북한법	미래예측, 데이터과학, 머신러닝	미디어, 엔터테인먼트, AI 저널리즘	인도주의학, AI+국제보건, 북한

한지영 (Ji-Young Han)			
Mass Communication 미디어정치심리, AI 저널리즘			

KAIST
미래를 말하다

KAIST 문술미래전략대학원이 전하는 기술, 인간, 환경의 미래

1판 1쇄 발행   2023년 10월 20일
1판 2쇄 발행   2025년   1월 30일

지은이 | 카이스트 문술미래전략대학원 10주년 출판위원회
펴낸이 | 박정태
편집이사 | 이명수   출판기획 | 정하경
편집부 | 김동서, 박가연
마케팅 | 박명준   온라인마케팅 | 박용대
경영지원 | 최윤숙, 박두리

펴낸곳   **주식회사 광문각출판미디어**
출판등록   2022. 9. 2 제2022-000102호
주소   10881 파주시 파주출판문화도시 광인사길 161 광문각 B/D 3층
전화   031)955-8787
팩스   031)955-3730
E-mail   kwangmk7@hanmail.net
홈페이지   www.kwangmoonkag.co.kr

ISBN   979-11-93205-11-2 03320
가격   18,000원